# 問道教育の十年

樊錦詩 題

王荣华 / 著

上海人民出版社

教育是一項塑造
靈魂的崇高大業，
向教師們致敬！

樊錦詩
二〇二三年
八月廿日

家国情怀九死不悔
教育情真终生相随

王荣兴

# 目　　录

### 第三编　开创社会主义新智库

### 第四编　为新时代呼唤人民教育家

# 序

于漪

拜读《问道教育四十年》，教育风云在胸中激荡，攻坚克难，开拓创新。一幕幕生动鲜活的情景历历如在眼前。尽管岗位一再转换，但他造福教育、服务人民、促进和谐社会的业绩始终斐然，坚持不懈奋斗精神高昂蓬勃。书中无论是叙事、记人，无论是论理、抒情，无不寓含着思想的高度、视野的宽度和情怀的厚度。我深受教育与感染。尤其使我读后心情久久不能平静的是：

一、沧海自浅情自深。王荣华同志对党的教育事业的挚爱深情，对莘莘学子成人成才的至诚至爱，似水浩瀚，如水深邃。用他自己在家里挂的一幅字"教育情真，终身相随"来表述，真是数十年如一日，生命与教育相伴相随。这是一种大爱，一种仁爱，真一个"情"字了得！

"有教无类"是2500多年前孔子的理想。社会纷繁复杂，层级众多，教育公平，谈何容易！只有在中国共产党的领导下，创造性地传承发展，才能把先贤美丽的梦想逐步转变为发展的现实，王荣华同志带领众多团队全身心投入，各级各类学校全覆盖，硬件建设与软件提升，学校家庭社会，重点难点热点，全方位思考，寻觅突破口，制定良策。当不少人还迷茫于教育就是要钱，教育就是无底洞的冷言热语之中，王荣华同志高举旗帜，一而再、再而三地强调教育的战略地位，教育就是国家的未来，学生就是国家的未来。正如经济学家成思危所说："经济只能保证我们的今天，科技可以保证我们的明天，只有教育才能保证我们的后天。"我们所从事的是亘古以来从未有过的有中国特色社会主义建设的伟大事业，优质的人才资源是极其宝贵的第一财富，国民的良好素质是立于不败之地的重要保障，人不可能自然成才，都要靠悉心培养，来不得功利第一，鼠目寸光。

担负政府要职时全力以赴，从事教育发展基金会公益事业更是"一片冰心在玉壶"，精心汇聚全社会的德才智，为学生谋成长，为教育谋品质，为社会谋进步，为民族谋发展。从高校加强思政和马克思主义理论人才的建设，到搭建"曙光计划""晨光计划""阳光计划"等六大平台，为推进高校优秀青年培养的高端人才蓄势发力；从搭建校企合作平台，助推大学生就业到弘扬大国工匠精神，支持职业教育，应社会之需，时代之向；从基础教育暂处贫困的优秀学子的办学培养到特殊教育的关怀、呵护；从校内育人机制的深入研究到青少年校外教育体系和校内外育人共同体的建设，一件件，一桩桩，都聚焦在人的培养上。理想信念、价值取向、道德情操、学业钻研，一次次嘱咐，一次次讲话，或激昂，或委婉，或探讨，或思辨，都是情的贯注，美的扬升，真的追求，心灵的滋养。拳拳之心，天日可鉴。

二、舍我其谁宏志扬。《孟子·公孙丑下》中说："如欲平治天下，当今之世，舍我其谁也。"历史告知未来。而今我们所从事的振兴民族、富强国家、造福人民的大业，人类史上无现成模板可复制可搬用，需要以远见卓识来开创，以大视野、大胸怀、大格局面对现实来创造。方向已经指明,道路已经开通,关键在建设者的勇气与担当。《问道教育四十年》所记文化建设、理论传播、教育促进、公益善助的方方面面,不仅纷繁复杂,而且效果显著,精彩纷呈。稍加辨析,就可发现开创了许多迎接新挑战、适应时代新需求的工作新版图,充满了非凡的勇气和"舍我其谁"的责任担当。

以世界中国学论坛的举办来说,这是有开创性意义的大事。旧中国积贫积弱,打了胜仗还受丧权辱国的奇耻大辱,哪还有说话的权力?法国哲学家福柯曾说过:"你谈什么并不重要,关键是谁在谈,话语的强弱由话语者地位的强弱所决定。"西方国家近三百年来一直处于强势地位,其话语也自然占了主导地位。而今,我们国家从站起来到富起来,再进而到强起来,社会发展与经济建设的规模、速度、成效,有目共睹,举世无双。独特的文化传统,独特的历史命运,独特的基本国情,注定了我们必然要走适合自己特点的发展道路。我们不仅要做好中国自己的事,而且要讲好中国故事,让世界了解中国,平等交流。建立我们自己的话语权是对我们国家民族的尊重,是对我们理论、道路、制度、文化的自信,是点燃人们心中希望之火,在世界潮流中站稳自己的脚根,挺起民族的脊梁。世界中国学论坛已连续举办了八次,共有数千人次的各国专家学者参与了论坛交流与研讨。论坛自主自豪地弘扬了以"和"为特点的中国文化和中国发展之道,把中华优秀文化精粹在新时代创造性转化、创新性发展的思想火种、理论创建撒播到世界,让世界听到中国声音,其意义非同小可。长期坚持,必有大成效。若无高层建筑的前瞻性,无排除万难的毅力,怎可能开创如此喜人的新局面?

再如社会主义新智库的建立也是非凡之举,其间方向的确立,认识的碰撞,方案的优化,人才的培养,作用的发挥,均需开创的奋勇与文化发展的守护与自觉担当。时代是思想之母,只有倾听时代之呼唤,把握时代在政治、经济、科技、教育、文化、卫生等各个领域呼声的脉搏，才能涌现纾困解难的、引领前行的真知灼见。好思想应时而生，顺势而为，推动事业大发展。王荣华同志深知历史进程中辩证发展的奥秘，故斗志昂扬、大力助推，此类事不胜枚举，具体生动地诠释了舍我其谁的高远宏志，令人钦佩。

　　我是一名长期耕耘在基础教育第一线的草根教师，信奉教育质量就是人的质量。今天的教育质量就是明天的国民素质，未来的民族性格，直接关系国家建设与发展是否有后劲，关系在国际格局中能否形成人力资源的优势，关系中华民族伟大复兴的雄图大业。人才是国家进步的动力源，建设者的良好素质是国家立于不败之地的保障。基础教育虽普通平凡，但面广量大，涉及家家户户，必须竭尽全力引领学生扣好人生第一粒钮扣，其战略地位和价值怎么说都不为过。然而，由于所处位置的不同，从事工作的差异，对基础教育的误解与轻视比比皆是。为此，我常在多种场合发出声音求解教育之围、教师之困。数十年来，老领导王荣华同志总是爱护、鼓励、支持、引导。由于党领导下群策群力，基础教育面貌有了极大的改观，我心存感激。忆教育的发展历程，我深切体会到老领导长期对一线教师的关怀、支持、厚爱，源于他深厚的家国情怀，对事业的执着追求，对广大师生无私的爱。这些精神财富，犹如春风化雨，点点滴滴入心头，催我们坚守教育者的尊严，奋然而前行。

2021 年 6 月 15 日

# 自　序

　　呈现给大家的这本《问道教育四十年》,是我从事教育工作经历中一些重要片段的记录。此书的编辑出版,缘起于诸多同事和教育界同行的提议。他们对我很熟悉,知道我长期耕耘在教育这片田园中自得其乐,有很深的教育情结,也经历过几十年来教育改革发展的不少重要活动。用文字把这些经历及思考记录下来,可以有很多的故事,引发大家的共鸣和思索。我思虑再三,还是答应了下来。我们现在常说,时代是出卷人,我们是答卷人,人民是阅卷人。在这里,我就把这本书当作自己完成职业生涯的一份答卷,这份试卷的出题人是我们改革开放的伟大时代,答得对不对,好不好,就让读者来批改和评判。

　　回顾我的生涯,我自嘲是一名“流浪汉”。我的求学经历很简单,中学在上海中学,大学在复旦大学,研究生在中共中央党校。但我的职业生涯则经常在“换场”:有学校,主要在复旦大学,也曾短暂地在上海视觉艺术学院;有国家机关,分别是上海市委、市政府、市政协和市教育卫生工作党委;有学术机构,在上海社会科学院;有社会公益组织,在上海市教育发展基金会;也曾是党的十五大、十六大代表和第十一届全国人大代表。其中有相当一段时间同时"运动"在两个甚至三个"场地"。四十多年里，我虽然"流浪"于教育、宣传、学术、社会等不同领域，但我不是身心的任性放逐和飘荡，而是知重负重、志在远方。孔子在《论语》中告诫我们，人生进德修业必须"志于道，据于德，依于仁，游于艺"，也就是首先应以"道"为志向，要问道、悟道、崇道、行道，最后还要得道，要循道做事立业，不能本末倒置甚至舍本逐末，只精"六艺"而悖于道德、远离良知。

回望自己的职业生涯，虽然游走于不同岗位和领域，但从来没有离开过教育战线，家国情怀育人情真。对于教育事业，我用情最深、用力最大，当然也"问道"最多。四十多年的实践和感悟告诉我，教育之道，既来自千百年来沉淀和传承的教育核心价值，也来自时代的呼唤和人民对学有所教、学有优教的期盼。近四十年，是中国，是上海发生历史性变化的伟大时代，也是我们教育事业出现深刻变革的黄金时期。我生逢其时何止是幸事。作为教育深刻变革的见证者，也是诸多重要教育事件和活动的参与者，我对四十年的教育经历作了一些梳理，初步感悟出了一些可以与大家分享的教育之道。

教育是要用信仰来支撑的事业。教育是国之大计，是党之大计。教育事业关系着国家富强、民族振兴、社会进步、人民幸福，对国家现代化发挥着基础性、先导性、全局性的作用。我始终认为，有了现代化的教育和雄厚的人才储备，中国特色社会主义的未来，一切皆有可能。从这个意义上说，教育是社会事业，也是党的事业，是一项政治性很强的事业。从事教育工作，必须旗帜鲜明、毫不含糊地贯彻党的教育方针，坚持党的全面领导，坚持科学理论武装，坚持以立德树人为根本。我经历过十年"文革"，亲眼目睹和感受了十年内乱中教育部门所遭受的重大挫折。我也经历过20世纪80年代的学潮和风波。我在学校一线，深感当时"主调低沉、杂音四起、噪声不断",做学生工作非常艰难。之后,我也一直在思考,教育在培养什么样的人、怎样培养人的根本问题上出偏差,就会犯历史性的错误。因此必须理直气壮抓好学校党的政治建设,牢牢把握意识形态的主导权和话语权。我和同事们一起在全国较早探索实践了高校党委领导下的校长负责制,把党的领导落实到办学治校的关键环节和全过程。在全国率先提出邓小平理论在高校"进教材、进课堂、进头脑"的"三进"工作,得到中央高度肯定,被上升为中央政策,在全国推广并延续至今。我在上海市教育发展基金会工作时积极推动马克思主义学科建设,实施了上海老、中、青三代马克思主义学者的"三马工程"资助计划,支持建设了"陈望道纪念馆",使之成为党史学习教育的"网红打卡地",帮助学生在世界观、人生观和价值观上"扣好人生的第一粒扣子"。我积极支持教育部、上海市在上海共同成立高校中国共产党伟大建党精神研究中心,这是教育部高校哲学社会科学"繁荣计划"的首个专项,是教育部社科司会同上海市教卫工作党委、市教委设立的重大专项,旨在继承发扬光大建党精神、推动高校思政工作、加强马克思主义学院建设、培养时代新人,具有特殊示范意义。

教育是要用情怀来投入的事业。我在家里挂了自书的一幅字:教育情真,终身相随。这是我的教育情结的真实表达。我认为,教育是对每一个稚嫩生命成长的呵护,是对每一位公民终身发展的守护,也是对社会公平正义的维护。从事教育事业是功德无量的事业,也是需要付出心血、洒下"热泪"的事业。教育之难,既在于教育本身的重要性、专业性和复杂性,也在于教育的社会性和公共性,社会上不同行业、不同岗位的人都可以对教育评头论足、"指点江山"。教育是崇高也是纯净的事业,必须远离功利和浮躁,用真心真情来投入。我曾长期担任上海陶行知研究会会长,陶行知先生"捧着一颗心来,不带半根草去"和"爱满天下"的精神,始终感动着我,也激励着我不用扬鞭自奋蹄。几十年来,我始终在宣传和推动践行陶行知教育思想,更不遗余力地跟踪研究并宣传当代"人民教育家"于漪老师。她一辈子站立"三尺讲台",为我们奉献的不仅是一堂堂精彩的课程,更是博大精深的教育思想和崇高的教师人格。二十多来,我们对于漪老师也被称为"大先生"的教育思想进行了系统的总结和传播,为中国教育界竖起了一面光彩的旗帜。我也致力于表彰宣传一批人格高尚、学养深厚、理念先进、与时俱进,且桃李满天下的先进教师典型。与先进教师们为伍,让我受到精神的熏陶。这些年我也始终牢记以人民为中心、以服务社会为导向的教育初心,注重观察和思考教育中的各种问题。我经过大量深入调查分析,提出了关注男孩问题,引发了全社会的热烈讨论,并在上海进行了探索试点。我较深入地思考了"钱学森之问",研究了拔尖创新人才早期发现和培养规律,并在部分学校开展了探索实践。

这些年来,我也在古稀之年全身心参与国家教材建设,服务国家事权。在接受央视《国家记忆》栏目采访时我曾这样说:"教材要站得住就要对历史负责、对人民负责、对亿万青少年负责。"我还积极参与和推动了青少年校外教育和书香社会、书香校园建设。所有这些投入,都无关个人名利、无关个人升迁,就是一种深深的教育情怀。当然我的投入也得到了丰厚的精神回报,让我有机会经常融入到孩子们和青年一代中间,保持了精神和心理上的年轻。2021年9月被国家教材委员会首届全国教材建设奖授予"全国教材建设先进个人"。

教育是要用勇气来担当的事业。教育事业是一门科学,关系到国计民生。从事教育工作光有满腔激情是不够的,还必须准确理解并始终坚守教育的核心价值,遵循教育发展的内在规律,顺应经济社会发展大势,回应人民的教育期盼。上海作为现代化国际大都市和中国改革开放的排头兵,更承担着为国家教育现代化探路、冲锋的使命。因此上海教育必须勇立潮头、锐意进取、知难而进、敢于担当,要做前人没有做过的事业、攀登前人没有达到过的高峰。我刚担任上海教育系统领导工作时,市委领导提出了"一流城市一流教育"的新目标,要求我们深入研究教育如何解决好从"有书读"转向促进人的全面发展的"读好书",从适应性教育转向满足性教育的重大转变。这个要求很高,如何破题解题? 我反复思考,上海教育要率先实现教育现代化,必须做好教育公平和教育质量两篇文章,但实现教育公平和质量的前提是要激发教育的活力。教育活力从哪里来? 我认为,一是来自教育改革,二是来自教育开放。推进教育改革,市委领导提出了教育体制、机制、投资三位一体改革。基于这样的新思路,我和同事们积极运用新思路新机制推动了大学城建设,迅速增加了教育资源,扩大了教育办学规模,为教育发展赢得了最佳发展机遇。建设教育综合改革试验区,打破部属高校和地方高校的条块分割,建立了市政府对全市高等教育资源的统筹机制,优化了上海高校布局结构。实施了高校后勤社会化改革,进一步激活了教育机制,引进了大量社会资源。同时强化政府的教育公共服务职责,结合郊区发展布局,建设了一批现代化的寄宿制高中。教育的活力也来自教育的开放。教育开放不仅是要对国际开放,开展国际教育合作,引进先进教育资源,也要对社会开放,构建全社会共同关心支持教育发展的良好"教育生态"。几十年中,无论我在哪个岗位,都会想方设法动员社会资源来支持教育。我在社科院工作时,组织科研团队配合市委市政府开展了上海中长期教育发展规划的平行研究,用第三方视角推动"跳出教育看教育",上海的中长期教育规划得到了中央的肯定。在市政协工作时,注重发挥政协各界别的知识、人脉和平台优势,共同为教育发展咨政建言,并推动运用市级科创平台服务高校科技成果转化运用,实现"纸变钱"。在市教育发展基金会工作时,提出建设枢纽型的教育基金会,着力增强基金会"聚财、汇智、促善、育人"的功能,较大幅度增加了社会捐赠资金。我在实践中进一步体会,任何事业要取得开创性的成果,不能完全仰赖领导干部个人的智慧和魅力,诸多改革需要进行跨学科专业的研究和前瞻性、系统性的谋划,因此这些年来我积极倡导建设社会主义新智库,受到了中央的高度重视,也得到了各科研机构的积极响应。2018年被中国青年网"致敬改革开放四十周年——中国智库建设40人"推介为"在决策咨询和智库建设领域贡献卓著、在国内外富有影响的智库人物"。我也在上海社会科学院,以及市政协、上海市教育发展基金会工作中探索新智库的理念和机制,发挥新智库咨政建言、理论创新、舆论引导、社会服务、公共外交等综合功能。

当然,四十年来对教育之道的领悟和思考,并非个人的单打独斗或在书斋里的冥思苦想。我始终铭记曾经帮助和指导我工作的很多同事、老领导。他们高瞻远瞩、总揽全局的思维和决策方式,驾驭全局和化解矛盾的能力,以及忘我、严谨、民主的工作作风,都让我对教育之道有了深刻的感悟,让我终身受益,这对我来说也是不教之教。在此书完成之际,我也有幸收到了我最敬重的"人民教育家"于漪老师撰写的序言。于漪老师已93岁高龄,但依然才思敏捷,笔耕不辍。她此次亲自为本书撰写的序言,字里行间都表达了对教育的情怀和思考,读来发人深思,也让我感动。这里我要感谢上海市教育发展基金会、上海市教师学研究会、上海社会科学院和上海人民出版社的领导、编辑为本书出版付出的心血。我还要特别感谢我的夫人程岩对我工作的理解和支持,她主动承担了教育孩子和料理家庭事务的重担,成为我忘我工作的坚强后盾,而我甚至于在她重病手术住院期间都无法陪伴,令我心怀歉疚。当然我最要感恩的还是我们的时代。身处这样的一个伟大的时代,我才有机会从事我所钟爱一生的教育事业,让我能够"流浪"在人民的教育事业中并有所作为,这是这个伟大时代对我最大的厚爱和眷顾。

# 第一编　问道有真言　教育明方向

　　问道教育四十年，我始终遵循和把握的有一条——一把方向、看端倪、守阵地、建队伍，这十二字方针是我多年来进行教育工作、社会科学工作遵循的基本思想。

　　把方向，首先要把握的是政治方向，要求我们在课程教材、课堂教学等方面，牢固树立马克思主义指导思想，坚持社会主义方向毫不动摇，理直气壮地培养社会主义事业的接班人。其次是把握知识方向，教育传递的是真知，必须做到事实准确、知识准确、数据准确，唯有如此才能避免误人子弟。最后是把握科学方向，青少年正处于身体和理性成长期，教书育人的实践要符合青少年身心成长的规律，既要学会等待，又要做到春风化雨、润物无声。

　　看端倪，就是在事物尚未完全呈现出固定形态前发现其潜在的走向和演变的趋势，也就是说，要有敏锐的辨别力。教育活动中的端倪，集中在培养什么人以及如何培养人的细节中，要求我们在准确把握方向的基础上,仔细考察教育活动的全过程,既要总结有引领性的经验,又要在每一个细节处及时发现问题、杜绝隐忧。

守阵地,就是认定方向毫不动摇、自觉实践毫不犹豫、面对挑战毫不畏惧、坚守阵地毫不退缩。教书育人中的坚守阵地,要求我们始终用科学社会主义理论武装自己,在我们的讲台上始终传播马克思主义理论,引导广大青少年学生热爱祖国和人民,拥护中国共产党;始终传播人类文明的真知,以真善美影响教育学生;始终坚持德智体美劳五育并举,按教育规律办事。

建队伍,就是组建团队,协同合作。教书育人的工作不是一个教师教育一个学生,而是一群教师影响一群学生,这就要求我们需要团结更多的教育从业人员,积极主动地承担起教书育人的重任,培养和组建坚强、高效、多维的育人团队。

把方向是我们从教的出发点和基本立场;看端倪体现了教书育人的责任和能力;守阵地是我们从教的根本态度;建队伍是从教的有效策略和必要保障。

# 不忘初心，方得始终 *

　　近期，上海市第十一次党代会召开，韩正同志在会上作了题为《勇当排头兵，敢为先行者，不断把社会主义现代化国际大都市建设推向前进》的报告。从大局上看，这份报告把国家战略和上海实际相结合，充分发扬了民主。报告中提到，上海要建设成为"创新之城""智慧之城""魅力之城""卓越之城""全球之城"，这些多样化的建设要成功，需要智力的支持，需要促使传统的发展模式向创新驱动模式转型，充分发挥智库平台的作用。一流的城市需要一流的智库，故而联想到上海的马克思主义学院（以下简称"马院"）建设也应当有一个智库建设的任务。

　　首先，我印象深刻的有以下四个方面：一是坚持马列主义的指导思想；二是意识形态工作要实行责任制；三是要补精神之钙、铸造灵魂；四是要关心青年。关于指导问题，报告中开宗明义地写道，今后五年上海的指导思想是："高举中国特色社会主义伟大旗帜，以马克思列宁主义思想为指导，当好全国改革开放排头兵、创新发展先行者，做卓越的全

---

　　* 2017 年 5 月 10 日在"上海市马克思主义理论学科发展支持计划新闻通气会"上的讲话。

球城市。"其次,关于责任制,要牢牢掌握意识形态工作领导权,落实意识形态工作责任制,旗帜鲜明地站到意识形态工作第一线,责无旁贷。第三,坚持用马克思主义中国化成果武装头脑,补钙铸魂。第四,青年是国家的未来、民族的未来,关心关爱青年,帮助广大青年茁壮成长,让青年人有更多展示自我的舞台和平台。因此,我们这次马克思主义理论学科发展支持计划里很重要的一项内容就是鼓励"青马学者"——扶持青年马克思主义学者,培养新时代的马克思主义理论人才,为青年人的研究发展提供机遇,提供更多平台和舞台,这与上海市委报告中的要求是相一致的。

上海教育发展基金会和上海市委宣传部、上海市教卫工作党委三家联合实施开展"上海马克思主义理论学科发展支持计划",是符合我们基金会的定位、宗旨和追求的。如果一定要用一句话来概括,我想说的就是:不忘初心,方得始终。

基金会的"初心"是什么? 基金会的成立离不开首任名誉会长黄菊同志,当时为了创新教育资金的渠道来源,他主张从社会上募集资金支持教育,教育发展基金会应运而生,获得社会大众的认可而建立起来。黄菊同志曾说,高举革命大旗,一定要回头看看跟在我们队伍后面的人有多少,人多的那叫雄壮,人少的叫悲壮,我们记住这一点,努力扩大我们的队伍。高举革命的大旗、高举马列主义大旗的问题需要我们坚持不懈,继续努力。前不久,我受中宣部、教育部委派考察了四所申报重点马院的高校,发觉有一些马列学科的教师不愿意说自己是马列教学部的,主要原因在于底气不足,从事这门学科的研究人员、学校,有把问题中性化,而且存在时举时放、"白马非马"的现象。所以我今天也想来谈谈初衷、初心,为什么要做这件事。当然,还有一件事情也给了我们启发,就是全国重点马院的建设。从全国上报的报告以及各个省市重点马院建设的评审和实地考察中可以看出,上海对高校马克思主义理论学科建设是非常重视的,但在建设水平、支持力度、资源投入等方面,上海的"马工程"(马克思主义理论研究和建设工程)与上海的地位、中央的要求之间还存在差距,上海有条件先一步、高一层,实行区域性的推进,整体性的提高。此外,我们应当有高度的自觉,上海是共产党的诞生地,《共产党宣言》中译本的诞生地,是有红色基因的,不仅要在区域内自觉推进"马工程"发展建设,并且应当在全国、全球范围内发挥引领作用,有自己的话语权。因此,我们三方在这一点上达成共识,我归纳为"三合":志同道合、情投意合、一拍即合,马克思主义理论学科发展支持计划也将从马克思主义理论学科建设、"马院"建设到"马工程"建设,一步步推进,其中包括三个子项目,分别是马克思主义理论学科教学名师、"青马学者"和终生荣誉奖的评选。

在很多人看来,基金会就是评评奖、发发钱、帮助困难师生、奖优助学的社会组织,其实不尽然。为什么会选择支持马克思主义理论学科的发展?上海教育发展基金会是非银行的金融机构,非财政性的公款,筹集社会的资金,支持教育的改革发展,不断提高教育水平和教育质量。高质量的教育是需要成本和投入的,今后办"双一流"大学,投入会更多。基金会的宗旨是"资助教育、服务教育、促进教育",这个宗旨也是我们从过去到现在一脉相承的,那就是办优质教育,加大人才培养力度,概括起来就是坚持在"聚财、汇智、促善、育人"上发声发力。最关键的,是我们要在"育人"上下功夫。

在立德树人方面,韩正同志在报告里提到,"决定上海这座城市前景的是青年"。育德育人的根本任务就是培养优秀的人才,根据这个宗旨,培养人才首先是教会他们做人,树立正确的三观,而正确的三观中核心就是坚定的理想信念。立德树人,服务国家,最重要的是做好全员、全程、全方位的思想政治工作,其次是在意识形态上,要改变马克思主义学科在高校失去部分话语权的现状。本次中央关于高校思政工作的会议,重申并强调了青少年德育"全员全程全方位"的"三全",我觉得这里的"全"还有一个意思,就是"全社会"。我们作为社会组织,也是社会成员,全员包括我们在内,落实思政工作会议精神,以德育人,我们责无旁贷。

习近平总书记曾说,要坚持不懈传播马克思主义科学理论,抓好马克思主义理论教育,为学生一生成长奠定科学思想基础。马克思主义理论学科是我们高校思想政治教育的理论基础,加强高校的思政工作,关键还是加强马克思主义学科建设、马克思主义人才队伍的培养。我们在盘活存量、激活流量的前提下,积少成多,不以善小而不为,保持温度的同时,也要有力度、有力量。

与善同行,其行久远,与善共舞,其梦也美,我们一起努力把这件事做好。

# 器道并进，根深叶茂*

　　我们来到浙江大学马院之后，有一个整体的感受，浙大马院的老师有一种自豪感和荣誉感，整个精神面貌是向上的，也有干劲。马院的老师们将教学当作天职，主动抓好教学工作，奉献精神感人，有些老师甚至是呕心沥血。我们考察组成员交流后，将印象最深的几点归纳为：第一是累，第二是难，第三是变。

　　说到"累"，老师们确实很辛苦，因为马院的教学任务面广量大。我也曾长期在高校工作过，这个工作量我有比较，没有高度的责任感很难坚持下来，然而老师们都没有怨言，说"累并快乐着"。老师们一天要上八九节课，从早到晚休息时间也不多，有的老师跟我们讲，上课上到最后累得不想说话，有的甚至讲到头晕目眩。但很多同志谈到，虽然累，可是上课能得到同学的认可，就有成就感。感动之余我们也向学校呼吁，希望对这些老师能够给予更多保护、爱护、呵护。

　　说到"难"，因为马院要姓"马"，在这样的大环境下要做好这个工作

---

　　* 2016 年 10 月 26 日在"浙江大学马克思主义学院建设反馈会"上的讲话。

有一定的难度。上思政课是很难的,因为思政课上学生提出的一些问题并不是马上就能够有结论的。但我们马院的老师要面对同学,就会想着"我不能被学生问住",其实被问住也没有关系,因为事物总在发展,但老师们会用"不能被学生问住"来要求自己。现在信息渠道广,同学们可获取的信息很多很快,教师可能还不如学生掌握的信息多,那就造成信息少的要面临信息多的挑战,这确实是一个要应对的新情况。要研究如何更好地满足学生的学习需求。

至于"变",就是感到在变化,大家都感到在向好的趋势变,大家很有信心。刚才我已提到这一点,就不赘述了。

我曾经开过院士的座谈会,是关于创新的问题,我以为这些科学工作者总要讲一些科技创新,结果大部分院士都是谈文化问题。我看到我们墙壁上有苏步青题的字,还有谈家桢题的字,他们两位都不是人文学科出身,但他们的文科底子,古体诗词的造诣连中文系的老师都不敢跟他们比。他们都很强,这些大家研究问题是有深厚的文化积淀的,所以他们在座谈会上不是讲理论、讲群论,他们思考问题的方法,文化的底蕴非常重要,技术与文化,或曰"器""术"与"道"的关系,就是水涨船高、根深叶茂的关系。这也是我们长期讨论的一个问题。

教育工作是光辉的事业,因此更需要有崇高信仰的坚守,重点是马院要在我们的事业,在人才的培养方面提供思想保证、精神动力和人才支持。我也在上海的大学里面作过一些了解,总体上大家对此都是认同的,但是我们调查下来也存在一些担忧,总的态势就是:认同度高的是道路自信、文化自信,其次是制度自信,难的是理论自信。我们在别的地方考察一些马院老师讲马列经典的例子,怎么跟现实联系起来?其实还是蛮难的。师生交流的时候,大家都讲制度好,为什么干部腐败那么严重?为什么贫富差距那么大?你要回答这些需要有很强说服力的问题,不要说我们同学了,连我们干部也经常答不上来。如何使学生对理论能够入脑入耳入心？有一个老师讲的话我印象还是蛮深的,他说马克思主义理论课的"抬头率"不光是我们老师,也不光是我们学生的问题,要从更深处想想。

另外,我想讲一下意识形态的问题。我在思考这个事情的时候就想到有这么四个字——"把、看、守、建"。在这个当中要建设,要起示范引领作用。我努力遵循"把方向、看端倪、守阵地、建队伍"这十二个字方针。"把方向"就是政治性大局意识,就是我们除了自己有大局意识,还要在全社会形成正确的意识形态、在方向上成为引领者。"看端倪"就是要有敏锐性,不能麻木不仁,对意识形态里面出现的新情况、新问题要重视,实际上讲到的就是责任意识。"守阵地"很重要,请谁讲,谁占领讲台,要慎重选择。"建队伍"就是要形成护佑我们的舰队,就是培养一批坚定的信仰马克思主义、与党同心同德并具有影响力的队伍,对马院来说,就是要培养一批理论家、思想家,特别是青年马克思主义者。

# 用社会主义价值观引导青年学生<sup>*</sup>

《超越迷惘——大学生人生问题百思集》，作为《通向理想境界之路——中国社会主义百思集》的续集和对大学生进行人生价值观教育的参考读物，与读者见面了。作为该书的编写者之一，我想借此机会就在大学生中开展人生价值观教育的问题谈谈个人的一点看法。

1989 年 6 月之后，各高校相继在大学生中开展了社会主义信念教育活动，并取得了一定的成效。"社会主义理论学与不学不一样"，已成为许多同学的共识。这说明青年学生的可塑性是很强的，关键是在他们成长的过程中，要及时给他们以正确的、有说服力的引导。当然我们也面临着如何巩固和深化已经取得的社会主义信念教育成果的问题，还需要继续认真研究解决仍然在部分大学生中存在着的某些深层思想困惑。我们感到，一些大学生对社会主义缺乏信心和热情，并不单纯是政治立场、态度的问题，还同他们在世界观、人生观、价值观方面的偏差有着千丝万缕的联系，或者说政治观的问题只是这种偏差的一种表象。

---

＊ 本文系 1993 年为《超越迷茫——大学生人生问题百思集》所作之序。

◀ 在校园交流
书法文化

经验告诉我们，一般说来，人们形成对社会的正确信念，除了基于理性的认识之外，还往往根据自身特有的人生体验，即从个人的经历中，从对自己所置身的现实社会的感受和观察中，产生对这个社会的基本态度和看法，这当中就存在一个如何从科学的视角出发，认识自己的人生体验问题，比如深刻认识到由对西方个人主义价值观的向往直至对西方社会的顶礼膜拜，原来是一条令人痛心、也令人警醒的心路历程。这一深刻的教训说明，我们的舆论阵地必须充满社会主义的声音，我们必须坚持不懈地用社会主义的人生价值观教育和引导青年学生，使他们逐步树立崇高的人生支柱、坚定正确的成才方向。我们要让大学生们懂得，社会主义制度是中华民族独立富强的希望所在，社会主义所倡导的以社会为本位的人生价值观是对以个人为本位的人生价值观念的扬弃和超越，体现着社会进步的方向，它并不否定人的个性自由的存在，同时更认为人只有献身集体和社会，才能找到生命的真正意义，并获得真正的自由；社会主义的理想代表着我们每个人的利益,社会主义的前途、命运与我们息息相关,社会主义的大车需要我们一起来推动;把个人有限的生命融入为国家发展和社会进步服务、创造、奉献的事业中去,这样的人生将始终是幸福充实的,也才是最有意义和价值的。

当前,在大学生中开展人生价值观教育,不仅仅是为了解决青年学生的成才方向问题,同时也是引导大学生在成长的道路上走得更快、更好、更稳的迫切需要。心理学家认为,大学阶段是青年学生由家居生活转向社会生活的过渡时期,也是青年学生由依赖型心理向独立思考型心理转轨的时期。在这一时期,由于青年学生的人生价值观开始形成但尚未定型,因而在他们身上实际存在着一种"心理断乳"的情况。一方面,在一帆风顺的时候,有的学生往往自命不凡、头脑发热,结果在没有思想准备的情况下栽跟头;另一方面,当他们在学习、工作、生活中遇到种种矛盾、冲突时,又常常不能以积极、正确的态度加以对待和处理。比如说,在学习竞争中落后的时候,在班级工作与学习发生矛盾的时候,在与同学产生不和的时候,在因犯错误受到处分的时候,在面临毕业分配的挑战的时候,以及在失恋的时候等等,一些大学生便常常会陷入难以自拔的困惑与苦恼之中,情绪低落,一蹶不振。这种大起大落的心理表现归根结蒂反映了青年学生思想的不成熟性,对他们的成长是十分不利的,这方面的教训不乏其例。通过开展人生价值观教育,可以引导大学生跳出个人的小圈子,使他们树立崇高的人生志向,培养良好的道德情操和心理素质,能够正确处理个人与他人、与集体、与社会的关系,努力做一名生活的强者,一名真正有益于社会和人民的人。当然,要达到这样的目的,我们需要认真研究青年学生的特点,了解他们的喜怒哀乐,把人生价值观的教育工作做到他们的心坎上。

以上我针对在大学生中开展人生价值观教育的重要性问题谈了自

己的一点粗浅的认识,希望得到从事大学生思想政治工作的同行和大学生朋友们的指正。关于这本书,我想说的是,它的作者大多是长期工作在大学生思想政治工作第一线的政工干部,因而书中所回答的大学生在人生价值观方面的问题是有一定针对性的,也是比较亲切和有说服力的。

大学生人生价值观教育要取得成效,重要的在于充分运用各种教育功能,充分发挥各方面的积极性,其中也包括大学生进行自我教育的积极性。每位大学生自身独特的人生体验就是一本活生生的人生价值观教科书。我相信,只要我们加强引导、善于引导,只要广大学生人人参与、积极思考,人生价值观教育一定能取得实效,我们也一定能在实践中逐步把握人生价值观教育的特殊规律。

# 学马列要精，要管用<sup>*</sup>

继《邓小平理论概论》教材于 1998 年出版后，上海高校"两课"（马克思主义理论课和思想政治教育课）通用教材，即《马克思主义哲学原理》《马克思主义政治经济学原理》《毛泽东思想概论》《当代世界经济与政治》《思想道德修养》和《法律基础》等也全部出版了。这是上海高标准实施经党中央批准的高校"两课"设置新方案的一项重要成果，标志着上海高校新一轮"两课"教学内容和体系调整已取得实质性进展。这套教材凝聚了上海全体"两课"教师特别是作者同志多年来学习、研究和教学实践的心血和智慧。在此，我向他们表示诚挚的敬意和感谢！

构建教材体系只是"两课"建设的一项基础性工作。要真正把"两课"的育人功能充分发挥出来，还必须特别注重以下两点：

首先，要坚持"一门为主、多门渗透"，突出邓小平理论在"两课"教学中的核心地位。

站在新世纪的门槛前，我们比以往任何时候都更清醒地认识到邓

---

* 本文系为 1999 年上海高等学校马克思主义理论课本通用教材《马克思主义哲学原理》所作之序。

小平理论对中国前途和命运具有何等重要的意义。正是有了这面旗帜的指引,我们的党有了正确的路线、纲领和方针政策,我们的人民有了空前的凝聚力和创造力,我们的国家有了一次次战胜困难和风险的智慧和力量。当代大学生肩负着建设有中国特色社会主义伟大事业的历史重托,用邓小平理论武装一代大学生,使大学生对邓小平理论有准确的理解、坚定的信念和自觉的实践,这是我们伟大事业永葆生机的重要保证,当然这也是我们高校德育特别是"两课"教育的中心内容。

这次新的"两课"课程设置,一个显著特点就是突出了邓小平理论与马列主义、毛泽东思想的坚持、继承、发展和创新的辩证关系,使大学生能够全面深刻地认识"邓小平理论是当代中国的马克思主义,是马克思主义在中国发展的新阶段"这一科学命题。因此,构建以邓小平理论为中心内容的结构合理、功能互补的"两课"教学体系成为此次"两课"改革的目标。换言之,新体系的核心课程是"邓小平理论概论",其他课程都应自觉地运用各自学科相关知识和理论阐述邓小平理论,使学生对邓小平理论有一个全方位、多侧面的深入理解,以此培养启发学生的理论思维和理论兴趣。

其次,要改进"两课"教学,弘扬和实践马克思主义的优良学风。

我们要真正实现"两课"的教学目标,就必须着力于"两课"教学内容能帮助大学生树立正确的世界观、人生观和价值观,转换成大学生求知、修身、择业、成才的行动指南和精神支柱,转换成把握国家发展大局大势和分辨政治是非能力的思想武器。所以,在"两课"教学中就必须坚持理论联系实际原则,贯彻"学马列要精、要管用"的精神,突出马克思主义最本质、最核心、最具有现实指导意义的内容,从理论与实践的结合上回答学生的思想热点和疑点问题。

"两课"教学还要大力改进教学方法、丰富教学载体。要激发大学

▲ 在学生毕业典礼上

生对理论学习的内在主体需求，摒弃将"两课"教学作为一般知识性课程的教学方式和考试方式，将影视观摩、主题活动、社会考察、多媒体教学等手段引入教学，还要将课堂教学与学生党团活动、理论社团活动、文明修身活动、志愿者服务活动等第二课堂的思想教育活动有机统一。

这样，我们就可以将教材的规范性、科学的系统性与教学的针对性、多样性、生动性融为一体，使大学生对我们的"两课"教育入耳入脑、真懂真信、愿听会行。当然，这对我们的"两课"教师提出了更高的要求。

总之，希望广大"两课"教师以教材的出版和使用为契机，以更高的起点、更宽的视野、更高昂的精神、更扎实的工作继续推进"两课"改革和建设，努力将邓小平理论"三进"工作提高到十五大要求的新水平，完成党和人民赋予我们的庄严的政治责任和历史使命。

# 青年陈望道的选择 <sup>*</sup>

陈望道是中国近现代史上的一个标志性人物。陈望道先生属于复旦，但不仅仅属于复旦，他也属于上海，属于中国。当然他更属于世界，因为《共产党宣言》本来就属于世界。

教育最根本的任务是"立德树人"，是"育德、育人、育英才"。虽然我们无法改变人生的起点，但是可以通过读书改变人生的终点。读《共产党宣言》，更能够让我们站在人生的制高点看问题，因为《共产党宣言》追求的是真理。

上海市教育发展基金会希望能通过陈望道旧居修缮项目，将《共产党宣言》的内涵展示出来。展示空间不求多，但它必须是全面的。在这一点上可以借鉴嘉兴南湖。南湖革命纪念馆建得很大，《人民日报》还进行了跟踪报道。实际上他们是将其赋予了一定的理念。通过一艘船，生成了这么大的纪念馆，说明思想有多远，视野有多远，我们就能走多远。

---

* 2018 年在复旦大学"陈望道旧居修缮捐赠仪式"上的讲话。

另外，我认为现在社会主义、共产主义运动还可以研究。复旦大学的人文社会科学很强，在这方面很有优势。可以考虑在这方面做些研究，使它不断有成果出来。

还有一点，就是青年陈望道的展示。因为高校的根本任务是培养人才，关于陈望道先生最有名的一句话就是"真理的味道是甜的"。青年在选择道路的时候，前人给他们的影响是巨大的。所以陈望道在青年中非常有影响力，他的一言一行无疑都具有强大的感染力。陈望道先生是一个大家，他既是革命家，又是语文修辞学家，又是教育家，所以在青年陈望道的展示中，希望可以就当下青年的道路选择问题，做一些针对性的、启发性的展示：比如他为什么在那么多的思潮、学派之中选择了共产主义信仰？

我曾听过陈望道的讲话，言谈非常风趣，但这些相关文物、档案的收集有困难，很多文档都是散在各处。希望抓紧联系整理，这不仅是一个名人旧居的修缮，更是向大众呈现一个立体的陈望道的渠道。

# 让"方向工程"更有方向 <sup>*</sup>

学校的德育工作关系到培养什么样的人,是"系统工程""方向工程",加强和改进学校德育工作具有战略意义。众所周知,大学生的思想历来是社会思潮的晴雨表,社会矛盾在高校会集聚反映。大学生的突出特点是求实,但今天的大学生对理想信念似乎有些淡漠,对于政治也没有以前的学生那么热衷了。社会上的各种思潮和多元价值观对大学生都有影响,现在的教育工作比我们当初难做,环境更为复杂。

习近平总书记出席亚信上海峰会后在上海考察时指出,上海一定要把培育和践行社会主义核心价值观工作做得更细、更实、更深入人心,努力在这方面走在全国前列。培育和践行社会主义核心价值观,贵在坚持知行合一、坚持行胜于言,在落细、落小、落实上下功夫。

大学是意识形态工作的重镇,是立德树人的主阵地,是青年学生铸就正确的世界观、人生观、价值观的锻造炉,在加强社会主义核心价值

---

* 在"2013 年'阳光计划'颁证会"上的讲话。

观教育方面具有不可替代的作用,大学更应该在宣传和践行社会主义核心价值观方面示范引领、走在前列。因此,要进一步落实好立德树人的根本任务,我们阳光学者肩负着重任,要按照习近平总书记的讲话精神,毫不动摇地把社会主义核心价值观作为大学生思想政治教育的灵魂,在教育理念、教育内容、教育方法、教育环境方面进行立体化、全方位的创新,让青年学生从理想信念上、思想道德上、行为方式上辨得清是非、经得起检验,勇做走在时代前列的奋进者、开拓者、奉献者。

由上海市教育发展基金会推动的"阳光计划"作为加强学校德育工作的重要举措,取得了可喜的成绩。它不仅被纳入上海教育系统人才培养总体规划,还被纳入《上海市中长期教育改革和发展规划纲要》。高校思政队伍中涌现了一批先进典型,但随着环境变化,又面临新的问题亟待解决,如:思想政治工作的实效如何?"投入产出"情况如何? 思政队伍来源优化后,如何继续提高队伍的整体素质等。在市教卫工作党委、市教委、教育基金会、各高校的共同努力下,脚踏实地地建好"阳光计划"这个平台,通过举办各种沙龙和活动,精心打造、规范管理、精细服务,使"阳光学者"成长为各高校党建、宣传、党风廉政和思想政治教育工作战线的骨干,并对整个队伍起示范和带动作用。

在此,我给在座的"阳光学者"提三点建议:第一,要具有国际视野和宽广的胸怀,既博学多才又有胆识和气魄;第二,要有能力和水平,能干事、干成事;第三,要有强烈的使命感与责任感,要敬业,有爱心。要处理好职业与事业、技术与艺术的关系。

希望入选"阳光计划"的老师们都成为一颗颗"种子",影响周围的领导、同事、学生,影响社会,积极传播社会主义核心价值观。要围绕"育人"大课题选好课题,既研究现实问题,又有前瞻性、前沿性,努力提高"阳光计划"项目层次,体现上海特色。期待在不久的将来,从"阳光计划"中走出一批具有全国影响力、引领上海高校党建、党纪、宣传和思想政治教育理论研究和工作实践的"阳光学者"。

# 永远站在时代的前沿<sup>*</sup>

　　首先,我要代表上海市教育发展基金会对全体获奖同学致以最衷心的祝贺! 叔蘋奖学金今年已迈进了第 73 个年头,可谓历史悠久、声誉卓著。这份奖学金,对于在座的各位同学来说,不仅是对大家学习成绩的表彰、思想品德的嘉奖,更是对你们今后学业与工作的鞭策和激励。我由衷地祝贺你们加入这个光荣的行列!

　　我很早就听说过叔蘋奖学金创办人顾乾麟先生爱国重教、无私奉献的事迹,深为钦佩;上个月我有机会带领基金会的同志参观了位于湖州南浔的叔蘋奖学金展览馆,对顾老先生捐资助学的义举有了更为真切而深刻的感受。我建议在座的各位获奖同学有时间有机会的话都应该去这座展览馆认真看一看:一是要了解顾老先生在日本军国主义悍然入侵、大片国土沦丧、广大底层人民陷于水深火热的情况下,如何克服自身的各种经济困难,以"得诸社会、还诸社会"的叔蘋精神为宗旨,帮助 1 100 多名清寒学子安心求学、完成学业,成为日后新中国乃至全

* 2011 年 12 月 8 日在"叔蘋奖学金第 73—74 期颁奖大会"上的讲话。

世界的栋梁之才;二是要了解顾老先生如何心系祖国大陆、关心教育事业,在改革开放之初就毅然决然地支持新中国教育事业,陆续在上海、北京、湖州等地续办叔蘋奖学金,前后总计惠及优秀学生八千人;三是要了解你们的一代代叔蘋学长们是如何克服家庭和社会环境中的种种困难,用叔蘋精神鼓舞自己,奋发图强、力争上游,成为各行各业的精英与楷模,同时积极投身叔蘋事业,传承发扬叔蘋精神,让叔蘋奖学金这项历史悠久的公益事业历久弥新。如果大家能够从这三个角度去了解叔蘋事业的过去、现在与未来,我相信叔蘋奖学金将在你们的持续推动之下取得更大的业绩。

上海市教育发展基金会同叔蘋奖学金有着长期的合作与感情。早在 1995 年,顾乾麟老先生出资港币一千万元,建立了上海市教育发展

▼ 在叔蘋奖学金颁奖大会上讲话

基金会叔蘋奖学金基金,全权委托我会管理。十八年来,我们不负所托,把这笔基金管好用好,为叔蘋奖学金的持续发展提供了坚实基础与可靠保障。放眼未来,上海教育发展基金会将一如既往地支持叔蘋事业,切实践行叔蘋奖学金"得诸社会、还诸社会"的高尚品格和精神宗旨,继续支持上海教育事业的长远发展。

在刚刚结束的党的十八大会议上,党中央提出了 2020 年全面建成小康社会的宏伟目标,中国人的强国之梦正在成为现实;同时,习近平总书记向全党全军全国人民提出了"实干兴邦"的殷切希望,指明了中华民族伟大复兴事业的实现路径。可以断言,在改革开放三十多年来取得丰硕成果的基础上,我们国家即将掀起一轮新的建设高潮,这一轮时代浪潮的焦点将汇聚在科技进步与结构优化上,对于新一代建设者的综合素质与能力提出更高的要求。

在座的获奖同学都是高中生和大学生,正处在建立世界观、人生观的关键阶段。大家一定要把个人的成长与祖国的发展、民族的进步紧密结合在一起,一定要积极响应国家的号召,把自己锻炼成为符合国家需要的有用之才。我相信,随着叔蘋奖学金的发展、叔蘋同学会的壮大以及叔蘋精神的发扬光大,新一代叔蘋同学将会同你们的学长一样,永远站在时代的前沿,砥砺前行,为建设一个富强、繁荣的伟大中国而奋发图强、尽心竭力!

# 自强成材，报效祖国 <sup>*</sup>

  党的十八大以来，习近平总书记对教育工作作出一系列重要论述，他指出教育是人类传承文明和知识、培养年轻一代、创造美好生活的根本途径，强调中国将坚定实施科教兴国战略，始终把教育摆在优先发展的战略位置。习总书记把"更好的教育"摆在人民"十大期盼"的首位，并强调指出，"致天下之治者在人才"，没有一支宏大的高素质人才队伍，全面建成小康社会的奋斗目标和中华民族伟大复兴的中国梦就难以顺利实现。这些重要论述，揭示了教育的本质属性，阐明了教育在实现中国梦伟大征程中的重要作用和战略地位。

  习近平总书记指出，青年一代有理想、有担当，国家就有前途，民族就有希望。他强调，培育践行社会主义核心价值观，要从娃娃抓起、从学校抓起，做到进教材、进课堂、进头脑，使社会主义核心价值观内化为人们的精神追求。少年儿童从小就要立志向、有梦想，爱学习、爱劳动、爱祖国，德智体美全面发展。广大青年一定要坚定理想信念、练就过硬

---

  * 2012 年 11 月 8 日在久隆模范中学第十一届上海市教育发展基金会自强奖教金、奖学金颁发仪式上的讲话。

本领、勇于创新创造、矢志艰苦奋斗、锤炼高尚品格；要把正确的道德认知、自觉的道德养成、积极的道德实践紧密结合起来，弘扬奉献、友爱、互助、进步的志愿精神。青少年正处于世界观、人生观、价值观逐步形成的重要时期，在价值观、人生观趋向多元的时代，教育必须强调育人为先，把社会主义核心价值体系融入教书育人的全过程，坚持以社会主义核心价值体系教育引导青少年，促进他们健康成长，塑造有能力、有责任、敢担当的未来一代。

因此，我对同学们提三点希望，一是希望同学们自强不息、坚定信念。自强是中华民族的传统美德。意志是支持着中国人自立于世界民族之林的一种精神、一种信念、一种境界，是流淌在中华民族文明血管中生生不息的血液，是中国人民代代相传的传世之宝。困难、磨难其实是人生的宝贵财富，"艰难困苦，玉汝于成"。贫困并不可怕，能吃苦是一种资本，是一笔宝贵的财富。同学们要树立战胜困难的信心和勇气，坦然面对生活，把暂时的贫困作为一种历练，自尊自信、自立自强，以坚忍不拔的毅力，在逆境中奋起，实现自己的人生目标。要坚定理想信念，树立正确的人生观、世界观和价值观，把实现人生价值同祖国的需要结合起来，锐意进取，奋发成才，勇敢地肩负起时代赋予的历史重任。

二是希望同学们努力学习、早日成才。要珍惜学生时期的学习时光，把党和政府的关怀，社会各界的关爱，转化为勤奋学习、刻苦钻研的内在动力，以强烈的求知欲和进取心，努力学知识、长本领、增才干，学有所成，做到用学习充实人生，用知识成就自我，早日成为祖国栋梁。

三是希望同学们传递爱心、回报社会。中国是文明礼仪之邦，感恩文化更是积淀深厚。常怀感恩之心，才能心情豁达，平心静气，宽以待人。同学们，有了这种情怀，你们将得到心灵的净化，养成良好的品德，赢得社会的尊重；有了这种情怀，你们会充满激情，会懂得珍惜，也将赢得更为广阔的成长空间。每个人的成长过程,都离不开社会的关心和帮助。同学们要记住这份沉甸甸的爱,发扬中华民族的传统美德,有感恩之心,有谢恩之行。要接过爱心接力棒,做爱心传递者,报效祖国、回馈社会、帮助他人,在奉献社会中实现人生更大的价值。

▲《上海大辞典》(全 3 册)由王荣华同志主编, 上海社会科学院百余名研究上海的资深专家学者历时 7 年编纂而成。 全书收词近 2 万条,实际字数达 600 万,是一部代表当今上海史学研究最高水平的大型工具书。《上海大辞典》被公认为一部有分量、有质量的大型上海辞典,全方位地反映上海城市的历史,描绘上海发展成为世界大都市的历程,分析上海城市的特点,探究上海演变为世界大都市的原因,将上海的史实变迁用词条的形式,精确地予以概述,为广大读者查阅、研究上海历史文化、发展沿革提供了极大的帮助。 它的出版是上海文化界、学术界、出版界的一大盛事,对于促进上海的史学研究和提高城市的文化品格,影响重大,意义深远。

2008 年 10 月《上海大辞典》(全 3 册)入选国家新闻出版总署第二届"三个一百"原创图书出版工程,并获得上海市第九届哲学社会科学优秀成果(2006—2007)著作类一等奖。

# 爱国主义精神的培育离不开阅读<sup>*</sup>

什么是中华民族精神的核心？是爱国主义。爱国，是人世间最深沉最持久的情感，是一个人的立德之源，立功之本。爱国与阅读是什么关系？爱国是情感，母语是中华民族文化的根。汉语言文字更有深厚的文化历史沉淀，具有鲜明的人文属性。我们谈挚爱坚守祖国的语言文字，弘扬中华优秀文化，阅读，是必经之路。一个城市精神的培育和成长靠什么？靠文化氛围、制度、导向、偶像。其中"氛围"，重要的就是读书的氛围。

## 一、一个民族的精神境界，取决于这个民族的阅读水平

提起阅读，我们很容易将其看成一种个体行为，然而，从整个国家民族的未来角度看，当整个民族把阅读视为一种值得推崇的文化时，整个民族的精神气质和文明程度就不一样。一个国家、一个民族的共同

---

* 2018 年在上海市"书香校园建设研讨会"上的讲话。

阅读决定了其精神力量,而精神力量对于一个国家软实力与核心竞争力的培育,起着关键作用。国际阅读协会在一份报告中甚至指出,阅读能力的高低直接影响到一个国家和民族的未来。

去年我去了以色列,感受颇深。以色列是中东地区唯一的发达国家。截至 2015 年,全世界 770 位诺贝尔奖得主中,有 153 位都是犹太人。也就是说,占世界人口总数仅仅 0.3% 的犹太人,包揽了将近 20% 的诺贝尔奖!美国的百万富翁中近三分之一是犹太人,《福布斯》美国富豪榜中,犹太人始终占据着多个席位。难怪有人说"世界上的财富在美国人的口袋里,美国的财富在犹太人的口袋里"。

人类的物质世界和精神世界,几乎都被犹太人改变过——马克思的唯物史观,改变过或依然在改变着人类对社会和历史的观点;弗洛伊德的精神分析学说,改变了人类对自身的认识;爱因斯坦的相对论,改变了人类对物理世界和时空的认识。

这个在公元 70 年以后就失去了祖国、到处流浪并寄人篱下的民族,为什么会产生那么多世界级杰出人物?是天赋异禀吗?当然不是,犹太人从不觉得自己更聪明,相反,他们通常很谦卑地认为,阅读,唯有阅读,才能让自己摆脱无知,获取知识这种随身携带且不被掠夺的财富。在常年的颠沛流离中,当被杀戮、被迫害的犹太人饱受艰难困苦和饥饿折磨的时候,他们用大量的阅读,来获取生存的智慧。

犹太人对于书籍,有种宗教般的情怀。他们嗜书如命,将阅读置于很高的地位:每 4500 个犹太人就拥有一个图书馆;在以色列,平均每 6 个人就订一份英文报纸;犹太人会在书上涂一层蜂蜜,让孩子一生下来就知道书是甜的,他们还喜欢将书放在枕边。这种对书的迷恋和敬畏之情,怎会不形成一种民族的精神动力,推动他们去攀登人类智慧的高峰?

## 二、提高民族精神文化素养，把阅读提升到战略的高度

基于阅读之于民族精神塑造的重要意义，许多国家都把阅读活动提高到了非常重要的战略地位。

美国于 2015 年 9 月 5 日举行了第 15 届国家阅读节，主题是"我的生活里不能没有书"，国会图书馆邀请 175 位作家、诗人与读者共襄盛举。同时还有"全美诵读日"这一类更为细化的阅读节日。美国把 3 月 2 日——儿童文学作家苏斯的生日定为"全美诵读日"，每年都有数千万人参与阅读与朗诵活动。2010 年 3 月 2 日，奥巴马夫人在国会图书馆与 200 位小朋友一起度过了这个节日，为大家朗读《戴高帽子的猫》。于漪老师专门对美国高中语文教材作过研究，发现美国教材几乎就是一部政治历史教材，尤其注重体现国家意志和美国精神对学生的塑造。

为了提高全民素质，日本针对不同群体设立了诸多阅读节：每年 4 月 23 日被定为"儿童读书日"；每年 4 月 23 日至 5 月 12 日则为"儿童读书周"；每年 10 月 27 日到 11 月 9 日为"国民读书周"；日本政府还将 2010 年定为"国民读书年"，隆重推出一整年的国民读书计划。

法国更是一个重视阅读的国家。1989 年，法国国家读书节创立，于每年 10 月 14 日至 16 日举行。此外，法国还有自己的国家儿童图书节。2015 年法国国家儿童图书节的主题是"轻松的阅读"，共有 1 200 场活动在夏令营、海滩等一些令孩子们心情放松的地方举行，包含文学野餐、与作家和插画家对话等丰富内容。

德国于 2004 年开始全国读书日活动，在每年 11 月举行。志愿者们在幼儿园、学校、图书馆，甚至火车和市区步行街上，为别人朗读书籍。如今，全国读书日已成为德国最大的读书节日，以此为荣的志愿者

充满激情地捧书朗读,极大地推动了全民的读书热情,并带动了孩子们进入书中的奇妙世界。

当前,我国的 GDP 总值已经居于世界第二位,仅次于美国,高于日本、德国、法国等国家,但在阅读方面,我国却至今没有一个战略层面的推手。虽然早在 2014 年《政府工作报告》中就提出"倡导全民阅读",2015 年,国务院总理李克强又在《政府工作报告》中提出:"倡导全民阅读,建设书香社会。"但现在还需要进一步的推动措施。

上海作为国际大都市,素来有着引领风气之先的光荣传统,如果能在阅读方面制定全市层面的战略举措,通过阅读环境的营造,滋养更多具有书香气质的上海人,在推动整个国家和民族精神文明的提升方面贡献力量,上海有这个能力,也有这个条件,现在上海新建的商用楼宇里商家们都设计了新颖舒适的书店,可以说,现在想读书的人越来越多了。

## 三、积极组织、形式多样,营造培育浓厚的书香氛围

营造一个满城书香的环境,应该做些什么? 我觉得有这么几条考虑:

### (一) 开展阅读,建设书香校园,从娃娃抓起

俗话说,"三岁看大,八岁看老",一个个体在生命早期养成的好习惯,更容易持续一生,阅读习惯亦然。在儿童阅读习惯养成这条路上,家长承担着启蒙的角色,但学校作为儿童接受专业教育的重要场所,通过推进书香校园的建设引导他们养成良好的阅读习惯,充分利用学校和老师引导家长开展"亲子共读"创建书香家庭活动,形成书香校园、书

香家庭、书香社会这样三位一体的阅读氛围。

近年来,上海市教委、语委办根据《上海市文教结合工作三年行动计划》和《上海市语言文字事业改革和发展"十三五"规划》的相关文件精神,依托文教结合项目,在全市范围内推进书香校园建设工作,就是一个非常值得鼓励的战略。在他们的推动下,在全市中小学和幼儿园的积极配合下,截至目前,各区已有 29 所"书香校园"建设学校通过了专家组的评估验收,被命名为"上海市书香校园基地学校"。上海这方面工作已经有了起色,相信今后会有更多的书香校园基地申报成功。

然而我们也应该看到,书香校园的建设,目前还处在起步阶段,在高考的指挥棒下,不是所有的学校都能真正认识到阅读对于一个孩子精神发育、民族精神打造的重要意义,在某些学校,书香校园还有些花架子的味道,阅读课有时候会被主课挤占,阅读指导教师队伍也不是很健全,这些,都需要我们今后在建设书香校园建设过程中加以改进和提升。最近,我受聘担任了国家教材委员会专家委员,承担了国家统编教材和非统编教材的审读工作,其中有的教材在编写时就设计了一些课外阅读的内容,通过教材编写的设计推动学生养成良好的阅读习惯。相信,随着教育改革的不断推进,阅读推广活动的进一步普及化,将会有越来越多的学校,无需书香校园活动的制度化推进就能给孩子的阅读习惯提供更多滋养。

## (二) 让优秀图书触手可及

就像孩子与书之间不会天然产生联系一样,他们阅读习惯的养成需要家长的"推销"。全民阅读习惯的养成也一样,市场的吸引力也很重要。

还是以犹太人为例。犹太人爱看书,首先就是因为好书多,以色列各书店的圣经读物销量很稳定。以色列的社会开放,外国畅销书很快就有希伯来语译本,销售很火。各媒体每周都有新书介绍和图书排行榜,为人们购书提供参考。耶路撒冷有两年一度的国际书展,还有希伯来图书周,各城市还有书市,全都热闹非凡。

以色列的图书价格相对较低,商业区最繁华的大街书店往往也最多,风格各异,有的还摆几张小桌,顾客在咖啡的香气中聚精会神地看书。在海边和街头公园,有很多静静看书的人,他们营造的读书求知氛围令人肃然起敬。周六是安息日,商店、饭店、娱乐场所大都关门,公交也停运,人们在家中静心祈祷、反思。这一天,唯独读书买书是可以的,书店照样营业,顾客络绎不绝。

值得庆幸的是,近年来,上海出现了许多高大上的书店,像钟书阁、大众书局、西西弗书店等,里面不仅陈列了高质量的图书,还有茶座等可以一边休闲一边阅读的空间,极大地提升了图书的吸引力。在全国其他地方,这样的书店也像雨后春笋一样涌现出来,让一个个城市多了更多高大上的人文景观。现在贵阳也有钟书阁了,市民们可兴奋了,经常呼朋唤友地过去体验。这种现象,我觉得就非常好,当群众的精神有更多书店安放的时候,是非常让人欣慰的事情。我衷心地期待,这样的书店,会在上海的市区甚至乡镇更多地绽放异彩。

(三) 让图书馆更亲民、更开放

图书馆是一个国家和民族的文化、精神坐标,一个国家,一个城市的公共图书馆数量越多,人民群众的精神食粮就越丰富,书香气质就越丰盈。

据统计,截至 2016 年底,上海市共有图书馆 238 个(馆舍 302 个),其中市级图书馆 2 家,区级图书馆 23 家,街道(乡镇)图书馆 213 家,馆舍总面积为 52 万平方米。按常住人口计算,目前全市每 10 万人拥有 1.2 家图书馆(按馆舍数,下同),每万人拥有图书馆面积 291.2 平方米;人均藏书 3.27 册,人均购书经费 10.83 元,本市的有效读者证总量已达 300 多万张,达到了每百人中有 12 人为持证读者;图书外借服务 7 000 余万册次,流通服务人次达 3 400 万余人次。

然而,虽然上海市的图书馆数量和质量在国内处于领先地位,与国外平均水平相比,还是有着很大的差距。早在十多年以前,英国就有公共图书馆 5 183 家,也就是说,每一万居民,就有一家图书馆;在德国每 6 600 人有一家图书馆;芬兰是 5 000 人,奥地利是 4 000 人,挪威也是 4 000 人,而瑞士则每 3 000 人就享用一家公共图书馆。即使与每 1.5 公里半径内设置一所公共图书馆、平均 2 万人拥有一所公共图书馆的国际标准相比,上海市的人均图书馆数量也是很难让人乐观的。

更重要的还有一个开放度的问题。目前进入上图不仅需要安检,还需要刷借阅证,万一借阅证不带在身上,临时想去是进不去的。而且,借阅数量也是 10 本封顶,如果办一张参考借阅证,需要 1 000 元的押金,然而参考借阅证借的书,不能全市通还,必须再回到上图去还,这样不方便的设置,对借阅积极性来说,就是一个很大的打击。这种现状,不仅与国外一些图书馆的开放度相差甚远,与国内的某些城市也有一定的差距。

我听一位朋友介绍,有一年他去厦门度假,春节那天,市里很多饭店等娱乐餐饮设施都关门了,厦门图书馆却依然开放,而且,进入他们的图书馆,只要接受安检,不带图书证也可以。那年春节,厦门图书馆就提供了他一天的精神食粮,让他至今难忘。

前段时间一个朋友从硅谷过来,聊起他们的图书馆,他们就说,不仅借书证免费,而且最多可以借 100 本,虽然我们一般借不到这个数

量,但万一需要主题阅读的时候,多借一些就很方便。只要我们读者有需求,上海的图书馆就应该提供这方面的服务,加强开放程度,以海纳百川更开放包容的服务,让图书馆进一步发挥它的功能。

# 第二编　引导以"和"为中心的世界中国学

　　中华文明源远流长,既有唐宋的昌明,也有近代的曲折,然而却是世界公认的没有中断的文明体,为世界和人类作出过独特的贡献。一段时期以来,西方以"汉学"为代表符号,研究我们的历史文化,但由于视角和立场的原因,难以避免隔靴之感。新中国成立以来,尤其是经历改革开放,中国的发展被誉为世界的奇迹,中国社会主义建设的路径与经验趋于成熟,不仅我们自身需要总结成功因素、建立自信的力量,世界同样关注中国和平崛起的经验,这就不是着眼于传统中国的"汉学"所能作出的回答,由此,"世界中国学"的命题和研究历史地落在我们的肩上。

　　2004年,跨入新世纪的第五个年头,加入世贸的第三个年头,距离中国高铁的诞生还有3年,距离北京奥运会的举办还有4年,距离上海世博会的召开还有6年……首届世界中国学论坛在我们的精心组织下顺利举行,伴随着六大洲23个国家51位学者以及2位国际组织学者的参与,"世界中国学"正式进入了公众视线,引发了海内外学者和媒体持续的关注,此后这一论坛每两年在上海举行一届,迄今已连续举办了八届,共有数千人次的各国专家学者参与了论坛交流和研讨。

首届论坛的主题是"和而不同:多元视野下的中国";2006 年第二届论坛的主题是"中国与世界:和谐—和平";2008 年第三届论坛的主题是"和衷共济:中国与世界的共存之道";2010 年第四届论坛的主题是"和合共生:中国与世界的融合之道"。不难发现,"和"是我们提出的世界中国学研究中的关键字。这是因为,在我们看来,"和",是了解和把握中国发展趋势脉动的钥匙。和而不同、和平和谐、和衷共济、和合共生,这是中国文化,是中国之道。"和衷共济""和而不同""和合共生"这都是 2004 年至 2010 年间世界中国学论坛倡导的中国价值,此后得到了国际学术界的广泛认可。

这些思想在党的十八大以后逐渐成为国家层面的战略思想,习近平总书记多次在不同场合发表重要讲话,强调要弘扬以"和"为特点的中国文化和构建"人类命运共同体"的思想。这些思想不仅为中国特色社会主义建设指明了方向,也使我们对坚持以"和"为中心的世界中国学以及基于"和"文化的人类命运共同体思想的研究增添了信心。

# 以"和而不同"的文化标识
# 开启世界中国学研究 *

世界中国学论坛是一个以文化为主旨的繁荣和发展世界中国学的文化交流平台,同时也是中国文化和世界文化交融的汇合点。世界中国学论坛把中国最早的经典《周易》中的"同人卦"作为会标,表达了中国文化走向世界,与世界各地区不同形态的文化交流、融合、发展的愿望,这是一个将会给包括中国文化在内的人类文化带来无限生机的美好愿望。

三千年前,我们的先人就已经意识到文化交流的重要性,鄙薄"同人于宗"的文化狭隘主义,倡导"同人于野",即走出宗门,走向世界的开放、兼容的文化发展之路。两千五百年之前,孔子用生动的语言,进一步表达了这个思想:"有朋自远方来,不亦乐乎",与远方的朋友交流学问,体验快乐,不仅是一种自学的方法,更是一种为学境界。今天,来自世界各地的学者欢聚一堂,切磋世界中国学,这是学术界的一件盛事,

---

　*　2004 年在第一届世界中国学论坛上的主旨报告,原题《"和而不同"尊重文化多样性,为人类文明进步作贡献》。

也是我们人生的一大快事。

中国学脱胎于汉学,但又区别于汉学,汉学指的是外国学者对中国古代文化的研究,比较侧重于中国古代的历史、制度、语言、文字、哲学、艺术等领域。中国学涵盖了汉学的内涵,但它又扩展了当代中国的研究范畴。

虽然,外国学者对汉学的研究可以上溯到日本的宋学,也可以包括晚明的利玛窦汉学,但是,西方的汉学研究主要兴起于近代,世界中国学研究则主要兴起于当代,这不只是时代的不同和内容的差异,而是有着深刻的文化意义。先前的汉学研究,是对于去今已远的中国古代文化的研究;今天的世界中国学,则不仅包括对中国古典文化的研究,更侧重于近代中国和当代中国的研究。世界中国学研究发展到现在,已经成为包括中国学者参与的、有关中国社会变迁与发展的综合性的社会科学。

中国是世界四大文明古国之一,也是其文明几千年来唯一没有中断过的国家,这一独特文化本身就是世界文明宝库中的奇珍异宝,有独特的研究价值。这是汉学之所以在中国国力衰弱之时依然受到国际学者重视的原因。自 20 世纪中叶开始,特别是 1978 年以来,中国的发展取得了世人瞩目的成就,综合国力与国际地位早已不是近代可比,于是,有关当代中国的研究迅速发展,逐渐成为热点,并且有发展成为显学的趋势。

汉学研究诗书礼易、秦俑汉墓、唐诗宋词、敦煌壁画,与中国学探讨的东方与西方、国家与社会、传统与现代、中国与世界有没有内在的关联?看上去似乎没有,究其实则千丝万缕。从汉学到中国学,一以贯之的内涵是中华文化。"苟日新,日日新,又日新",这就是中华文化生生不息,绵延五千年之久的根本所在。传统不是我们可以随意作为客观对象任意处置的东西。传统无处不在，我们都生活在传统之中。中国今天的发展就根植于中国的传统文化之中。在这个意义上，汉学与中国学，其名虽分，其实则合，就是中国文化的研究。

我们正处在经济全球化、文化多元化的时代，中国已经与世界紧密地联系在了一起。中国文化早就是世界文化的一部分。世界要前进，中国要发展，这注定了世界中国学必然会越来越繁盛，所以，我们预定今后每两年举办一次世界中国学论坛。

文化交流崇尚"和而不同"。人际交往，以和为贵。因为不同，才需要交流，唯有和睦，方能沟通。"和而不同"的"和"表达了人际交往的原则；"不同"则体现了文化交流的特点。

"和而不同"的理性思考，源自中国传统文化的核心，最早提出"和"与"同"这一对哲学概念的人是西周史伯，他说："和实生物，同则不继。"中国古代认为百物是由金、木、水、火、土这五种元素所组成，不同元素和谐有序地统一在一个统一体中，这就是"和"。推而广之，美妙的音乐，绚丽的文采，可口的佳肴，都是"和而不同"的，即多样性统一的结果。先秦哲学家（道家创始人）老子他在描述世界深层的时候用另外一种结论说出了同样一个道理："万物负阴而抱阳，冲气以为和。""和"的本质是"负阴而抱阳"，存在于统一体中的阴与阳不仅不能消减，而且还要保持平衡，这就是自然规律。

数千年来中国文化遵循"和而不同"的法则才使得华夏文化不仅数千年文脉未断，而且历久弥新，成为人类文化史上的一朵奇葩。今天的中国人更加坚信，人类文化的存在与发展，不是一种文化如何去吞并另一种文化，而是一种文化如何正确面对另一种文化。在相互的交融之中，各自取长补短，发展自己，而且从另一种文化的存在中确定自己存在的理由。人类文化的发生与发展，同样遵循着这一自然法则。所以，我们尊重文化的多样性,尊重各国人民在历史的进程中创造的多彩文明和生活方式,使不同的文明相互借鉴,和平共处、共同发展,以促进世界多样性,实现各种文明共同进退和人类社会的全面进步。

中国人相信,这个世界是可以寄托希望的,正因为中国人相信人类能够"和而不同"。在古人留给我们的思想认识中,"和"的起点是在于"人同此心,心同此理"。所以不同的人物、不同的人群、不同的民族、不同的国家可以相互沟通、相互认同,用善意换取他人的善意。用善意回应他人的善意,以"和"为一个不断不尽的过程,我们将得到人类之间互利和共有的价值。但"和"的本义并不是绝对的同一,并不是多色变为单色,并不是屈己从人,而是以善相呼和以善相应,呼应出自不同的主体,互利也归于不同的主体。因此,以"和"为一个不断不尽的过程,则这个过程里始终会保留着个体与个体之间的差异、民族与民族之间的差异、国家与国家之间的差异,以及由这种差异派生出来的不同思想、不同主张、不同道路、不同的取向。只有以"不同"为前提,"和"才具有真正的内容和真正的意义,才能够维系万千群类而至天长地久。面对一个共趋和多元并存的国际社会,我们需要的正是"和而不同"。

文化交流贵在相争与相融,文化的进步需要学术争鸣的推动,学术争鸣是理性的表达,是智慧的碰撞;没有争鸣,学术的发展就会停滞。

有了争鸣,学术界才会灵气四射,生意盎然;有了争鸣,人类文化才有前进的动力,孔子欣赏"不舍昼夜"的川流之水,而有"智者乐水"之论,便是取其流水不腐之理。王夫之说得好:"自然之华因流动生变而成绮丽",人类的智慧便是这样一种"自然之华",它应当是一种情之所至,瓜熟蒂落的自然流露,智慧的彩虹,因争鸣而显现。

当然,学术文化的发展,仅仅有争鸣还是不够的。争鸣是一种手段,是一种相互沟通的途径。争鸣的最终目的,是促进相互之间的融合。争鸣为融合提供了机会；有了融合，争鸣才有意义。融合它并不是一方吞食另一方，而是思想的升华、文化的进步。先秦诸子百家争鸣，创造了中国古代文化的高峰。争鸣之后，依然是百家，但是在百家的思想中，已经你中有我，我中有你，而且都有了长足的进步。印度佛学与中国传统文化的融合，成为人类文化史上不同文化之间融通的成功范例。近现代的西学东渐，争论高潮迭起，每一次大的争论之后，中西文化的融通总会前进一大步。在东西文化交融的历史进程中，我们上海的文化有了长足的发展，上海的一草一木，都是中西文化相争与相融的见证。世界中国学论坛在上海举行便是中西文化经历了一个多世纪相争与相融的成果。以"相争与相融"的姿态走进世界是历史的必然，也是时代的需要。

　　文化交流崇尚"见贤思齐"。中国人通过学术交流与不同学派不同文化相融，是因为有一个优秀的传统理念：见贤思齐。看到别人的优点，希望自己也能如此；发现别人的缺点，便惕然而反省自己。文化交流的过程，是发现对方优点和缺点的过程。在这一个过程中有了"见贤思齐"的理念，就能够理性地把对方作为一面镜子，吸取别人的优点，来反省自己的不足。"见贤思齐"是一种理念，也是一种襟怀。有了这种襟怀，学术交流的有效性便有了保证，各种文化之间的"取长补短"就能够在学术交流中成为一种自觉。

　　两千多年以来，中国文化常常要面对其他的文化，在文化与文化的相遇中，"见贤思齐"成为人类的共同理念。公元 8 世纪的亚洲，从日本出发的遣唐使一批又一批地西渡入华，他们久居长安之后，带回去的是中国文化的精华，而在相近的时间里，中国学者玄奘则万里西游，向印度取经。来与去的脚印饱含着"见贤思齐的"的情愫，印度佛教精华，从此融入了中国文化。14、15 世纪之交，欧洲人用中国的雕版印刷术，使纸牌、《圣经》和拉丁文课本第一次成了印刷品;五百年之后,西洋的印刷机,又促成了近代中国以文字传播思想的热潮。"见贤思齐"的理念,同样渗透在传过去与传过来的过程之中。优秀文化,是人类的杰作;优秀文化的受益者,是整个人类,清代学者叶燮说得真好:"孤芳独美,不如集众芳以为美。"

世界中国学论坛的指向,不仅是向世界介绍中国文化,更是为了让中国文化融入世界文化,在更新和完善中国文化的同时,实现人类文化的更新和提高。

世界上,没有完全相同的两片树叶。自然界的多样性,使得我们的世界千姿万态,精彩纷呈。使得我们的"书圣"王羲之,生发出"游目骋怀,足以极视听之娱"的感慨。

文化也是如此,人类原始,祖宗各别;文化多元,势在必行。人类文化的多元性既是地理环境的造化,也是民族精神的凝聚。每一种文化,都有其存在和发展的必然性,都具有鲜明的特色。它们是人类存在的证明,也是人类延续的血脉。不同文化的存在,就像不同人种、不同民族的存在一样,是天经地义的,中国传统文化便是文化多样性的体现,有悠久的历史,也有鲜明的个性。

在自然界,局部地区破坏生态平衡的苦果,人们正在开始品尝。在人类精神生活的世界里,文化多样性一旦被破坏,同样会给人类的精神生活造成严重灾难,多样性文化的存在,与树叶的差异性是一样的,都是世界差异性普遍法则的体现,并不为任何人的意志所改变。不同地区、不同民族之间的文化交流,它不仅包含证同,了解人类文化的共性还在于求异,寻找不同文化之间的差别。证同是为了清理文化延续的脉络,求异是为了开拓文化发展的空间。就人类文化的发展而言,求异比证同更有意义。因为任何一个民族和地区的传统文化,只要与时俱

▲ 与埃及内阁信息决策支持中心签订交流协议

进,都会在世界文化发展当中来找到自己的位置,拥有属于自己的一片蓝天。

中国拥有悠久的历史和古老的文明,并由历史和文明造就了中国人的民族精神。九百多年前,宋朝人张载说:"为天地立心,为生民立命,为往圣继绝学,为万世开太平。"这一段话上承先秦以来的思想源头,下开后世一代又一代的路辙,它非常明切地表达了中国文明里的担当意识、文化意识、民本意识、人类意识和太平意识。对于中国人来说,这些都是不可磨灭的精神。一个世纪又一个世纪,中国人以此凝聚,以此传承。

　　两千多年来,中国文明常常要面对其他文明,在文明与文明的相遇里,中国人的文化意识、人类意识和太平意识,都容易化为足够的宽容与和平。每一种文明都会有起落,但是宽容与和平始终是中国文明的主流。从 19 世纪中叶开始的近代百年里,中国人经历过内外交迫下的贫弱与困厄。与之相对应的是一代代中国人追求民族复兴的急迫和激越滔滔而起,化入了贯穿百年的政治史和思想史。然而,与民族复兴的急迫和激越相比,五千年厚积而成的文明和文化更悠远而且深沉。中国文化支撑了民族复兴的百年心路,也使中国人追求民族复兴的心路一开始就含有了超越狭隘的品格。清末最后一代诗人黄遵宪曾经说过:"滔滔海水日趋东,万法从新要大同",他前一句话是接纳正在压境而来的西方文明,后一句话是在民族关怀中寄托了人类关怀。在他的笔下,民族复兴之想与中国文化的担当意识、人类意识和太平意识非常明显地连在了一起,使人能够读到一种古老文明的千古回响。文化和文明是一个民族的精神血脉,它们留给中国人的那一片心底的光明和乐观是不会在世事的盛衰起伏中被淹没掉的。

　　从 20 世纪 70 年代和 80 年代之交开始,中国社会在持续发展中走过了二十多年,这是一个自立的过程,也是一个开放和合作的过程。中国人在走向世界,也在牵动世界。但走向世界和牵动世界,追求和获得的都不是一种褊狭的中国利益。在一个多种民族和文明共存的世界里,只有共同发展和和平发展才是可持续的。只有共同的利益和多数的利益才是长久的利益。中国文明相信善处人我之间,应当"己欲立而立人,己欲达而达人""己所不欲,勿施于人"。因此,我们在发展中走向世界,同时也带着自己与远朋和近邻的祝愿。

　　世界中国学论坛的序幕已经拉开,"不亦乐乎"的快感正荡漾在我们的心田,智慧的彩虹将在这里显现。

# 中国发展的世界意义：和谐、和平[*]

　　自改革开放以来，中国与外部世界的联系日益广泛，中国人的全球意识日益增强，中国文化与各国文化的交流日益深入。中国是世界的一部分，已成为每个中国人的切身感受。我们在发展自身的同时，不断地感受到世界对中国的期待，也以中国人的智慧回报世界。今天，国际社会正在思考：中国的发展将带给世界什么？我们最概括的回答是两个词："和谐、和平。"我们的文化传统，我们的社会制度，我们的理想追求，都决定了"和谐"既是一种社会思想，也是我们的根本价值选择；"和平"既是一种理想境界，也是我们的国际行为准则。中国的发展道路只能是追求和谐、维护和平。下面，我对中国发展的内涵稍加阐述。

　　中国的发展就是集中精力实现中国现代化，解决中国自身的问题，为世界的和平与发展作贡献。工业革命以来的三个世纪中，西方许多强国的兴起以向外扩张为常态，与扩张连在一起的是战争，世界和平进程多次被这种战争所打断。与这种大国兴起的模式不同，当代中国的

---

　　[*]　2006 年在第二届世界中国学论坛大会上的主旨报告。

发展是以本国的内在发展为起点和归宿,所有变革的宗旨都在于办好中国自己的事。中国在 20 多年的时间里,大幅度地提高了广大人民的生活水平,减少了大约 3 亿贫困人口,为世界减除贫困作出了实质性贡献,为世界和平提供了稳定性和建设性因素。这是中国"改变自己,影响世界"的一个突出证明。

中国有两大特点,一是幅员辽阔;二是不同区域发展水平悬殊,这为中国自身发展提供了广阔的空间。中国自己就是一个庞大的市场。中国的发展就是通过全国范围的要素配置、社会流动和利益调整,逐步实现相对平衡,走向共同富裕。中国在过去的 20 多年中,经历了前所未有的社会结构变动,包括城市化、社会转型、体制改革。从中国沿海到内地正形成一个流动的、开放的、有序的巨大市场,成为 13 亿中国人共享不断增长的物质财富和精神财富的基础。特别是积极、稳妥地解决几亿人口在全国范围内的流动问题,这在中国历史上和世界范围内都具有典范意义。在许多国家的现代化过程中,人口流动的巨大压力不止一次地催生内乱和导致扩张。中国从以人为本的理念出发,将人口流动作为改变城乡二元结构和地区不平衡的重要举措,作为经济发展和要素配置优化的巨大动力。中国特色的城镇化和新农村建设,为解决人口流动的世界难题开辟了新路径。

中国的发展,是在开放和融入世界市场的过程中,以自己的市场和要素为世界提供机遇和财富源泉。在经济全球化的背景下,中国的人力资源转化为具有竞争力的生产能力,吸引着国际市场要素向中国流动和集聚,改变着世界的分工体系、价格体系和供求体系。世界经济中的"中国因素",既扩展着世界市场的容量,又抑制着因成本上升而可能导致的全球通货膨胀。中国以不足世界 5％的经济总量,提供了 20％以上的世界经济增量,30％的世界出口增量。中国促进亚洲地区繁荣和世界经济增长的动因,来自中国的比较优势和巨大潜力。而发挥这种优势和潜力,则需要保持中国内部的和谐、协调和可持续发展。中国刺激内需、增加国内市场容量,既是建设国内和谐社会的需要,又是扩大世界经济空间的必要条件。

中国的发展是在探索中学习,在借鉴中创新,在建设中突破。中国地域辽阔,人口众多,曾经长期贫穷落后,至今各地发展仍极不平衡。中国的发展不能脱离国情的制约,又不能在与世隔绝的环境中进行,它必然受到复杂的国际影响。国情和世情的密切关联,决定了中国必须坚定而谨慎地探索。坦率地说,在探索和平发展道路的过程中,我们对世界市场和国际体系的知识、能力和经验远远不足。我们借鉴各国成功的经验,也吸取其失败的教训。无论在技术、文化还是体制上,学习、借鉴,都是为了自主创新。从学习、创新到解决中国问题的过程,是中国与世界互动的过程,是向世界展示中国特殊性的过程,展示中国智慧的过程,也是对世界作出具有中国地区性贡献的过程。

各国在现代化的过程中都承载着自己的历史文化传统。这种历史传统融入现代化、本国文化融入世界文明的过程,决定着一个国家发展的模式、路径和特色。中国文化的特点,如内敛、中庸、厚德载物、己所不欲,勿施于人,对中国发展模式的潜在影响将在很长的历史过程中显现出来。其中一些价值和理念经过扬弃和改造后,可以转化为中国发展的创新概念。"和谐社会"的理念,就是传统文化的古老哲理与现代政治理念相结合的产物。

儒学的核心观念是"仁"与"和"。其中"仁"是人际关系的价值核心,"和"是社会和政治的价值核心。儒学经典之一的《尚书》就倡导"百姓昭明,协和万邦",其含义是民众应明白事理,各国应和谐相处,达到天下太平。尽管,这里所谓的"百姓"并不是今天的人民,所谓的"万邦"

也不是今天的世界,但这两句话在一定程度上可以解释为"社会和谐、世界和平"的思想萌芽。"和谐"是中国传统文化资源中的瑰宝。《尚书》以"协和万邦"寄托天下太平,其要义在于"和平、和谐"。另一部儒学经典《礼记》提出"大道之行也,天下为公",明确地以"讲信修睦"作为最高行为准则。"和平、和睦、和谐"三者相辅相成,需要守信,需要责任,需要宽容。历史上的中国虽历经曲折兴衰,但这些价值和理念一直根植于中国文化的深处,造就了中华民族的精神,锻铸了中国人的品格。现实的发展唤醒了中国文化的核心价值,使之成为我们今天建设和谐社会、倡导和谐世界的思想渊源。

建设"和谐社会",是中国经济规模和社会结构发展到现阶段的必然要求,是不可回避的历史任务。"和谐社会"的核心是以人为本,中国发展的动力、主体和目的应当体现人的全面发展。社会公平,利益调节;社会保障,扶助贫弱;环境保护,安居乐业;政务公开,公民参与等,构成和谐社会的基本诉求。在微观和谐的基础上,才能形成国内各地区、各利益群体之间的比较协调、均衡的宏观和谐,形成经济、社会、政治、文化等各领域互相促进、互为条件的发展战略。这是比单纯实现经济增长更复杂、更艰巨的发展目标。从战略角度看,我们只有通过和谐社会的建设,实现全面、协调、可持续的发展,才是经得起时间和实践检验的发展,才是可以留给我们子孙后代的发展,才是对世界负责任的发展。

与国内建设"和谐社会"相互贯通,在国际上我们追求的是"和谐世界"。如果说"和平"是国与国之间各种力量相互关系的行为准则,那么"和谐"则是国际社会各种利益之间共同发展的价值尺度,是从国际关系的和平朝着"天下和谐"方向的发展和深化。当代中国人首创"和谐世界"的观念,其内涵并非来自突发奇想,也不是一个发展中国家的外交权宜之策，而是中国文化传统的延续，是中国参与国际事务一贯原则的升华。早在明朝末年，从事中西文化交流的先驱、意大利传教士利玛窦就说过，他仔细地研究了中国长达 4 000 多年的历史，将中国的历史与欧洲进行比较，最后不得不承认，中国人很满足于自己已有的东西，没有征服的野心，他从未见过中国征服别国的历史，也没有听说过他们扩张国界。①中华人民共和国成立以后，一贯奉行和平外交政策。在 20 世纪 50 年代，周恩来参与首创"和平共处五项原则"；20 世纪 80 年代初，邓小平提出奉行"独立自主的和平外交"；到 21 世纪初，中国领导人提出"走和平发展道路"，提出以邻为伴，与邻为善，几代领导人的战略思维连续性说明：面对纷繁复杂的世界，中国从文化深处向往和平，坚信和平，全力维护和平。在当代全球化的背景下，中国融入国际体系和世界市场的步伐不断加快，作为国际社会的负责任大国和利益攸关方，需要更高尚、更深入、更宽广的思维模式和价值判断。"和谐世界"由此成为我们的必然选择。

今天，"和谐"理念已凝聚成全体中国人的发展愿景，成为中国与世界互动的指向。这些价值和品格一旦转化为中国的国际行为就决定了中国只能做负责任的、担当信义的大国。在地区稳定、世界和平、多边贸易和人道主义援助等国际事务中，中国的不懈努力是有目共睹的。这来自我们对"和谐世界"的向往与追求，来自我们的价值、我们的理想、我们的原则、我们的心愿。

毋庸讳言，在我们生活的世界里，存在着利益冲突、价值冲突、不同

---

① "如果我们停下来想一想，就会觉得非常值得注意的是，在这样一个几乎具有无数人口和无限幅员的国家，而各种物产又极为丰富，虽然他们有装备精良的陆军和海军，很容易征服邻近的国家，但他们的皇上和人民却从未想过要发动侵略战争。他们很满足于自己已有的东西，没有征服的野心。在这方面，他们和欧洲人很不相同。……我仔细研究了中国长达四千多年的历史，我不得不承认我从未见到有这类征服的记载，也没听说过他们扩张国界。"《利玛窦中国札记》，中华书局 1983 年版，第 58 页。

文明之间的冲突、不同种族之间的冲突,还有国家与国家的冲突,存在许多不和谐现象。在一个并不那么和谐的世界里倡导并致力于和谐,是因为我们坚信中国文化是世界文明的一部分,中华民族是世界民族的一部分,我们同处于一个地球家园中;是因为我们坚信在这个多样化的世界里,不同文明、不同民族、不同价值之间,可以相互沟通、相互理解、相互容忍、相互欣赏;是因为我们坚信人类有共同的未来,有共同的根本利益,有共同的终极关怀。

从一个不那么和谐的世界到一个相对和谐的世界,将是曲折而漫长的过程。中国先哲就有"路漫漫其修远兮,吾将上下而求索"的精神,我们将弘扬这种精神,孜孜不倦地建设和谐社会,追求和谐世界,以中国的发展为人类的共同发展作出应有的贡献。

# 和衷共济，中国与世界的共存之道<sup>*</sup>

  "和衷共济"是一种超越时间与空间的智慧、价值和理想。它以中国传统文化价值来表达和丰富当代中国的新理念："和衷"是凝聚、提升发自内心的共识，就是人类同心协力地追求"和平、和谐"；"共济"就是共同承担责任，共同面对挑战，共同抓住机遇。"中国与世界的共存之道"的出发点和着眼点首先是中国发展之"道"，即"科学发展、和谐发展、和平发展"；是以中国的"和衷共济"来促进世界的"和衷共济"；这个共存之道，就是中国与世界的"共济之道""共赢之道"，就是在政治上互尊互信，在经济上互利互惠，在文化上互鉴互学，在生态环境上互保互助。

  在第三届世界中国学论坛开幕之际，刚刚过去的北京奥运会就像人类的盛大节日让我们激动难忘。在不同语言、不同肤色、不同民族汇成的情景、欢呼和笑容里，"同一个世界，同一个梦想"的愿景成为真实的写照。奥运开幕式上艺术家们精心构造的三个巨大汉字"和"，向世

---

  *  2008 年在第三届世界中国学论坛上的主旨报告。

界昭示了源远流长的中国核心价值观与当代人类的理想境界相互融汇。这是一个理解中国、感动世界的历史时刻！中国与世界从未像今天这样相互接近、相互理解。在这个时刻，举办第三届世界中国学论坛具有更为特殊的意义。

## 一、"和衷共济"是一种超越时间与空间的智慧、价值和理想

世界中国学论坛以自己特有的思想视野和学术路径，展现着与北京奥运会同样的理想。论坛连续三届以"和"作为核心理念主线，在"和而不同""和谐和平""和衷共济"三个主题之间延续和伸展，成为中外学者的共同话题。在这条主线之下，中外学者切磋探讨，对中国传统文化和现代价值融会贯通，对当代中国发展与世界未来趋势深入思考，形成一系列共识和创新。世界中国学论坛正在成为国际学术对话的重要平台。在此，我向对论坛作出思想贡献的各国学者深表崇敬和感谢，并就本届论坛主题"和衷共济"的深刻内涵求教于各位。

"和衷共济"的理念来自悠久的中国文化传统。早在 3000 年前的《周易》中就有关于"济"的卜卦出现。2500 年前的先秦典籍《尚书》已有完整的"和衷"表述，指的是人们彼此和谐恭谨、合作共事的精神状态。"共济"则出自 2000 多年前的《国语》，是指众人借助于同一舟楫、共渡江河的行为状态。这些文献记载，表明中国人自古就珍视同心协力、共渡难关，共同奋斗达到彼岸。此后的 2000 多年中，"和衷"与"共济"连为一体，一代一代地传承于中国人精神之中，成为中国文化和中国伦理的核心价值理念之一。

今天，"和衷共济"依然是一种超越时间与空间的智慧、价值和理想。它以中国传统文化价值来表达和丰富当代中国的新理念："和衷"

是凝聚、提升发自内心的共识，就是人类同心协力地追求"和平、和谐"；"共济"就是共同承担责任，共同面对挑战，共同抓住机遇。

在提出论坛主题的过程中，我们试图把这么丰富的内容译成英语短句，但几乎找遍各种词典都没有妥贴的对应词句。后来，专家学者们绞尽脑汁，终于以创新的意译表达了这个古老成语的当下内涵，这就是"共同挑战、共同奋斗、共同利益"，这三者结合才是完整的"和衷共济"。可见，这个译法本身就是中外文化融合的见证。

## 二、"和衷共济"是当代社会发展的现实呼唤

"和衷共济"既是历史的智慧结晶，又是当代社会发展的现实呼唤。这种呼唤来自中国社会各个领域的深刻变化；来自两岸日益紧密的交流；来自这个世界每天都在发生的危机和挑战。中国人需要以这种古老而又创新的思维来走向现代化，融入全球化。

"和衷共济"首先是中国本身发展的需要。我们面临的机遇是前所未有的，我们面临的挑战也是前所未有的。中国人民正在共渡新的难关，共攀新的险峰。中国在前进中的问题是严峻的。例如，中国经济如何应对新的全球化竞争和挑战；西部与东部的发展差距如何缩小；4亿农村劳动力、8亿农村人口如何实现城镇化；一部分人先富起来以后如何实现社会结构的稳定均衡；如何最大限度地减少工业化所造成的环境破坏，并且如何尽可能地恢复受到威胁的生态环境；社会利益分化后如何扩大舆论监督和大众参与，确保人民在国家事务中当家做主的地位等等。

中国的矛盾和潜在危机固然不少，但是13亿中国人何以能够保持"和衷共济"，这是当代世界的谜题。其实这个答案就在于全体中国人

对中国特色社会主义道路的认同,因为没有任何其他道路可以取代这条道路、可能为中国人带来更好的发展。30 年来的经验已经证明这个认同,到 2050 年的未来发展将继续证明这个认同。有了这个认同,"和衷共济"就有了最深厚的基础。

就台湾海峡两岸而言,"和衷共济"来自对中华文明伟大复兴的共同追求。在这个历史进程中,大陆和台湾、香港、澳门地区心手相连、携手共进。海峡两岸之间的通道正在打开,两岸人民的联结越来越相近,沟通越来越顺达。中华文明的深邃博大,足以融化横亘在两岸之间的"冰山"。中国五千年的文明史,可谓治乱相循,历经磨难,却绵延不坠、生生不息,凝结成地无分南北、人无分老幼的和衷共济精神。正是这种精神,铸就了中华民族摧不垮的心灵长城。中华文明复兴的历史机遇,为两岸"和衷共济"增添了持之以恒的力量。

因此,在新的历史条件下,"和衷共济"是中国如何对待自己的发展、如何与各国扩大合作的价值选择,是中国与世界各国共同应对挑战、破解难题的行为准则,反映当代中国人核心价值的进步与升华。

"和衷共济"反映着当代中国人的全球意识增强。全球化时代需要我们超越意识形态障碍、共同应对全球发展的难题。当今世界这个"地球村"已越来越紧密地联结成"命运共同体"。人类在享受着巨大的社会进步和物质财富时,也面临着前所未有的挑战。任何一个国家都难以单独应对全球气候变暖、人类生态恶化、能源资源紧缺、贫困与粮食危机、跨国恐怖主义等威胁,也不可能脱离世界来获得自己的任何发展。中国的发展问题要在世界范围内才能得到解决,世界的问题也必须有中国的参与才能解决。中国需要与各国同舟共济,这不是中国的"龙舟",而是全人类的"和平方舟"。

"和衷共济"揭示了当代中国人所具有的强烈忧患意识。只有在危机和威胁面前,人们才会更加相互支持、相互理解,才有"和衷共济"的基础。中国的发展面临着挑战和难题,世界的发展同样面临着两难选择和危机。各种非传统安全威胁正在呈加速度上升。中国和世界都需要这种忧患意识,有了这种危机感和紧迫感,才能不断强化中国与世界各方应对挑战的战略合作。

"和衷共济"的演绎体现了当代中国人努力创新的开拓意识。中国传统文化宝库中蕴藏着极其丰富的智慧,亟须通过新的提升新的传承,发掘出开启当代难题的钥匙。中国人的观念更新和制度创新,将为中国与世界各国的紧密合作提供更加深厚的亲和力。

提倡"和衷共济",意味着中国担当"负责任大国"的责任意识。对大国行为加以约束,就要从中国自身做起。世界需要"和衷共济",首先是中国社会需要"和衷共济",中华民族需要"和衷共济"。中国应当对人类负责、对地球负责,首先是对中国的发展负责,同时也是对亚洲的发展负责,对世界的发展负责。

## 三、"和衷共济"是中国与世界的共存之道

"和衷共济"展示当代中国不断扩大开放的方向。中国的开放并不限于市场领域,而是越来越多地在文化和制度领域推进。虚怀若谷、海纳百川,借鉴各国经验来解决自己的发展问题,实现各种文化和制度的相互开放,兼容并蓄。这是"和衷共济"的又一种境界。

那么,以"和衷共济"来说明当代中国与世界的关系,是否过于理想化,是否把现实世界视为一种超凡的"大同"境界呢?毋庸讳言,500年以来的世界历史确实充满着血与火的暴力。弱肉强食的"丛林法则"和"强权即真理"的逻辑主导着这个进程,至今给世界造成难以磨灭的深

痛巨创。20世纪上半叶的两次世界大战,以及20世纪下半叶的冷战,就是这种哲学和逻辑的极端产物。21世纪的人类要避免以暴制暴、以战止战的恶性循环,必须改变几百年来的强权思维模式,改变以战争解决争端的对抗行为模式。

当今世界各国人民所面临的威胁,已经远远超出国与国之间、人与人之间过度的竞争,而是这种竞争造成的生存条件恶化。在我们这个星球上,人口正以每分钟净增150人的速度递增;垃圾以每年5亿吨的速度增加;森林以每年2 000万公顷的速度递减;沙漠以每年6 000万公顷的速度扩大;土壤以每年240亿吨的速度流失;物种以每小时1种的速度灭绝;二氧化碳每年以100亿吨的速度向大气中排放;海平面迅速上升使许多岛屿和沿海岸线随时可能被吞没……联合国千年发展目标早已呼吁消除这些威胁,所谓"全球治理"也不是任何一个国家和集团的力量所及。这就需要"和衷共济"的思维和行为方式,需要将人类共同利益置于狭隘的集团利益之上,以互利共赢的国际合作,争取世界更加美好的未来。

中国文化的先哲很早认识到,共同利益应高于个体利益。大禹治水的历史典故告诉我们,当洪水来临时,治水者有两种态度。一种是"以邻国为壑",把洪水排放到周围邻国那里,逃避自己的责任,结果也不能保证自己的安全。另一种则"以四海为壑",充分兼顾邻国的利益,把洪水排入大海,结果使天下得到共同的安全。这就是"和衷共济"的态度,只有共同应对灾难和危机,才是保证自身利益和各国共同利益的最有效手段。

"和衷共济"展示了多元利益结构下合作共存的必然性。人类因共同利益而类聚成群,又因不同利益而分解成众多群体。正因为人类存在着不同层次的利益群体,"和衷"才有必要;又因为存在着超越不同利益群体之上的共同利益，"共济"才成为可能。

正是基于对人类共同利益的认识，我们提出，"和衷共济"是中国与世界的共存之道。"道"者，是对实践经验的理性升华，既是"道理""道义"，又是"规律"。世界中国学论坛要研究"道"，不是一般地解释"中国现象"，而是要说明中国发展的核心理念和根本走向。只有通过"道"的研究和诠释，才能使世界更清楚、更深刻地了解中国。"和衷共济"就是体现中国之"道"的一种状态，即从对抗竞争转化为竞争合作、共同责任，最后达到和谐共生。

中国与世界的共存之道，就是要回答经济全球化条件下中国与世界相互融合的问题。例如，如何应对各种金融震荡和市场波动，如何以中国经济的稳定来增加世界经济的稳定性；如何以自己的增长来促进其他国家特别是亚洲邻国的增长；如何与其他国家分享中国发展的成果；如何在国际体系转型过程中促进一个更加公平合理的国际秩序；如何与传统大国合作应对非传统安全威胁；如何与新兴大国共同实现和平崛起；如何通过中国发展方式的转变来增加全球可持续发展的条件，等等。随着经济全球化和国际关系民主化的发展，这类问题将不断增多并日益复杂化。

中国以自己的诺言和实践回答了这些重大问题。例如，中国在1997年东南亚金融危机中保持人民币不贬值的负责任行为，有效地减轻了东南亚国家的压力。最近几年，中国又以有弹性的人民币汇率改革，保持了国际货币体系的相对稳定。中国以节能减排的重大战略措施和新型工业化道路，为减缓全球气候变暖趋势作出了贡献。中国在处理有关地区热点争端的国际机制中发挥作用，有效地防止了这些热点上升为地区冲突，维护了全球和平发展的总趋势。即使如此，中国在实践"和衷共济"过程中并不是尽善尽美的，却是尽心尽力的，是按照

"言必行、行必果"去做的。

总之,"中国与世界的共存之道"的出发点和着眼点首先是中国发展之"道",即"科学发展、和谐发展、和平发展";是以中国的"和衷共济"来促进世界的"和衷共济";这个共存之道,就是中国与世界的"共济之道""共赢之道",就是在政治上互尊互信,在经济上互利互惠,在文化上互鉴互学,在生态环境上互保互助。

当我们在思考"和衷共济"的题中应有之义时,现实生活展现了最为感人的一幕。2008 年 5 月,四川发生历史罕见的超强地震,灾区人民遭到极其沉重的生命打击和财产损失,以及由于猝不及防的灾难所造成的巨大心理创伤。这次自然灾害震撼了世界,中国人在灾难中表现出来的精神风貌同样震撼了世界。万众一心、奋力抗灾的全民意志,以人为本、感同身受的人道关怀,相濡以沫、无私援助的同胞情义,勇于牺牲、无畏从容的英雄气概,身先士卒、同甘共苦的领袖风范,真实而又深刻地注解了"和衷共济"的丰富内涵。这次灾难唤起了世界各国对中国人的重新认识,国际社会伸出的援助之手是那么有力而温暖,他们注视中国的目光是那么富于理解和同情。此刻,我们同样感受到了全人类的"和衷共济"! 我们更加相信,"和衷共济"不仅仅是中国的,更是世界的。

归根结蒂,世界的"和衷共济"是不同文化之间的沟通和融汇。这是一个很长的历史过程,在这个过程中,误解、歧见甚至摩擦还会不时发生。但是,我们相信,"东海西海,心同理同"。只有实现不同文化之间的融通,才能实现中华文明的伟大复兴,实现从孙中山到毛泽东的预言,成为"屹立于世界民族之林的中国"。

# "和合共生"是中国与世界的共同追求[*]

世界中国学四届论坛，共有一个主题："和"字。第一届主题是"和而不同"，倡导尊重文化多样性；第二届主题是"和谐、和平"，探究中国发展的世界意义；第三届主题是"和衷共济"，思考中国与世界的共存之道，本届主题是"和合共生：中国与世界的融合之道"。本届主题与前三届既一脉相承，又内涵递进升华。

我们之所以选择"和"字作为四届论坛的共同主题，既是因为"和"是中国传统文化的精髓和核心价值理念，也是因为"和"也代表了在全球化时代我们对人类命运的共同价值追求。最近在中国国内的一次媒体调查中，"和"字获得了最多的投票。这说明我们将"和"作为四届论坛的主题词具有深厚的民意根基。

我们对本次论坛的主题"和合共生"进行了文献考证，发现"和合"思想在中国古已有之，且数千年来信守不替。早在3 000多年前的甲骨文和金文中，我们的祖先就已在使用"和、合"二字。而"和合"联用，

---

[*] 2010 年在第四届世界中国学论坛上的主旨报告。

则出自2 000年前的《国语》《管子》和《墨子》等典籍。在《周易》《太平经》等经典文献中,对"和合共生"的理念都有深邃的阐释。在中国文献中,"和"指和谐、和睦、和平,"合"指融合、结合、联合、合作。中国的先哲们提出"和实生物,同则不继"。他们认为,不同事物在差异中相互协调并进,才能使万物繁茂生长。相反如果只有同类事物聚合,排斥他类,就会窒息生机,难以创新。他们进一步提出,"万物并育而不相害,道并行而不相悖",也就是要在"不同"之中求"和";先有"和",而后才能"合"。由此得出,"共生"以"和合"为前提,即在尊重多样性和差异性的基础上,通过互利竞争,达到共同发展。

中国人进一步将"和合共生"的理念扩展到社会生活和治国平天下的行动之中,特别强调,家庭和合,则兴旺发达;国家和合,则国强民富;

▼ 在第四届世界中国学论坛发表演讲

世界和合，则天下太平。反之，家庭不相和合，则鸡犬不宁；国家不相和合，则国乱民穷；世界不相和合，则天下大乱。

各位朋友如果有机会游览苏州寒山寺，可以看到寺院中供奉着两尊神像，一座是"和"神，一座是"合"神。"和合"二神主事人间婚姻，各方百姓纷纷前来朝拜二神，以求得家庭美满、生活幸福。中国人重视家庭和睦，同样重视社会和谐。从这个意义上说，"和合共生"文化也铸造了中华5 000年光耀璀璨的文明史。中华民族正是以海纳百川、兼容并蓄的博大胸怀，汇聚了56个民族，组成了和睦、永固的民族大家庭，造就了薪火相传、生生不息、历数千年而不坠的伟大中华文明。

进入近代和现代以来，中国思想界依然坚守着博大精深的"和合共生"文化，同时又赋予"和合共生"以新的诠释，使之具有时代意义和世界意义。费孝通提出："各美其美，美人之美，美美与共，天下大同。"他认为，各种文化都有各自的美，珍惜和守护这种美是文化的生命力所在。不同文化之间应当相互尊重和吸收对方的长处，在互相学习、互相借鉴的过程中实现不同文化之间的融合与共生，最终达到天下大同的理想境界。可以说，"美美与共"是"和合共生"的又一种表述。

近30多年来，中国进行了波澜壮阔的改革开放和现代化建设，经济建设取得了世界公认的成就，人民生活总体达到小康，古老的中华大地依然焕发着勃勃生机。中国在全面建设小康社会和迈向现代化的进程中，正加快实观经济发展方式转变，积极建设和谐社会。中国国家主席胡锦涛前不久又倡导要努力实现"包容性增长"。其核心内容，就是要坚定不移地走科学发展之路，实现生产发展、生活富裕、生态良好的文明发展。为此，必须兼顾不同区域和群体利益，消除社会群体间的鸿沟，在继续创造和增加社会财富的同时，更加注重共同富裕，让经济发展成果惠及所有社会人群，实现社会公平正义。在文化建设上，中国实行"百花齐放、百家争鸣"方针,在学术研究领域,强调尊重差异、包容多样,提倡不同学术观点、学术流派的争鸣和切磋,鼓励探索,支持创新,认识真理和发展真理,努力在全社会形成有利于社会和谐奋进的核心价值体系。可以说,中国在经历历史上从未有过的深刻的经济和社会转型中,虽有阵痛,但没有出现危机,没有陷入"增长陷阱",始终保持蓬勃旺盛的生机活力。我想,深层的文化原因之一,就在于我们始终恪守着"和合共生"理念,致力于科学发展、和谐发展、和平发展。这是中国化解矛盾冲突独具魅力的智慧,是中国发展道路的重要"秘诀",也是可以和各国共同分享的中国"经验"。

刚刚落下帷幕的 2010 年中国上海世博会,把"成功、精彩、难忘"的中国承诺定格为世界的永恒记忆。在过去的 184 天中,来自全球 190 个国家、56 个国际组织和海内外 7 000 多万游客欢聚浦江两岸,共享了这个荟萃人类文明成果的伟大盛会。在"城市,让生活更美好"的世博会主题下,绚丽斑斓、创意迭出的展示和活动,表达了全世界对人与人的和谐、人与社会的和谐、人与自然的和谐,以及人内心的和谐的共同愿望。上海世博会高峰论坛发布的《上海宣言》,把"和谐城市"作为城市发展的核心理念,表达了城市时代全球公众对和谐美好的城市生活的共同愿景。所以,我们可以自信地说,上海世博会和谐办会、合作办会,堪称是"和合共生"的成功案例。我们也可以自豪地说,上海世博会是中国人民对"和合共生"文化理念最集中、最生动、最精彩的演绎,也是中国人民奉献给世界和这个时代的一份厚礼。

我们始终相信,"和合共生"的理念具有超越时间的恒久性和超越空间的普遍性,是中国与世界的共同追求。这是因为:

"和合共生"在当代世界的要义之一,就是尊重文明的多样性。我们必须尊重由于传统、自然条件和现实国情等差异而产生的不同文化价值和现代化道路选择。我们必须承认,世界的文明进步是各种文明各自发展而又相互合作的结晶。我们不难想象,如果没有古埃及、古巴比伦、古印度和中华文明,没有法国的启蒙思想、德国的哲学、日本的企业管理、美国的现代科技,没有战后遍及亚洲、非洲、拉美的反殖民运动和南南合作,今天的世界将依然处在愚昧、野蛮和暴力之中。所以世界的文明进步有赖于各种文明"和合共生"、共同滋养。

"和合共生"在当代世界的要义之二,就是平等、互助与合作。今天,经济全球化和网络科技已经把地球缩小了,"海内存知己、天涯若比邻"不再是诗人的梦想。今天世界各国面临的贫困问题、和平问题、贸易问题、环境问题、能源问题、反恐问题,以及控制毒品问题、文化冲突问题,都是全球性问题,不可能依靠一个国家孤军奋战就能解决。各国之间的平等、互助、合作是唯一的制胜共赢之道。然而,我们看到,在当今世界依然存在着各种有形、无形的障碍和鸿沟,把这个世界割裂成各种集团和板块。这个世界的空间距离缩短了,但是人们心灵之间的距离依然非常遥远,"比邻"依然如同"天涯",我们今天面对的世界,依然是一个布满围墙和冲突四起的世界。因此我们比以往任何时候都渴望把"比邻若天涯"变为"天涯若比邻",用"和合共生"的共同信仰来守护我们共同生存的地球家园。我们还清晰地记得 2001 年联合国教科文组织通过的《世界文化多样性宣言》,其中明确提出"文化间的对话是和平的最佳保证"。此次《上海宣言》,也明确提出"积极开展文化间交流与互动""尊重文化传统和保护文化多样性"。因此,我们必须摒弃封闭观念、冷战思维和霸权意识,以对话代替对抗,增进各国之间的相互理解和信任,减少误解与冲突;彼此尊重各方的核心利益,共同用真诚和智慧应对人类生存和发展的挑战,共创更加美好的未来。

"和合共生"在当代世界的要义之三,就是要发展资源节约型、环境友好型的发展模式。据专家统计,按照 1998 年石油探明储量与产量数字,人类还可开采石油 40 多年。也就是说,到 21 世纪中叶,现有的世界经济体系将面临因失去血液而瘫痪的危险。我们同时还面临着日趋严峻的环境等问题。这就迫使我们进行深刻反思,必须尊重自然,善待自然,对自然资源要"取之有道,用之有节"。同时还要优化生态环境,推广可再生能源,倡导资源节约,积极发展"低碳经济""绿色经济""循环经济",建设人与环境"和合共生"的生态文明。这里,"和合共生"既是"治道",也是"天道"。唯有如此,我们才能为子孙后代留下更多财富和发展空间。

我们今天所讨论的"和合"与"共生"是互为前提的。有"和合"才有"共生"。同样,有"共生"才会有"和合"。共存是规律,是普遍现象。而只有通过不懈努力,才能达到"和合"。我想,深入探讨"和合共生"的理念及其在当今世界的普遍意义,不可能通过一次论坛就能穷尽其意境。但这也正体现了世界中国学研究的魅力所在。

# 不做"龙舟",做"和平方舟"*

当今世界,人类在享受巨大社会进步、物质财富的同时,也面临着严峻的挑战。任何一个国家都难以单独应对全球性危机(比如气候变化),中国需要与各国同舟共济,建立利益共同体、命运共同体。这是中国与世界各国的共处之道。首先,建立"命运共同体"意味着要在理念上、价值取向上找到共识;其次,构建"利益共同体",意味着要找到利益交汇点。这两个共同体建立起来了,世界才会稳步前行。我们所说的同舟共济的这个"舟",不是中国的龙舟,而是全人类的和平方舟。我们反对狭隘的民族主义,反对民粹主义,这需要智慧和理性。

要发出理智、理性的声音,重要的是文化的交流。要以智慧立于不败之地,而智慧的核心就是文化。当谈到文化,我们说中国就有儒学。儒学在"中国文化""东方智慧"中有很大贡献。

谈到理性发声,我想到一个人,他就是中文版《共产党宣言》的首译者陈望道先生。他当复旦大学校长时一再强调,校门、校名不得镀金、

---

* 2018 年在"儒商教材编写首轮国际研讨会"上的讲话。

不准做成金字招牌。因为学校是学校,不是商店,是育人的殿堂。凡是带有商业色彩的东西都不能带进学校。今天复旦的校门依旧朴素而厚重,离不开陈望道等老一辈的理性坚守。可见,理性发声需要定力。

望道老临终前,还念念不忘两件事:一个是国权路下雨天泥泞不堪,师生们叫苦不迭,希望帮助落实整修;另一个就是希望能把复旦教职工的户口转成真正的市区户口。老先生对前去看望的市领导说:"如果这两件事做不到,我死不瞑目。"他作为校长,最大的牵挂不是自己、不是家人,而是复旦师生的利益、是学校长远的发展。像他这样"少为君王唱赞歌、多为百姓讲真话"的人民价值观,令人敬佩。

我们常说发挥"中国智慧",这就需要智库先行。有了共识共鸣,才会有行动上的共振。共同利益是经济基础,文明文化是思想基础,儒学中的"仁爱之心"是职业道德基础。

中国文化的基础是儒、释、道。不只是儒学一家。(后人在评论儒释道三教的社会功能时,常说:"以佛治心,以道治身,以儒治世。"宋孝宗赵眘语,转引自刘谧著《三教平心论》卷上)当然,儒学分量重,流传千年,被认为是主流的、占统治地位的文化。大家也在探究它与国学、汉学、中国学的关系。

中国学由汉学发展而来,但又区别于汉学。汉学指的是外国学者对中国古代文化的研究,比较侧重于中国古代历史、制度、语言、文字、哲学、艺术等领域。而世界中国学则涵盖了汉学的内涵,又扩展了当代中国的研究范畴,主要以近现代和当代中国政治、经济、文化、民族、社会、教育、艺术、军事、外交等领域为研究对象。改革开放以来,随着我国经济实力的不断增强和在国际事务中影响力的迅速提升,有关中国问题的研究正越来越成为国内外学术界的关注热点,世界中国学因此得到迅猛发展,成为 20 年来西方学术界发展最快的学科之一,且有发展为显学的趋势。

我在十余年前兼任上海社科院院长，我们发起组织的世界中国学论坛，受到国内外好评。我们连续几届论坛的主题都以"和"字当头："和而不同""和合共生""和衷共济"，还有我们常说的"家和万事兴"等等，都离不开一个"和"字。"和"字体现了中国传统文化的精髓，也体现了东方智慧。

关于国学的定义，在具体的定义上，到目前为止，学术界尚未作出统一明确的界定。一般来说"国学"又称"汉学"或"中国学"，泛指传统的中华文化与学术（国学是以先秦的经典及诸子百家为根基，涵盖了两汉经学、魏晋玄学、隋唐道学、宋明理学、明清实学和同时期的先秦诗赋、汉赋、六朝骈文、唐宋诗词、元曲与明清小说并历代史学等一套特有且完整的文化、学术体系）。

我们知道，中国学现在是"显学"，中国学的兴起影响着世界对中国的看法。原来的"欧洲中心主义"受到了动摇，中国的传统、中国的声音、中国的态度日益受到全世界的关注。现代化发展进程中三个最大的制约因素是人口、资源和环境。其中，最大的问题是人口。讲到人的问题，一个是数量，另一个是素质。简言之，素质即文化。

儒家学说尊重人的尊严，但又与欧洲的"天赋人权"不同，儒学主张人的权力是争取来的。儒学具有工具性、功利性，曾被认为是官方的意识形态，西方有人认为儒学"缺乏形而上学的逻辑性"。

我们说，儒学的根本、核心是"仁"。儒学讲"礼"，就是讲规矩、规范。从孔子、孟子到荀子，他们所提出的各种道德规范和治国原则，都是十分具体的、为人处世中践行的规范和原则，而不是一般的抽象的形上学原理。我们现在强调制度、规矩，重视提高治理水平和能力。也可以说，这是传承儒学经典，提升国家治理水平。

我们国家对教材建设是很重视的。2017 年成立了国家教材委员会,国务院副总理任国家教材委员会主任,教育部部长等任副主任。我被聘任为国家教材委员会委员,还兼任一个专家委员会的主任。

我的理解,教材最主要的规律,大致有三条:教材是国家事权,体现国家意志,是基础性工程。此外,教材必须是稳定的共识,这点与一般的文章或册子迥然不同。教材是教育之本,犹如剧本是戏剧、影视作品的"一剧之本"。

具体到我们今天讨论的儒商教材,就有一定的特殊性。儒商,可以理解为有文化的商人;商儒呢,就是会做生意的(或者叫有市场意识的)文化人。这个"儒"字,代表了文化。儒商教材如何编写,我认为要把握以下几点原则:一是要有主见,旗帜要鲜明,要言之有物;二是必须是科学的、发展的、系统的、整体的;三是要有比较研究,做到内部多元(考虑少数民族特点),外部吸收与引进(处理好与西方世界的关系),注重与道家思想(比如"道法自然""天人合一")的比较;四是要注重翻译质量,把儒学准确介绍给世界,要避免常识性、基础性错误,翻译工作要非常谨慎地对待,当然这就又牵涉人才质量的问题,翻译水平既体现古文、现代文的能力,又与汉语和外语的能力有关;五是要做到简洁、概括。

此外,在编写内容上,考虑到本教材的专业特点和使用对象,建议精选大量的实践案例,避免"概念到概念"。

我们常常讨论"价值理性"和"工具理性",依我看,在编撰儒商教材时,应当体现"实践理性"。儒商教材将中国传统文化思想与商业实践相结合,要使商学院学生和企业管理者树立正确的"义利观"。我们谈儒商教材,就会思考商与儒的关系,也就是商与文化的关系。我认为,商能否行得久远,取决于文化。如果是"土豪",唯利是图,不讲诚信,目光短浅,为逐利不择手段,大概也走不远,也不会赢得尊重。反之,如果是具有较高道德水准和社会责任感,善于从中国传统文化中汲取精华指导管理实践和市场运作的"儒商",那就可以期待是能行远走稳的。相信这也符合编写相关教材用于指导儒商课程教学实践的初衷。

最后,我想提一点:我们今天是儒商教材编写国际研讨会,因此在"中国看世界"的同时,也要关注"世界看中国",要双向互动,理性看世界。

此外,要考虑"从现实看历史"和"从历史看现实"的关系,既传承、沿袭自己的优秀文化传统,也了解其他民族、其他国家的优秀文化传统。要警惕"中国文化能够拯救世界""中国是世界的中心"等非理性认识;要共存,要互利共赢;要构建人类命运共同体。

还是那句话,我们不做"龙舟",我们要做全人类的"和平方舟"。

▼ 与敦煌研究院院长樊锦诗合影

# 文化交流为新时代中日关系暖身 *

今年是《中日和平友好条约》缔结 40 周年，也是池田大作先生发表《中日邦交正常化倡言》50 周年纪念。我很高兴，也很荣幸，能够在这个具有纪念意义的特殊历史时刻，参与此次盛会。这是我第三次来到日本。55 年前，当我还是一名上海中学生时，曾参加过三千人中日青年大联欢，临别时依依不舍之情犹在；20 世纪 80 年代，中国改革开放开始不久，我作为复旦青年教师，出访的第一个国家是日本，当时受到的热情接待场景还历历在目。几十年过去了，我也到了古稀之年，回忆起来仍然难忘而美好。"飘风不终朝，骤雨不终日。"今天也愿意借此机会谈一谈我对新时期中日关系走向的一些思考和体会。

## 一、池田先生与上海的渊源

首先，我想借此机会，向大家介绍一下池田先生与复旦大学的渊源

---

\* 2018 年在"中日新时代论坛"上的主旨报告。

与情谊。可以说,池田大作先生有着深厚的"复旦情结"。他十次访问中国,其中有三次专门到访复旦。1984 年他在复旦大学发表了题为"人才是创造历史的主角"的演讲,并被授予复旦大学名誉教授。在池田先生的积极推动和大力支持下,复旦大学与创价大学的校际交流深入广泛、成果卓著。据我所知,复旦大学先后有三十余名教师赴创价大学研修,其中就包括在座的复旦大学日本研究中心主任胡令远教授等。对于这些无私的襄助,我们都感铭于心。

2013 年 11 月,复旦大学池田大作思想研究中心正式成立,我本人也有幸担任理事长一职。下个月 27—28 日,复旦大学与创价大学将在上海联合主办第十届池田大作思想国际学术研讨会。会议旨在从教育、文化、和平、人文、青年和女性等多方面,汇聚专家意见,探讨中日关系改善的积极举措,探索增进人类命运共同体建设、构筑世界和平的方法和途径。我衷心期待,能够在这次会议期间与大家再次见面。

顺便介绍一下,池田先生与上海社会科学院也有着很深的情谊。我曾担任上海社会科学院院长,池田先生是我院特聘研究员。十年前,上海社科院 50 年大庆,池田先生给我发来热情洋溢、思想深邃的贺信,肯定、鼓励我院是中国的"智囊"和"罗盘"。2008 年 9 月,社会科学院主办第三届世界中国学论坛,池田先生发表了重要的书面演讲。他引用《论语》以及北宋思想家张载的话语来表达他的观点,他指出:"中国文明中'天人合一''大同'思想所象征的东方的和谐智慧,正是现今所需求的充满启发性的哲学";他还说:"现在人类所需要的是去探究及发挥人类在中国及各种文明中培育的'和衷共济'哲学,摸索努力合作建设和平共存的人道世界"。他认为,中日首先要缔结友好,进而架设亚洲和平、世界和平的桥梁。他曾坚定地表示:"我下定决心,要和周恩来总理等贵国领导人一道,坚决开辟青年能携手协力的道路。"令人感动。

▶ 应日本创价学会
邀请参加中日邦
交正常化四十五
周年纪念活动

## 二、池田先生的和平理念

五十年前的今天,池田大作先生提出了著名的《中日邦交正常化倡言》。这一倡言在日本国内打破了佐藤内阁亲台反华的外交方针,在国际上冲破了两极格局的束缚,超越了原有的中日民间交流范围,极大地壮大了中日友好的力量。

《中日邦交正常化倡言》是池田先生以人为本的中日友好思想的集中体现,也是其"世界和平"理念的鲜明体现和成功实践。人间主义理念是池田先生思想体系的核心价值和根本理念,对中日友好、区域合作、世界和平有着本质上的内在要求。

众所周知,池田先生在中日交流中强烈地意识到"人的存在",积极开展"人间主义"外交,不仅与中国历代领导人多次对话,而且始终致力于促进中日民众之间的交流,努力构建人与人的互相理解和信赖。在中日交流中,池田先生力求超越国家和民族的障碍,为实现"人类利益"和"世界和平"作出了不懈的努力。

我记得池田先生在谈到中国问题时曾经指出,"从我们的世界民族主义的理念来看,这也是无论如何都必须要触及的首要的根本问题"。我相信,池田先生正是从全人类利益出发,真正以维护世界和平与人类幸福为指归,才有此英明的论断。"世界和平"的理念把世界和民族作为一个有机的整体来看待,力求超越民族主义的障碍,创造一个各民族共生、融合的世界。而《中日邦交正常化倡言》无疑是这一"世界和平"理念的杰出实践。

## 三、"世界和平"理念与中国文化的契合点

探讨新时期中日关系,其中一个很重要的问题是了解把握中国发展趋势脉动的钥匙,这就是中国文化。如果用一个字来表述,就是"和"。和而不同、和平和谐、和衷共济、和合共生。这是中国之道。习近平总书记在 2012 年 11 月党的十八大提出构建"人类命运共同体",得到全中国上下一致的认同拥护。此后,习近平主席从人类利益和价值的通约性出发,对命运共同体进行了上百次的阐释,在国与国关系中

寻找最大公约数,希望与各国人民共同建设一个更加美好的地球家园。

"人类命运共同体"的思想,主张超越民族国家和意识形态的"全球观",表达了中国追求和平发展、共同发展的愿望,对中日关系的发展提供了重要的指导意义。"人类命运共同体"思想体系宏大、见解深邃,具有四种意义、四大内涵、三种形式。

首先,它具有四种意义,一是政治意义,即"对话而不对抗,结伴而不结盟"的政治新道路;二是经济意义,即"水涨荷花高","独行快,众行远"的经济新前景;三是安全意义,即"命运与共、唇齿相依"的安全新局面;四是文化意义,即"并育而不相害"的文明新气象。

其次,它具有四大内涵。第一,首先要尊重各国自主选择的社会制度和发展道路,尊重彼此核心利益和重大关切。第二,迈向命运共同体,必须坚持合作共赢、共同发展。第三,迈向命运共同体,必须摒弃冷战思维,坚持共同、综合、合作、可持续的安全。第四,迈向命运共同体,必须坚持不同文明兼容并蓄、交流互鉴。亚洲文化呈现出多样性的特点,要促进不同文明、不同发展模式交流对话、共同发展。

在实践中,"人类命运共同体"的思想又呈现出三种形式,即国与国的命运共同体,区域内命运共同体,人类命运共同体。三者的外延不断扩大,但又相互交织、彼此促进。在具体形态上,构建人类命运共同体的实践,突出地表现为以合作共赢为核心的新型国际关系。

中国和日本是一衣带水的邻邦,两国都使用汉字,容易互相理解。在中日关系中制造麻烦的人只是少数,人民希望友好,这是基础。中日和平友好是我们两国的共同愿望。21世纪的国际社会正经历着深刻变化。我们应该看到,全球化推动国家利益高度互融,亚洲面临着历史性复兴机遇。中日两国共同肩负着维护本地区乃至世界和平与发展的重大责任,也承载着国际社会和域内各国的高度期待,必须坚持走和平友好、互利共赢之路。

为此，我们主张中日两国应确立对彼此的客观、理性认知和定位，从两国人民日益走向利益、责任、命运共同体的长远视角出发，相互奉行积极友善的政策，恪守中日四个政治文件和四点原则共识精神，致力于开展良性互动，构建危机管理机制，妥善处理矛盾分歧，不断积累政治安全互信，积极补齐两国关系的"短板"。在此，我想提出三个建议：

第一，寻求扩大中日利益交汇点。从维护中日关系的大局出发，进一步发挥现有沟通机制的作用，谋求通过双边谈判解决争端。继续磋商建立中日首脑热线对话机制、维持完善中日外长热线对话机制、中日海上热线联络机制等，预防和处理海上等可能出现的突发性冲突。要努力寻求双方利益交汇点，而不是谋求单方利益最大化、对方利益最小化。要警惕狭隘的民族主义、民粹主义"把国家带到沟里去"。

第二，增强中日两国的"命运共同体"意识。继续"以民促官""官民并举"，加强中日民间交流，改善中日国民感情。国与国沟通，最后落实到人与人沟通。应该看到，完全依靠高层政治推进中日对话的时代已经悄然改变，民间交流推动政府和官方的时代正在到来。今后应进一步加强中日之间旅游、文化交流等活动，增强中日两国的亚洲意识、文化一体化意识，不断夯实"人类命运共同体"意识的民意基础。增进智库、文化教育界的理解、互信，协商对话、发声推动发展。特别是加强青少年之间的交流沟通，双方有责任将命运共同体精神传承给下一代。

第三，谋求亚洲共同安全意识，积极参与建设亚洲安全机制。上海合作组织、东盟地区论坛等一系列安全合作机制正在逐步发展和完善，但是亚洲安全体系的构建相对滞后，加快亚洲地区安全机制建设刻不容缓。建议中日两国在妥善解决中日双边安全困境的同时，共同努力推动地区安全机制的建立与完善，为区域和平提供制度性的保障。

　　我们看到，经过四十多年的努力，中日关系已经开始进入新的发展阶段。饮水思源，我们决不能忘记池田大作先生为中日友好所付出的巨大努力和作出的杰出贡献。池田先生是中日邦交正常化的"掘井人"，也是中日友好金桥的"架桥人"。

　　展望未来，衷心祝愿中日关系行稳致远，两国建立持久的战略互信，实现真正的民心相通。我期待与在座各位共同努力。为中日世代友好，向池田先生学习，不怕"指责与中伤"，不怕出面当"恶人"。我相信历史终将会敬重、记住这位伟大的老人！

▼ 2005 年会见日本内阁大臣辅佐官、前外相川口顺子，中间为日本驻沪总领事隈丸优次

# 第三编　开创社会主义新智库

　　智库,又称"思想库""智囊团""脑库"。我国的智库建设起步晚,总体上还处于发展初期。

　　问道教育怎么和智库有关系呢? 问道教育非谓学校狭义教育,乃社会文化广义教育;所问之道,是在中国共产党领导下实现社会政治文化事业同步协调互动的教育发展之道。因此,社会主义智库建设的使命便历史地落在了我们的身上。

　　2003年起我到任上海市政协,旋又受命兼任上海社科院领导工作,基本上白天是政协的工作,结束便赶到社科院,一直要忙到深夜,我曾把这一阵工作的节奏戏谑地称为白天在政协"公转",晚上在社科院"自转"。"公转""自转"虽然辛苦,却使我有可能在更广的背景中思考社会问题和教育问题,思考如何改进和加强党对思想文化教育的领导。

　　于是我想到了可以以社科院为资源平台,将多学科的专家学者聚集起来,运用他们的智慧和才能为社会文化教育的发展提供优化方案。

早在 2009 年,我们就在上海社会科学院创建了智库研究中心,着力发挥智力引领作用,为政策制定和社会治理提升决策咨询分量。我们率先提出了"世界中国学"命题,把研究的主题聚焦在一个"和"字上,从 2004 年起创办了面向世界的"世界中国学"论坛,每两年举办一次,先后以"和而不同""和平、和谐""和衷共济""和合共生"等为主题,还就教育的中长期改革等研制以及社会民生等问题向有关决策部门递交了系列报告。这些研究不仅丰富了教育领导与研究内容,并且站在国际国内社会政治的大背景下,主动思考中国教育的明天、中华文化的未来,为中国共产党领导中华民族实现伟大复兴出谋献策。

我们的这些谋划和工作在国内文化教育领域处于明显领先地位。至 2014 年 10 月 27 日,中央全面深化改革领导小组第六次会议审议了《关于加强中国特色新型智库建设的意见》,习近平总书记强调,我们进行治国理政,必须善于集中各方面智慧、凝聚最广泛力量,重点建设一批具有较大影响和国际影响力的高端智库,重视专业化智库建设。中共中央办公厅、国务院办公厅旋即于 2015 年 1 月印发了《关于加强中国特色新型智库建设的意见》,指出智力资源是一个国家、一个民族最宝贵的资源。随着形势发展,必须从党和国家事业发展全局的战略高度,把中国特色新型智库建设作为一项重大而紧迫的任务,采取有力措施,切实抓紧抓好。

2018 年 12 月 18 日,中国青年网理论频道特别推出"致敬改革开放四十年——中国智库建设 40 人",推介 40 位在决策咨询和智库建设领域贡献卓著的人物,列中有杜润生、于光远、马洪、陈锦华、高尚全、吴敬琏、郑必坚、成思危、董建华、曾培炎、魏礼群、林毅夫等,本人忝列其中,位列 19,思之当属对问道教育的嘉许。

# 问题之魔与智库之道

## ——中国的新开放与全球智库创新*

当今世界正处于分化、组合、重构以及利益博弈的时代，大国之间在经贸、政治、军事、科技、人才、文化等领域的竞争日益激烈，这已经或即将在今后相当长的一段时期内深刻影响智库行为及其作用。一方面，智库是思想库，随着全球化向纵深发展，智库的理性与智慧为世界所需要，促使各国携手面对人类面临共同的问题，形成全球智库议题，在求同存异中协调发展。另一方面，智库也是行动库，智库对公共政策的推动及跨国合作，面向人类社会未来发展、面向全球治理体系完善、面向更加和谐开放的全球新时代。在新时代之际，中国智库应在全球智库合作创新中谋求新的发展。

## 一、新时代智库的使命

2019 年中华人民共和国迎来了 70 华诞。70 年来，中国从相对封

---

* 在"2019 年上海全球智库论坛"上的讲话。

闭走向全面开放,发展起来的中国正在用自身特有的方式影响着世界,越走越宽广的中国道路拓展了发展中国家走向现代化的途径。当人们拿起历史的望远镜,就可以看到,国际力量对比正在发生近现代以来最具革命性的变化。世界的多极化正在加速发展,包括中国在内的一大批新兴市场国家和发展中国家前所未有地集体性崛起。

与此同时,大国竞争与博弈也呈现出两个新特征。一是全方位的竞争,竞争领域已经超越了传统的经济、军事领域,还扩展到科技、金融、教育、文化等其他领域,而且不同领域之间的竞争还会相互转化和影响;二是竞争的激烈程度前所未有,对世界发展格局的影响也前所未有。中国和美国之间的竞争已经延伸到了科技、金融、教育和文化领域,不仅中美两国的合作与竞争模式会为此作出调整,而且连已经定型的国际贸易、国际投资、国际金融的运行规则也将受到影响,从而带来国际秩序的深刻调整。

中国全面开放的基本内涵是,以"一带一路"倡议为重点,坚持引进来和走出去并重,遵循共商共建共享原则,加强创新能力开放合作,形成陆海内外联动、东西双向互济的开放新格局,推动全球化朝着普惠共赢的方向发展。这就要求智库进一步在新的开放环境下思考问题,进一步发挥公共外交的作用和功能,尤其是在大国竞争日趋加剧的背景下,正规的合作渠道或将受到冲击、政府之间的沟通或将出现障碍。此时,智库之间的跨国合作就显得更加紧迫和必要,智库作为桥梁、纽带、平台的功能和优势就显得尤为重要和突出。智库要引领思想、发出理性先声,着眼于人类共同福祉、构建全球治理体系,也意味着智库被赋予了更多的历史使命和责任。

## 二、智库是思想库

智库作为思想库发起或参与全球智库议题研讨,发挥着推动政策

▲ 出席第三届东亚思想库网络金融合作会议

过程和咨政建言的重要作用。

一是借助于"政策群体"和"议题网络",快速形成共识,推动政策过程。智库通过与政策制定者之间的互动、与媒体大众之间的互动,组织召开各类座谈会、发布会、内部研讨会,举办国际国内论坛将研究成果传播出去,目的在于促使各利益主体达成共识,推动公共政策形成并落地,从而实现智库的公益性价值诉求。在具体方式上,又可分为两类:一类是通过形成"政策群体",智库与少数对于公共政策有决策权的群体进行接触和互动,客观中立地表达自己的思想观点和立场,以智力贡献积极参与到全球事务发展、国家关系演变、国内社会经济等众多公共政策制定、评估与转变等活动之中,发挥咨政功能。另一类是通过形成"议题网络",智库引领公众和媒体参与到相关议题的广泛讨论之中,由此形成在公共知识场域内的话语权,运用智库在议题研究中的前瞻性、战略性和全球性的思维方式,发挥智库启发民智的功能。无论是"政策群体"还是"议题网络",智库不仅要能巧妙地引导公共政策走向,而且还要善于创造议题,转危为机,变"山穷水尽"为"柳暗花明"。

二是专业性议题与时效性议题并举,持续扩大影响,形成智库核心能力。就智库研究的议题内容而言,大致可以分为两类,一类是智库长期跟踪具有研究积累的专业性议题,还有一类是即时发生的时效性议题。既要在专业性议题上厚积薄发,也要在处理时效性议题时游刃有余,这就需要跨学科、跨专业的研究团队和灵活多变的应对机制作为支撑。对专业性议题的长期关注和跟踪研究形成的品牌效应,是一家智库区别于其他智库的重要标志;对时效性议题的快速反应则能帮助智库在政策制定者或者媒体面前始终保持较高的"出镜率",这种能力有赖于深厚的专业素养与研究底蕴。因此,专业素养和研究底蕴帮助智库在思想市场上拔得头筹,而时效性议题则考验着智库应对突发事件的快速反应能力,评论观点的精准性则考验着智库的综合能力。

## 三、智库是行动库

智库不仅是思想库,还是行动库。在共同价值理念的指引下,智库内嵌于一定的关系网络,推动国内政策实施,参与跨国合作。政治和经济的日益开放,以及科技进步为全球政策网络的发展创造了条件。

首先,从国内政策网络来看,智库是21世纪提升国家治理能力的关键变量。"政策网络"形成的前提是政策参与者之间的互动促成了政策制定,这种互动的背景是:政策过程不仅由发挥主导作用的正式制度安排推动,政策网络中的一系列中观层次的问题,即关于政策制定结果、政策网络的结构形态,以及纳入这些网络的个人或团体之间的关系等,都涉及一个国家的非正式制度安排。以智库活动为代表的非正式制度在政策过程中扮演着催化与黏合的作用,能将参与决策的各方利益最大限度地考虑在内,为推动公共政策的共同治理提供了可能性。

其次,从国际政策网络来看,智库的跨国合作旨在推动各国政界、学界、业界和社会公众之间的沟通了解和利益认同,促进民意通达、形成利益共同体。各国智库受制于不同历史文化的影响,加上各国政治体制与经济社会发展阶段的不同,各个智库对许多问题的认识理解肯定会有文化烙印。智库之间的合作应秉持平等相待、开放包容、多元互鉴的原则,摒弃一切傲慢与偏见,朝着有助于推动各国共同发展、共享繁荣的方向发展。当然,在大国竞争加剧这样特定的语境下,智库的跨国合作面临更多的难度,这就需要智库有超常的勇气和胆色,真正站在谋求人类共同福祉的高度,寻求超越意识形态,超越眼前利益,局部利益的重大议题,以更长远、前瞻、战略的视角去把握智库的跨国合作,促进国家关系的改善。

## 四、推动中国智库新发展

中国有句古话,称作"魔高一尺、道高一丈",问题和智库之间就是"魔"与"道"之间的关系。世界各国的智库都是在积极应对新问题、新困惑中成长起来的,公共问题介入得越深、智库作用发挥得越突出,智库也就发展得越好,公共问题也就能够得到更加圆满的解决。当今世界正处于百年未有之大变局中,遇到的问题都是全球性问题,没有哪一个国家能独善其身,也没有哪一个国家能单独解决全部的问题,这些问题的解决有赖于全球智库的精诚合作,在合作创新中谋求新一轮的共同发展。

就中国而言,如何在全球智库合作创新中,推动智库的新发展?我认为,需要"请进来"和"走出去"并重:既要推动中国智库"请进来",开门办智库、开放办智库，通过外部联系、内部沟通，不断提升资源整合能力，把智库合作创新落到实处；也要推动中国智库"走出去"，与国际顶级智库同台竞技，逐步深化国际合作与交流。在全球化时代，充分发挥中国智库在"公共外交""知识外交"方面发挥的积极作用。

一是在增进国际交流中，中国智库要积极"走出去"，参加国际论坛，举办国际会议，运用国际通用的方式传达中国声音；中国智库也要善于把智库的国际资源"请进来"，包括国际知名的专家学者、退休的外交家、政治家，以及其他国家年轻的后备骨干等，着力提升我国智库参与和举办各类研讨会、论坛和深入探讨国际议题的经验与能力，持续提升我国智库的国际影响力与话语体系构建能力。

二是在加强国际合作中，我们不能满足于礼节性的互访活动，还要进一步增强智库合作的黏性，从短期合作到长期合作，从浅层次合作到深度合作，逐步融入全球政策网络和全球智库网络；通过联合开展项目研究、联合发布研究成果、鼓励人员跨国流动等，推动从研究理念、管理方式到工具和方法的同步更新与相互借鉴。

三是在培育和引进国际人才中，需要借鉴国际一流智库的管理模式，在全球范围内招募智库人才，在智库研究过程中倡导"干中学"，着力培养具有国际视野和国际交流能力的专业化实用人才，多给青年人提供和创造国际交流机会，提升智库的整体发展水平。

四是在扩大国际传播中，中国智库要更新理念、优化流程，坚持国际化经营、国际化研究、国际化交流的理念，加强对外话语体系建设，发挥政府、智库与社会的合力，出版国际化的期刊杂志，建立国际化的网站和移动平台，特别是要借助智库成员广泛的人脉关系，以及敏锐而独特对国际问题与形势的驾驭能力，开展高层次的人际传播与交流，为中国智库的国际化发展拓展空间。

# 谋划发展的智囊力量<sup>*</sup>

  "百年未有之大变局"是习近平总书记站在人类历史进程的高度，以大国领袖的担当，对世界发展和国际格局作出的重大战略判断，也是当前我们谋划自身发展的出发点和历史背景。中国智库的现代化之路也必须放到百年未有之大变局这个背景下进行思考，智库是变局的产物，还是能够引导变局演化的外生力量，这些问题都值得思考。

## 一、智库是思想利器、国之重器

  纵观人类社会的发展历史，在 20 世纪初美国的经济总量已经超过了英国，但是美国真正的崛起却是在半个世纪之后的事情了。所以一个国家真正的崛起，不是经济的崛起，也不是技术的领先，归根结蒂，是这个国家的思想能否引领发展。作为思想的策源地，智库是思想利器、国之重器，承载着"理论创新、咨政启民、战略谋划、转危为机"的重要功

---

  \* 在"2019 年中国智库报告发布会"上的发言，原题为"在百年未有之大变局下思考中国智库的现代化之路"。

能,也是助力一个国家实现现代化的有生力量。智库织就的思想市场不仅是思想生产的载体,更是支撑国家崛起的必要条件,是具有先导性、引领性和变革性的深层次力量。比如,在这次新冠疫情防控阻击战中,中外采取了不同的应对策略,中国积极开展全民动员、全力以赴、疫情防控和社会经济发展两手抓;而国际上不少国家采取了消极的群体免疫策略,感染人数至今看不到拐点。思想上的差异才是导致行动差异的根本原因,不能说国外的经济实力不如我们,也不能说国外的医疗技术不如我们,但是结果上的差异大家都有目共睹,中国政府在迅速采取有效防控措施和社会经济恢复政策的背后,是广大智库特别是医学智库和医务工作者提供了具有传染病学理论支撑的实践应对思想,为化解疫情提供富有价值的应对方案作出了贡献。

面对百年未有之大变局,中国比以往任何一个阶段更需要在内政外交和社会经济转型中发挥智库的作用。党的十九届四中全会提出的国家治理体系与治理能力现代化,其目标和宗旨就是要坚持和完善中国特色社会主义制度,构建系统完备、科学规范、运行有效的制度体系,加强系统治理、依法治理、综合治理、源头治理,把我国制度优势更好转化为国家治理效能。在国家治理现代化的进程中,全社会各个方面、各行各业都要朝着这个大方向、总目标迈进,智库尤其要勇立潮头,找准自己的定位,作出各自的努力,实现自身现代化,做时代的弄潮儿。一方面,智库建设现代化是国家治理现代化的重要内涵,也是思想先导、理论动力和重要推手,智库将紧紧围绕党和国家工作大局和经济社会发展的重大问题开展研究。另一方面,国家治理现代化为智库建设现代化提供制度保障和基础条件,特别是党的领导为中国智库的现代化提供了立场、方向、原则和道路的根本保证,科学民主法治的决策体制是推动智库建设的现代化的重要途径。

当前,中国的智库和由此派生出来的智库思想市场正在全国范围内蓬勃生长,《2019年中国智库报告》记录了这个过程,并提供了部分省市重点智库的名单,上海自去年底也组织力量开展了"上海市重点智库"的遴选活动,这些都是我国决策咨询制度不断发展与演化的结果。随着改革开放的日益深化和共治理念的深入人心,中国的智库思想市场正在从体制内向体制外延伸,由过去的内参模式走向政府和智库之间的互动模式,决策咨询的议题更加深入、形式更加丰富、思想更加活跃,一个体制内智库和体制外智库共同参与的富有包容性的思想市场正在形成。为了进一步加强智库的思想市场主体地位,解决智库思想市场中存在的种种问题,我认为,十分有必要开展智库思想市场供给侧结构性改革,不断提高决策咨询研究质量,提升智库服务党和国家科学决策的能力,探索智库与决策者的对接机制,构建价值中立、公平竞争的思想市场环境,激励各类智库在服从国家利益的大局下,坚持独立地进行思考与采取行动。

## 二、中国特色新型智库建设之路任重道远

当前理论界与智库界对智库的认识还存在着一些似是而非之处,对中国特色新型智库建设造成了阻力,归纳起来,以下三种观点比较具有代表性,而且在自媒体的催化下,这些有失偏颇的观点快速传播。

第一种是"全盘西化"型,他们强调智库的独立性,主张要在经费、人员、收入等方面向国外智库看齐,无条件地向国外智库模仿和学习,国外智库的今天就是中国智库的明天,认为只有社会智库、民间智库才是独立的,才算得上真正的智库。

第二种是"全盘否定"型,他们认为中国的智库就是"神学院""翰林

◀ 为《新智库的探索
与实践》一书签名

院""养老院",批评中国智库离权力太近,所以有"库"无"智",随声应和的多,难以有大的作为。

第三种是"全盘肯定"型,他们强调中国智库发展规律的特殊性,但凡西方智库的核心概念如影响力、治理模式、"旋转门"机制等等,都不能很好地解释中国智库的发展,认为西方社会不可能也不愿意了解中国智库,还要时刻警惕西方通过对智库评价开展意识形态输入,由此否定中国智库有向西方学习的必要性。

客观来讲,这些观点折射出当下中国特色新型智库建设中存在的一些问题,相关建议也并非一无是处,因而可以引发一些共鸣。但是从一个更为全面的视角来看,这些观点都局限于某个角度,过于狭隘、不够全面。我们需要在百年未有之大变局的视野下,全面认识和重新理解中国特色新型智库的实践内涵。我和上海社会科学院智库研究中心的同事们一直在努力传播这样的观点,中国特色新型智库建设,既不能照搬国外模式,一味地套用"独立性""透明度"等西方价值体系来评价中国智库发展,忽视我国已有的咨政经验而妄自菲薄;也不能因循守旧、固步自封,固化政策市场的思想垄断,忽视目前智库建设中存在的各种问题;而是要进一步解放思想、实事求是,以一种更加开放、包容的心态去引导智库、建设智库、发展智库,加强政策市场的制度建设、法治建设,找准百年变局下,中国特色新型智库的定位、使命与职责。在此,我想就中国特色新型智库的现代化之路,强调以下四个始终坚持。

一是要始终坚持党管智库。要明确中国特色社会主义的本质特征是中国共产党的领导,"党管智库"是中国特色新型智库健康发展的根本保证,智库要紧紧围绕党和国家工作大局和社会经济发展重大问题进行研究,建设党和政府"靠得住、信得过、用得上、想得起、离不开"的智库,是智库现代化的必然遵循。

二是要始终坚持中国特色。中国和美国等西方一些国家智库建设的根本差异,不是器物层面的差别,也不是资源投入方面的不同,而是两类文化、两种制度、两条道路的差异。美国的两党制和政党竞争环境,使得美国的智库不得不采取一种个体主义的自我宣传式的生存法则,而中国的制度和文化使得中国智库应当采取集体主义的行为准则,通过发挥集体的智慧来共同推动社会经济发展。我认为,这是中国智库与西方智库最根本的区别,在中国,智库之间的合作特别是体制内智库与体制外智库的合作尤为重要,《2019年中国智库报告》也关注到了这一点,报告把智库发展特点归结为"选热点、兴联盟、攀高原",是有一定道理的。

三是要始终坚持实践检验。实践是检验真理的唯一标准,智库建设得好不好,咨政建言管不管用,需要用实践来检验。举个例子,当下正值疫情冲击过后经济的恢复期,"如何将一季度失去的经济增速补回来?""全年6%的增长率还能不能实现?"大量的智库围绕这些问题开展了艰苦且富有成效的研究,但是仍有一些问题看不清、道不明,有些观点甚至是相互冲突的。我觉得,这些其实都很正常,只要是言之有据、言之有理,就是好的智库成果,但能否奏效管用,还是要交给实践,俗话说,"是骡子是马,拉出来遛遛"。因此,新型智库的评价一定要结合政策实践,结合智库活动产生的实际效果,"不唯书、不唯上、只唯实"才是智库评价科学的方法论。《2019年中国智库报告》收集了大量智库活动和智库成果,并以"工笔画"刻画了智库的热点选题、重要观点等,就是为了能在各种浩繁的线索中,用实践、实效、实情对智库作出更为中肯的评价,从而更好地以评促建,推动智库健康发展。

四是要始终坚持家国情怀。家国情怀,从小了讲,就是国家利益至上,而不是智库的利益,更不是个人的利益,智库要"齐家治国平天下",首先就要"正心、修身",用今天的话讲,就是"不忘初心,方得始终"。智库的初心就是要为公众谋利益,为公共问题出谋划策。所以智库人员的修为很重要,尤其是当"公利"和"私欲"产生冲突时,更是要作出正确的选择。家国情怀,往大了说,就是世界大同,就是人类命运共同体。如果说"和平共处五项原则"是中国在现代化早期的一种防御性的外交政策,那么构建"人类命运共同体"就是中国在经济发展取得一定成就

▲ 2008年4月18日,《光明日报》在头版以约6000字篇幅报道上海社会科学院社会主义新智库建设的探索和实践,并配发"编者按"。

"编者按"指出:近年来,上海社会科学院主动适应新形势,抓住新机遇,积极推进"国内一流、国际知名的社会主义新智库"建设,努力进行社会科学研究的理论创新、研究机构体制创新和组织机制创新,服务地方经济社会发展,成为上海市委市政府的重要思想库、智囊团和人才库。 上海社会科学院的新智库建设既是地方社科院转型发展的有益探索,同时也回答了在新的历史时期,专业从事哲学社会科学的研究机构,应该怎样发挥作用,能够发挥什么作用的时代课题。

后,主动承担国际义务、为全人类的共同发展作贡献的一种积极的、进取性的国际关系立场,需要更多现代化的智库能够主动发声,通过智库的走出去、与国外顶级智库的对话与合作,在提升中华文化在世界的影响力上建功立业。智库的现代化和国家治理能力的现代化在构建人类命运共同体上再次勾连在一起,中国智库的现代化需要向世界说明中国,为世界贡献中国经验、中国方案。

# "想得起、用得上、离不开"

## ——新时代中国智库的高质量发展 *

当前，中国与世界的关系正在发生深刻变化，"一带一路"倡议和亚投行的启动，都在一定程度上反映出中国国际秩序观的变化，也将对新的国际秩序稳定产生积极影响。与此同时，中国国内的社会主要矛盾已经转化为人民日益增长的美好生活需要和不平衡不充分的发展之间的矛盾，现代化经济体系、创新驱动和绿色发展，都在一定程度上反映了中国高质量发展的内生诉求。这些关乎全局的历史性变化，对于党和国家工作提出了许多新要求，也对中国特色新型智库建设提出了新期盼，同时也意味着中国智库的高质量发展迎来了新契机。

## 一、中国智库实践引发对智库内涵的重新思考

党的十九大报告提出，中国特色社会主义进入了新时代。新时代

---

* 在"2018年上海全球智库论坛"上的讲话。

从根本上要求中国智库结合本国国情，致力于建设具有强大凝聚力和引领力的社会主义意识形态，深入贯彻以人民为中心的发展思想，肩负中华民族伟大复兴的责任使命，尤其是在习近平新时代中国特色社会主义思想的引领下，走出一条有别于西方智库发展模式的、富有中国特色的智库发展之路。反思这几年来中国智库的发展与实践，需要对智库内涵作出重新界定。

高质量的智库研究离不开学术研究的理论支撑。学术研究与智库研究是"学"与"用""源"与"流"的关系。学术研究为智库研究提供理论、方法和工具，智库研究在学术研究的基础上，针对实际问题，提出思想、观点和对策。

高质量的智库研究离不开与决策部门的有效互动。智库研究的选题应当来自决策部门关心的问题，协调不同利益群体的政策诉求，积极开展长期性、储备性研究，充分用好决策咨询委员会、政协等内部渠道，让决策者"想得起、用得上、离不开"。

高质量的智库研究离不开与媒体的精诚合作。智库要善于主动设置议题，充分发挥引导社会舆论功能，借助媒体渠道，把思想和观点传播出去，传播力也是影响力。因此，智库与媒体之间是一种相互依赖、优势互补、目标一致的紧密关系。

## 二、智库高质量发展有赖于智库体制机制改革

近年来，中国智库发展进入了"快车道"，智库数量不少，但具有国际视野和重大决策影响力的顶级智库并不多，智库发展不平衡不充分现象还比较突出。新时代公共政策问题的复杂性与长期性，要求智库提高研究质量，为政府部门提供富有价值的决策咨询建言。

新时代中国智库的高质量发展,要求顺应智库发展规律,深化智库体制机制改革,不断优化智库内部管理流程。主要包括:一是深化科研考核评价体制机制改革创新,倡导兼容并蓄的科研考核办法,鼓励智库影响力的多元化发展,反对单一标准的简单量化考核;二是深化科研经费管理体制机制改革创新,形成有利于智库建设和发展的科研经费管理体系,把人力资本作为智库经费资源配置的第一要素,解开传统报销制度对科研活力的禁锢与束缚,鼓励经费来源多元化、灵活配备和组织智库人员;三是深化科研项目管理体制机制改革创新,创新和完善研究选题、立项以及研究过程跟踪机制、成果质量评审机制,以及智库影响力渠道营销机制,形成灵活多样的管理机制和方式,激发体制内智库发展的潜力与活力。

我们还要大力发展社会智库,保障社会智库依法参与智库产品供给,拓展社会智库参与决策咨询服务的有效途径。社会智库是中国特色新型智库的重要组成部分,相比于体制内智库,它们的经费来源更加多元、运行机制更加灵活、市场意识更加强烈。但是从总体上看,我国社会智库还处于起步和探索阶段,面临不少困难和问题。当务之急是要规范和引导社会智库健康发展,优化政策环境,增强社会智库为公共决策服务的能力,促进政府决策与社会智库建议之间的良性互动,鼓励社会智库共享发展成果。

## 三、智库高质量发展需要领军人物与团队

智库人才是智库高质量发展的动力源泉。人才不仅是吸引过来的,也是培育出来的,只有牢固树立“不拘一格用人才”的观念和“唯才是用”的用人体制,智库的高质量发展才能有坚实保障与有力支撑,才能产生更大的影响力。

一般而言,智库建设需要三类人才。首先,领军人才是智库发展的灵魂和舵手,驾驭智库前行。其次,跨专业、跨领域的研究团队是确保智库质量的压舱石,体现智库实力。研究团队的素质决定着智库产品的整体质量。再者,高效的行政管理团队是智库运行的黏合剂,为研究团队分担了大量非研究性事务,由此提高智库运行效率,做到事倍功半。

上海社会科学院是首批 25 家国家高端智库之一。近年来加快了智库人才发展与改革的步伐,运用各种方式引进人才,采用多元方法评估人才,建立人才蓄水池,打通政智"旋转门",让各类人才为社科院智库的发展添砖加瓦。自 2014 年起,在创新工程的带动下,我们已经涌现出了一批在全市乃至全国领先的智库专家和资政成果,决策咨询研究领域更具前瞻性、战略性,学科建设更为厚实、更为系统,解决理论和实际问题的能力明显提高,上海社科院作为理论研究重要阵地更加名

▼ 出席"智库、公共政策与国家治理能力现代化——思想、行动和创新"会议

副其实,真正成为综合型、创新型智库机构,在繁荣和发展哲学社会科学阵线上,发挥社会主义新智库应有的作用。

今天,我们在此举办"2018 年上海全球智库论坛",我认为就是一场智库界顶级人才荟萃的聚会,各类智库的领军人才和顶尖人才在论坛上畅所欲言,深入交流,搭建全球智库网络。上海社会科学院智库研究中心一直以来坚持国际化发展路线,致力于推进全球智库能力建设与合作创新,举办上海全球智库论坛的初衷,就在于推动国际智库人士之间的交流与合作。在此,我要感谢今天参会嘉宾们的智力贡献,也欢迎有更多的国际智库人士能到上海来,参加上海全球智库论坛,再从这里认识上海,为上海建设卓越的全球城市建言献策。

## 四、智库高质量发展需要向世界讲好中国故事

放眼全球,随着中国特色社会主义进入新时代,全球化实际上也进入了一个新时代,新时代呼吁新的全球秩序与治理规则。中国相继提出的人类命运共同体、新型国际关系与"一带一路"倡议,是习近平新时代中国特色社会主义外交思想的三个核心概念。党的十九大报告指出,中国始终做世界和平的建设者、全球发展的贡献者、国际秩序的维护者。对于新一轮全球化,中国不是通过一种强制力进行改变,而是通过利益交汇点实现利益共享,构建人类命运共同体,对于世界经济将产生长期正面的影响。

当前中国正在以前所未有的状态融入全球化,中国对世界经济增长的贡献率超过 30％,与世界的关系也由此发生着深刻变化。讲好中国故事,不仅关系中国的国际形象,有助于提升文化软实力,也是中国智库高质量发展的应有之义。在新的历史发展阶段,中国智库应当密

▲ 2005年会见法国前总理、国民议会前议长、社会党前第一书记洛朗·法比尤斯（Laurent Fabius）

切关注全球变化，将国家利益置于世界变化之中加以考察和分析，审时度势，讲好中国故事，为建设人类命运共同体、构建新型国际关系、落实"一带一路"倡议，充分发挥中国智库"民间外交""二轨外交"的优势，同时也为世界上那些既希望加快发展又希望保持自身独立性的国家和民族，贡献中国智慧和中国方案。

展望新时代、开启新征程，智库发展需要设计新思路、树立新目标。引导各类智库和智库联盟实现更快的发展，更加广泛地介入到国内问题的研究之中，更加深入地参与到国际议题的商议之中，更加精准地对接与服务决策层的制策需求，更加尊重智力因素在智库发展中的重要作用，由此实现智库的高质量发展。

# 中国智库的器与道<sup>*</sup>

　　世界中国学论坛已经举办了五届,它的源起要从 2004 年开始,那时上海社会科学院在讨论它的功能定位,到底是定位成应用研究,还是基础研究,最后我们讨论下来要办成智库。智库定位当时我们定了五个方面:

　　第一,我们认为它是思想利器,国之重器。从我们地方来说,上海城市实力的重要体现,就是有硬实力、软实力,我们属于软实力的智库。第二,是战略政策的储备库。第三,它是解答大众问题,解疑思库,引领社会思潮的罗盘和指南。因为研究院是一个圣洁的学术殿堂,它是以学术作为依托的,学术和应用就像水和船,水涨船高,根深叶茂,根和叶的关系,所以我们肯定跟人家不同,它是一个学术殿堂,当然它是一个库,是一个蓄水池,所以第四,它就是个人才的蓄水池,是思想者与行动者,学者与官员,通过研究机构的培养,我们能够把它转起来,能够储备人才,就是蓄水池。第五,它还是国际交流的平台,它是一个开放式的

------

　　＊ 2014 年 2 月接受《上海社科院学报》采访时答记者问。

研究，它倾听不同的声音，不同的意见来共享人类智慧。这里面很重要的，就是向世界说明中国，让中国也了解世界，它是一个互动的过程。当然，我们要提升软实力，要提高文化的影响力，而话题设置权很重要。

我过去也感觉，往往世界上经济比较发达的国家，它提出一个概念，提出一个题目，然后我们中国的学者去解释，或者去补充，即便是反对，你总是跟在后面，这个话语权怎么有效来设置，这个就是一个软实力和文化影响力的考虑。

世界中国学论坛的应运而生，就是中国21世纪的和平崛起，把全世界的目光都吸引过来，关注中国。从中国影响、中国元素，到进而构建一门世界中国学；从原先基于汉学、考古、历史，过去的隐学，变成彰显中国和平崛起的显学。

我们对外交流，一个是巡展巡演，还有一个是对外汉语，孔子学院，以及深度的学术交流。

巡展巡演那是大众层面的，对外汉语那是部分人的。而学术交流是深层的。一旦学者们形成看法，他会自己在媒体、研讨会、论坛等发表意见。他一发表意见，就能够影响一大批人，这个是比较深层的，是学理的，道的研究。

所以，解读中国，说明中国，这是我们的责任和使命。中国今天能取得这样的发展，它的关键点在哪里？它的秘诀在哪里？中国为什么有这样的发展？中国之道，就要深度来说明中国。

世界中国学恰恰是就在这个问题上能够发挥作用。它可以研读中国文化脉络，因为它从汉学演变，从隐学到显学，从历史到当今，有一个文化的脉络。

我们的研究主题就在中国的一个"和"字上，和平、和谐、和合共生、和为贵等等，总离不开一个"和"字，它是中国文化传统的精髓，是我们行为关系准则,同时利益多元了以后,它也是利益价值的一个尺度。这个"和",它是对我们中国来说的,我们的文化之源是丰富的,我们有几千年的古代的典籍,让国外的人对东方智慧、东方文化很崇拜。这是我们的优势魅力,把这个讲清楚了,我们的共处之道,融合之道就出来了,中国人怎么想的,遵循什么准则,价值取向是什么,他们也就明白了。

我们说过一句话叫做"逆道而行,其行不远"。中国的道讲清楚,都要讲预测,你怎么能预测,我们不是算命先生。但是从历史就知道现在,知道现在就可以预测未来,这个是一脉相承的。所以向世界说明中国,让中国了解世界,这是一个双向的关系和过程。而且我们要让中国打动世界。就是说用中国的文化来和外国人对话,转知成智。我们讲中国的故事,中国现在发生什么,将来发生什么,讲中国的智慧,把它归结成为东方智慧,它有那么悠久的历史,这些是中华的文化,是文明发展与世界,最后我们得出一个东海、西海,行同理同。

所有的这些背景,我把它概括为以文化与价值为核心的国际软实力的竞争。我们是国际视野、文化视角、时代特征。

这里面非常重要的是话语,话语权里面很重要的就是议题设置,或者是题目的选择。为什么过去我们老说被动,人家一讲软实力,我们就跟着讲软实力,人家一提出一个概念我们就去阐述解读。我觉得我们需要有前瞻、前沿性,这样才吸引更多的人。中国的现状和发展,它是变化着的,怎么来捕捉,我们回应世界的关切和疑问,我们要回答问题,我们在把握的时候,偶然的问题,我们就淡化,不要去抢。学术问题,一般的学术问题,我们采取包容的态度,但是在原则问题上,我们是要力争的,哪怕面红耳赤,也要争个明白的。

话题设置很要紧,那你怎么选呢,特别是主题的选取,我们是动了脑筋,花了工夫的。我们一般要花八个月到一年的时间来征求意见,召开院内外,甚至海内外座谈会,反复比较,反复讨论,从十几个讨论题当中选出来,使大家既有话好说,又有一个主旨,既不能天女散花一样,又能够相对集中。

这个主题选择过程,实际上是一个酝酿过程,是一个不断深化的过程。所以关于我们的主旨报告,大家的反映还是比较好的。篇幅不是很长,把最精华的拿出来,有说服力,娓娓道来,打动了人家。有篇主旨报告还在《求是》杂志上刊登。

我们找到了一把解读中国的钥匙,就是一个"和"。

2004年第一届世界中国学论坛的主题是"和而不同",它的副标题就是"多元视野下的中国"。回答中国是怎样的国家,就是中国学回归中国。当时有一个背景,伊拉克战争以后,美国是胜利者,那个时候它就要把美国式的民主制度模式、价值观扩大到全世界。所以,我们提出"和而不同",什么意思? 世界是丰富多彩,是多样的,是和而不同的,当时是借伊拉克战争来回答中国是怎样的国家,和而不同。2006年,是"和平、和谐",就是中国发展的世界意义,中国的发展影响大了,中国的发展到底对世界意味着什么? 是祸还是福? 当时有很多议论。中国经济的奇迹世界瞩目,那个时候中国的经济总量逼近世界第三,由此出现了中国威胁论,无论是理念、制度,还是价值、传统,大家都想知道中国的发展今后会不会威胁世界? 我在教育战线工作,中国威胁论最后被讲成教育威胁论,因为中国人读书的太厉害了,凡是在美国读书的前三名,前几名总是华裔或者中国人,所以感觉到处都是中国威胁论。因此我们要回答这个问题,无论是理念、制度,还是价值、传统,中国的发展绝不会威胁世界。我们是和平发展的,而且中国追求的是世界和谐。那么,政治上互尊、经济上互利、文化上互见、安全上互信、环境上互帮。国与国和平共处,人与人的和睦相处。但是它实际上是文化外交、学术外交,把一个客观的、真实的、友善的中国介绍给世界。所以,和平和谐是怎么来的,是这样设计出来的。

到了 2008 年,我们提"和衷共济",为什么是和衷共济?因为当时世界面临挑战,发展失衡加剧,南北差距拉大、环保、反恐包括金融危机,这个时候又出现了中国责任论。所以这个时候,我们就应对中国责任论,我们是共同应对挑战,是有区别的责任,因此就讲和衷共济。

到了 2010 年,我们提出"和合共生,共荣共生"。讲的就是中国与世界的融合之道。这个就是以中国的传统文化精髓和世博会为例,当时上海刚刚开过世博会,世博会的成功就是一个和谐、和衷共济的结果,我们以此来说明和合共生。我们当时提出和合共生有三个意义,一是尊重文明多样性,在尊重多样性差异的基础上,通过互利竞争,达到各国发展,就是尊重文明多样性。第二是平等互助合作,这是中国应对世界全球性问题,唯一的致胜共赢之道。第三是一定要发展资源节约型,环境友好型的模式,对日趋严重的环境问题,大家必须尊重善待自然,用之有道,取之有节。我们称为"天下为公,天人合一"。我们中国为什么能有今天这样的发展,因为我们就是本着和合共生之道,我们不想霸权,也不愿你输我赢。第五届是中国现代化道路,因为我担任组委会主任,主要负责组织设计,包括主旨报告,所以对这些情况,当时我怎么想的,我谈我当时的想法,这些是有针对性的。

所以世界中国学论坛有一个延续性,一个论坛,没有延续性,没有系列考虑它就不会产生影响。

要打造具有国际影响力的世界中国学的研究基地,还有一个认识问题,就是共识合力,就是决策层一定要高度重视,有共识才有合力。中国的智库要真正做精做强,要呵护品牌,我觉得要看到成绩,也要看到我们的不足,甚至要有危机感。比如世界中国学研究的过去、现在和未来,在这一方面,理论创新,决策咨询方面还不够,国际国内重大影响的有一些,但是还不够。一讲你就知道世界中国学,知道一个"和",你还能提出来什么重要观点,影响国家决策的呢? 当然这个也有,中国梦论坛早就提了,包括中美之间要找利益会合点,也已经提过。还是要承认学者的贡献,这样才能协调各方。

当然,要培养青年学者,我觉得这里紧迫的是要推出领军人物。要把社会力量的作用、地方的作用、学者的作用结合起来才能取得成功。

惟江上之清风，与山间之明月，耳得之而为声，目遇之而成色，取之无禁，用之不竭，是造物者之无尽藏也，而吾与子之所共适。客喜而笑，洗盏更酌。肴核既尽，杯盘狼藉。相与枕藉乎舟中，不知东方之既白。

辛丑季春 荣荣

水宫兮方戴荷衣深深
瑟兮香飘飘兮红香
雕栏桑萦蕉一枕夜夜梦
乾隆十一秋于喜堂宇丽制

# 唯新唯实：智库建设再出发<sup>*</sup>

作为中国智库的探索者、实践者和推动者，每次谈到智库的发展，总有一些思考和体会。

第一，时代发展赋予了我们智库建设的重任。党的十九大报告提出，"深化马克思主义理论研究和建设，加快构建中国特色哲学社会科学，加强中国特色新型智库建设"，无论是高校还是地方社科院，我们都应该深刻意识到，作为思想库的智库，其核心功能是坚持马克思主义的指导，坚持党管智库，这不仅关系着哲学社会科学研究本身的健康发展，而且关系到社会的和谐稳定和党的执政能力的增强。在刚落幕不久的党的十九届四中全会上，习近平总书记强调加强党对坚持和完善中国特色社会主义制度、推进国家治理体系和治理能力现代化的领导，智库作为提升国家治理能力的关键变量之一，必须认识到现代治理的专业性、复杂性和跨界特征，适应中国特色社会主义新时代的要求，使智库所蕴含的思想给全人类提供更多的、更具理性的发展之路。

---

\* 在"2019年上海高校智库工作推进会暨解放教育讲坛"上的讲话。

智库的思想从何而来？从理论研究和实践研究中来。智库作为知识、智慧和思想的一个集散场所，不仅需要扎实的基础理论研究支撑应用决策，还需要坚持走交流、交叉、交融的学术创新之路。和社科院相比，高校具有两个独特的优势，一是基础学科研究实力，这是原创性研究的重要力量，也是一个创新型国家的学术基础；二是学科多样性结构，这是知识与理论体系创新的重要条件，也是人文社会科学的发展服务国家治国理政的重要因素。正所谓"水涨船高""根深叶茂"，智库的"水"和"根"就是我们的学术水平。如今，中国正处于百年未有之大变局，新一轮科技革命和产业革命蓬勃兴起，国际和国内形势错综复杂，我们的改革与发展比以往任何时候都复杂多变，涌现的各种问题和矛盾不再是单一学科、单一研究能够解决的，不论是高校还是社科院，都不能画地为牢，而是要进一步打破学术创新中各种资源分割的围墙，在有优势、有特色、有潜力、有社会需求的领域，聚焦我们的政策和资源，强强联手，强特合作，才能优势互补，借船出海。智库研究不是平平淡淡人云亦云，也不是浅浅薄薄就事论事，而是要在他人思维停滞的地方、上级文件未提及的地方和领导思维开始的地方进行研究，才能保障科学研究的创新性、时效性、前瞻性，体现决策咨询研究的深度和广度。

第二，智库建设始终是向着未来发展的，只有这样才能看到差距、认清形势、抓住机遇。据我所知，两委（上海市教育党委、上海市教委）这次挂牌的高校智库，是在原有 30 家上海高校智库的基础上，通过前期评估、分阶段考核、走访调研等多种形式，进行动态调整的结果。这种管理模式倒逼我们的智库必须要有危机意识，只有危机意识才能激发智库不断前进。我在社科院主持工作的时候，时常和社科院的同仁谈差距，尤其是谈我们和高校的差距。因为我始终认为，只有通过比较，才能正确地认识自己，找准位置。可以说，自从十八大以来党和国家大力推动中国特色新型智库建设,大量智库如雨后春笋般涌现,中国一跃成为智库大国。但是,智库大国不等于智库强国,我们始终缺乏高质量、高水平的智库,尤其缺乏具有国际影响力的顶尖智库。我想,两委这次对上海高校智库重新布局,也是希望能够通过这种方式,激励各家智库能够更进一步,自我加压,体现智库建设的主动意识和精品意识,形成自己独特的、不可替代甚至唯一的优势。

第三,智库研究要不唯上、不唯书、只唯实。智库不仅是一个思想库,也应当是个行动库。智库既是政府实施公共政策以及开展国家间合作的推动者,又可以通过自身的实际行动有效防范各类风险的发生。一直以来,智库研究强调的是做政府"信得过""用得上""靠得住""离不开"的外脑,要经得起历史检验、科学检验、实践检验,这就需要智库的每一项研究、每一篇报告都必须坚持问题导向、坚持以人民为中心、坚持理论联系实际、坚持用联系发展的眼光看问题。因此,智库必须要通过开展世情、国情、市情、民情调研,了解基层,有的放矢,求真务实。我们必须认识到,调查研究既是马克思主义的思想方法,也是有效应对进入新时代我国发展面临的新形势、新矛盾和新问题的工作方法。正如习近平总书记所说,"研究、思考、确定全面深化改革的思路和重大举措,刻舟求剑不行,闭门造车不行,异想天开更不行,必须进行全面深入的调查研究",只有这样才是从根本上提升和增强决策咨询服务能力和智库能力建设的有效之举。

第四,智库是国家治理体系和治理能力现代化的重要组成部分,同时也是非官方机构,因此具有较强的灵活性。在国内决策中可以发挥黏合剂、催化剂的作用,对外可以作为国际交流的对话平台,承担官方机构所不便承担,甚至不能承担的部分中外人文交流功能。尤其是上海的智库,国际化的水平和能力要与当下上海建设具有世界影响力的社会主义现代化国际大都市结合起来,这也应当是上海智库区别于其他地方智库的特质所在。就我所知,许多智库都有良好的国际智库合作伙伴,甚至有些学校、有些智库已经打造了全方位、多渠道的国际智库网络,那么接下来我们需要思考的就是如何用好这些国际网络,通过智库的触角将海外的客场变为我们中国的主场,使我们原创的中国理论、中国话语能够渗透到越来越多的国家,被更多的外国友人所接受、认同。可以说,智库在二轨外交上能够发挥的潜力还很大。

最后我想谈的是智库的体制机制创新,如何发挥合力的问题。对于高校和社科院来说,智库承担的角色是多面手的概念,既要做战略政策储备库,也要做社会大众的罗盘指南,既要做庄严圣洁的学术殿堂,也要做国际交流的对话平台,如果面面俱到,恐怕每一面都无法做到极致。因此,各智库机构,也要充分发挥智库的智慧,在竞争之余,鼓励合作,鼓励开放,将智库的短板通过合作连接的方式做成智库的长板,携手打造独属于上海智库的精品,整体上提升上海智库的竞争力。从某种程度上来说,这更考验现代智库的创新功能,因为只有做到这一点,才能保障智库建设生生不息的良性可持续发展。

潮涌长三角,风从海上来。随着上海高校智库整体地位的不断提升和国家对于智库的需求不断加强,我们需要不断地思考,在这样大发展、大变革、大调整的时代节奏下,如何保障智库既能千帆竞发,又能破浪前行。中国特色新型智库建设的道路不是唯一的,上海高校智库建设的道路也不是唯一的,但是大家需要克服的问题可能是相近的。我衷心地希望,上海的高校智库能够真正携手,在两委的指导下,发挥智库集群作用,为推动上海教育事业的改革和发展,为实现"两个一百年"的奋斗目标、实现中华民族伟大复兴的中国梦、构建人类命运共同体,贡献我们的智慧。

# "智成天下"时代的教育政策智库[*]

我们今天一起探讨教育政策智库建设,非常有意义。一方面,从2013年以来,中央对推进智库建设做出了一系列重大部署,把智库建设作为推进国家治理体系和治理能力现代化、增强国家软实力的战略举措,制定颁布了《关于加强中国特色新型智库建设的意见》,标志着我国智库建设全面进入到蓬勃发展和提速转型发展的新阶段。另一方面,党的十八大和十八届三中全会部署了教育领域综合改革。什么是"综合改革"? 我体会实际包含了两层意思,一层意思是要做好教育改革的顶层设计和前瞻布局,系统思考和整体推进教育改革发展;另一层意思是教育改革要聚焦牵一发而动全身的深层次难题,用综合的而不是单打一的思路和方法来加以破解。从这个意义上说,我们正在推进的教育领域综合改革的广度和难度是前所未有的,中国教育已经全面进入到改革的关键期和攻坚期。中国教育政策智库应该抓住历史性的机遇,有更大的作为,有更强的声音。这就给我们提出了三个重大课题:

---

[*] 在"2015年教育智库交流咨询会"上的讲话。

一是中国教育政策智库应具有怎样的品格;二是中国教育政策智库应该怎样转型发展;三是政府如何支持和推进教育政策智库发展。

## 一、坚守智库的责任和品格

今天我们要建设的中国特色新型智库,是以公共政策为研究对象,以影响党和政府决策为研究目标,以公共利益为研究导向,以社会责任为研究准则的专业研究机构。新智库应该承担的责任是战略规划和政策制度设计的发源地、人才培养的蓄水池、公众舆论的指南针、国际交流的大舞台。这样的新型智库必须具备并始终履行自己的天职、守护自己的品格。这里我提出三句话 21 个字:第一句话:人格、国格、库格;第二句话:纸库、金库、智库;第三句话:信得过、用得上、离不开。

第一,要用"人格、国格"来塑造智库的"库格"。智库建设必须以智库文化为灵魂,始终坚持道路自信、理论自信、制度自信和文化自信,从国家、民族和人民的公共利益出发,恪守智库的价值追求,唯实求真,服从真理,用理性、专业和担当的精神来塑造智库的"库格",确立智库的影响力和公信力。我们的智库不能浮躁浮夸做表面文章,不能回避矛盾而人云亦云,不能只有政策阐释而没有创造性。

第二,要防止成为"纸库""金库"而要做真正的"智库"。智库建设必须紧紧围绕咨政建言、理论创新、舆论引导、社会服务、公共外交的职责,为政府提供专业客观、具有前瞻性的政策建议,做到转知成智,引智咨政。决策研究要防止纯学术化和商业化两种倾向,既不能脱离国情和改革实践,完全依赖逻辑思辨,照搬国外经验和学理,把构建理论模型、形成论文专著作为价值目标,也不能为功利所左右,趋炎附势,成为个别利益集团的代言人。

第三,要让政府"信得过、用得上"而后"离不开"。智库研究要坚持以"科学制政"服务"科学执政",前提是"科学制政"先于"科学执政"。所谓"科学制政",就是要以理论创新为基础,以改革发展实践的重大现实课题为着眼点和着力点,主动开展战略谋划和综合研判,为政府提供及时而又管用的政策思路和实践举措建议,积极推动决策咨询成果向公共政策转化。智库要通过自己理性、客观的品格和专业化、高质量的产品,成为政府重大决策中信得过、用得上,也离不开的助手和推手。

在中国的智库体系中,高校智库的优势是毋庸置疑的:高校学科齐全,有利于理论向应用转化和学科交叉融合,产生新的思想;高校思想自由,有利于思想文化的兼容并蓄,迸发无穷的创新活力;高校人才密集,有利于大师专家和研究生等青年智库才俊辈出,并且不断向政府和各行业输送;高校技术先进,有利于新型研究手段的及时应用,保持决策研究的创新活力;高校对外交流广泛,有利于广纳全球智慧为我所用,扩大中国声音的全球影响力。在上海社会科学院即将正式出版的《2014 年中国智库报告》中,我们依据决策影响力、学术影响力、媒体影响力、公众影响力、国际影响力,以及智库成长与营销能力六个维度对中国智库进行了评价,在综合影响力前 30 名中,高校智库占了 8 位。当前国家和各省市教育部门、各高校都在全面推进新型高校智库建设,将智库建设作为繁荣和发展哲学社会科学、高校一流学科建设和"2011协同创新"计划的重要切入口,给予了高强度、可持续的投入,一批高质量的研究成果正在涌现,高校智库百舸争流的时代正在到来。

## 二、加快智库的转型发展

中国教育政策智库是中国智库体系中的重要专业领域,在中国教育现代化进程正日益凸显其强大的推动作用,但在实践中同样也面临着"跟不上、不适应"的严峻挑战。一是面对教育改革发展中众多深层次难题,特别是那些久治难愈的顽症,教育智库提供的管用的政策建议很不充分。二是"智政"之间的良性互动机制不健全。有的智库实际是"翰林院",唯领导意志是从,对政府是一种依附关系,没有给政府提供真正建设性、有价值的决策建议。三是智库研究人员能力不足、作风不实。有的不了解政府决策需求,也不了解基层实践,因此决策咨询成果进不了"庙堂",也接不了"地气"。有的热衷于疏通社会关系、作报告、搞评审、赚外快,不能潜心钻研,出高质量咨询报告。有的天马行空、我行我素,为了博人眼球,随意发布片面错误观点,雷人雷语,降低了公众对智库的公信度,也极大地伤害了中国智库和智库专家的声誉。四是教育决策咨询范围狭窄,主要是教育管理部门自行酝酿决策,或行政部门直属的研究机构提供咨询研究,社科院、高校专业智库、民间智库没有充分进入教育决策过程。

总体来看,从国内和国外的各种智库评估结果来看,中国教育智库还没有占据应有的位置,真正有全国性、综合性影响力的教育智库还不多。这种状况与中国教育改革发展的快速进程、宏大气魄相比显得很不相称,因此当前中国教育智库建设需要加速转型发展,进入一个新常态。

转型之一,要有新的研究视野。教育智库要摒弃封闭式的自我循环思维,用"大教育"的视野全面对接国家发展战略及教育综合改革,系统审视教育发展的愿景和任务,思考近期、2020年、2030年乃至2050年教育发展的需求、布局、结构、资源配置和发展任务。上海在开展高校布局结构、职业教育和高校学科专业发展规划时,就系统研究分析了国家和上海的产业结构、常住人口变化趋势、不同行业人才密度,并且对世界城市的高等教育和职业教育发展状况进行了比较研究,由此提出了上海高等教育和职业教育的需求预测和规模结构建议,并对上海高等教育十大学科门类的总量、层次、类型分别提出具有可信度的预测,提出规划设计建议,相关的研究结果成为政府安排教育资源、开展布局结构调整、审核新专业的主要依据。同时,智库的功能也要根据新的形势加以拓展和延伸,在向政府提供决策前的咨政建议的同时,还应主动参与决策实施的过程检测分析,及时提出预警和纠偏建议,在决策执行后开展绩效评估,对评估反馈结果进行深度分析,有助于进一步提升教育政策咨询的质量和效用。

转型之二,要有新的研究聚焦。智库研究要坚持问题导向,但提出的问题应该是"真问题"而不是"假问题"。"真问题"的提出一定不能仅靠领导点题派活,不能是研究人员的冥思苦想,也不能被网络等舆论所左右、为"浮云"所遮蔽。要沉下身子到实践中调研,对纷繁复杂的各种问题进行鉴别筛选,提炼出最有决策价值的课题。智库的研究选题站位要高,切口要聚焦,关注实践中那些具体的而又牵涉面广的问题,然后对其进行系统性的思考,提出战略性、宏观性与前瞻性的决策建议。譬如,高校改革当前最突出的问题是高校办学定位不清晰、特色不鲜明,导致盲目发展、无序竞争和同质化办学,而其背后的根本原因就是评价方式和公共资源的配置方式的误导。上海教育智库就此提出了新的高校分类标准和评价方式,以及相应的经费拨款、教师编制、学位点审批等配套的具有导向作用政策建议,引导上海高校发展从"一列纵队"变成"多列纵队",让每一所高校在各自的办学方阵中争取第一、追求卓越。经过广泛调研,我在 2012 年全国"两会"上提出要关注"男孩危机",建议推行"因性施教",由此引发热议。一些同志非常直率地向我"叫板",与我争论,最后我们彼此的看法由迥异走向共识,并成为政府试点选择,上海市第八中学开办了"男生班",正在开展"因性施教"的实践探索。我认为男孩危机的影响绝不仅仅是性别问题,因为原本就应天然富有生命活力的男孩子,在现有的教育模式下正在成为弱势群体,全国5 000万"差生"中80%是男生。他们丧失学习兴趣、成才自信和成功机会,将严重损害我们民族的创造性。而解决这个问题,又需要教育理念、教学方式、评价机制,乃至政府公共政策的一系列调整。所以我认为,只有基于实践中的"真问题"研究,才会有研究的真价值,"真问题"也才能得到真解决。

转型之三,要有新的组织形态。教育政策智库不应成为教育界个别精英荟萃的"孤岛",要以协同创新的理念推进智库制度的创新,打破各研究主体和研究人员之间相互分割、彼此屏蔽的壁垒,建立跨界、跨境合作协同的平台:一是建立高校内部不同院系、不同专业、不同学科之间合作协同的平台。改变目前高校教育学科研人员单打独斗和教育研究领域"山头林立"的局面,广泛吸收管理学、社会学、法学、心理学、信息技术、医学、艺术学、体育学等学科专业与教育学科的科研人员联手合作,跨学科团队开展研究攻坚。二是建立教育智库与政府及其他系统之间,以及高校之间合作协同的平台,以研究项目为纽带,开展跨部门跨系统的课题研究。上海在研制中长期教育改革和发展规划时,分别由上海教育科学研究院、上海社会科学院和华东师大起草了三个平行文本,对最终形成高质量的规划起到了至关重要的作用。目前正在研究的上海高等教育规划总课题中,由上海科学研究院牵头组织了《上海高校布局结构与区域经济发展互动》研究,发挥了社科院在区域产业研究中的独特优势,为布局高校发展提供了新的视角。三是建立跨境智库之间的合作协同的平台,切实加强高校与国外智库之间的研究合作,并互设研究分支机构,为促进教育政策智库更开放、更富有活力,急需推进与之相适应的制度创新。第一,要建立智库之间人员相互挂职、双向聘用、成果知识产权认定等机制。建立智库研究人员和政府部门人员之间的双向流动的"旋转门",政府部门人员要到智库来学习决策分析研究方式,提升决策能力;智库研究人员要到政府了解政府决策机制和执行方式,增强决策咨询的有效性。第二,要把高端智库作为高校制度改革的试点特区,建立与国际通行规则相衔接的人事聘用和薪酬机制,形成稳定、可持续的投入保障机制,建立合规而又合理的科研经费使用管理机制。第三,要建立健全以创新质量和实际贡献为主的科研分类评价体系,对决策咨询成果的评价以服务决策需求、形成战略研究报告和研究成果转化为公共政策作为评价的重点。

转型之四,要有新的研究方式。智库建设要高度重视研究方法、政策分析工具和技术手段创新。要充分认识现代信息技术和大数据时代对教育决策研究带来的深刻影响,加快建设基于大数据的教育决策支持系统,发挥数据对教育改革发展的监测、评价、预测和预警作用,为宏观教育决策提供定量和定性的依据。人们现在都在关注中小学生课业负担和学业质量问题,各方观点可谓是众说纷纭、莫衷一是。而研究和探索证明,运用现代信息技术开展基于大数据的课堂分析和学生作业、考卷等学习分析实验,能够对教师教学和学生学习进行个性化的"诊断",教师教学和学生学习的效能迅速提高,也为教育部门和学校推进教学改革和师资队伍建设提供了高信度的决策依据。上海正在启动的"十三五"规划和各类教育规划,都是基于大数据的分析基础上进行的。对此,当前智库建设,一要高度重视基础设施建设,重视现代技术的运用,建设一批统计、案例和调查数据库,以及仿真实验室;二要建立标准化的教育数据采集机制,以及对失真数据的检测、纠错和责任追查机制,确保数据的真实可信;三要促进大数据的开放共享,提高科研人员的数据运用分析能力。

## 三、争取政府更强力的支持

中国教育政策智库的健康发展，需要政府政策上的全方位支持，为智库深度参与教育决策提供制度保证。除了提供充足的项目经费等支持外，当务之急，一是要营造包容平等、坦诚交流的文化和制度环境，因为制度性安排比决策者开明更为重要。教育主管部门要本着"兼听则明"的态度，主动与智库学者对话，倾听学者的观点，包容学者的独立思考和不同观点，提供独立的研究空间，实现政府与智库之间的良性互动。二是政府部门应把决策需求信息和各种可以统筹的决策资源及时传导、汇聚到智库，要建立智库研究成果的多渠道报送机制，保持畅捷的"智政通道"。同时教育主管部门也应及时将智库成果的应用信息反馈给智库，让研究人员的智力劳动得到应有的承认和尊重。三是要高度重视和开发社会机构与组织的教育政策智库功能。我担任上海市教育发展基金会理事长三年来，一直在思考基金会的定位和功能，除了资金支持教育发展项目外，也应发挥聚财汇智的功能，以资金支持和基金会所特有的社会关系网络为平台，汇聚各方精英，开展决策咨询研究，为政府提供决策咨询。此外各类协会、研究会、校友会等组织也都可以在教育政策决策咨询方面发挥不可替代的作用。

最后我还想强调一下，在全面推进治理体系和治理能力现代化的今天，政府资源有限、社会智慧无穷，要充分认识我们已经进入到了"智成天下"的时代。中国教育政策智库要在转型发展和能力提升中赋予教育公共政策新的理念、新的视野、新的愿景，为推进中国教育综合改革、基本实现现代化带来巨大的"智力红利"。

# "公转""自转",转出智库[*]

## 一、"公转"与"自转"

我是 2003 年 2 月起任第十届上海市政协副主席,2004 年 7 月兼任上海社会科学院党委书记、院长。这两项工作的起始时间比较接近,工作内容也有关联。政协是一个大智库,而社科院是个实体智库,这两者都是围绕决策咨询工作开展建言献策。用今天的话来说,就是如何建设中国特色新型智库、提升国家软实力的问题。

白天我围绕着政协"公转",因为我是专职的政协副主席,围绕着政协的三项职能开展工作。到了晚上(广义的晚上,每天政协工作做完后就到社科院工作)我是上海社科院党委书记兼院长,是党政一把手,所以某种程度上是人家围着我转,由我来安排工作。这就是"公转"和"自转"的由来。

---

　　[*] 2019 年 3 月 30 日,由吴建民公益基金会和上海双平慈善基金会合作举办的"新时代中国软实力建设与企业公共外交"座谈会在上海召开。本文系接受吴建民公益基金会的专访。

王荣华：
"旋转门"中的
"王智库"

◎ 文/王泠一

▶《上海滩》杂志专访

## 二、从"思想库智囊团"到"智库立院"

2004 年 7 月，我来到上海社会科学院。上海社科院是新中国最早建立的社科院，是一所历史悠久、人才荟萃、成果丰厚、地位重要的科研机构。它立足上海、服务全国、面向世界，与一般的地方社科院有所不同。

我刚到社科院时，社科院经过几十年的起伏，面临着生存危机和发展问题。从那时起，我们开始了现在看来非常有价值，甚至一定程度上具有开创性的"智库"探索之路。我们根据国际经验，根据社科院的优势和不足，根据当时党和政府的要求，提出了建设社会主义新型智库的观点。过去政府部门的决策主要依靠经验，但是到了信息时代，经验决策不再适应社会的发展，必须科学决策。政府决策部门需要外脑，迫切需要有分量、有前瞻性和有针对性的研究和方案，因此我们提出的智库定位也应运而生。西方发达国家的智库起源较早，在智库建设方面有成熟经验，如美国兰德公司、布鲁金斯学会，英国伦敦国际战略研究所等，对于重大问题都会撰写报告，提出专业方案供决策部门参考。这一点很值得我们学习。社科院的优势是能够把理论和实践紧密结合，综合能力比较强。它不像高校那样做的是纯粹学术研究，也不像政府研究室那样通常出一些短平快的方案。社科院有学科门类，又跟政府部门结合得比较密切，因此能够结合实际作出中长期的规划和方案。直到提出这样一个理论与实践结合的明确定位，从"思想库智囊团"，到"智库立院"，上海社科院找到了其不可取代性，因而确立了存在价值和发展方向。

上海社科院智库定位的酝酿和讨论持续了两三年，这个过程中有交流也有交锋，最后达到交融，大家逐渐认同了这一定位。2007年，上海社科院发布了《关于构建国内一流、国际知名的社会主义新智库的若干意见》。这是国内最早关于这一主题的文件决定，反映了上海社科院率先实现智库意识的觉醒和目标定位的明确。首先，社会主义是我们的价值取向，这是我们与别国所办智库的最大不同，因此我们旗帜鲜明地坚持这一导向。其次，我们有800位研究人员、600名研究生，在国内地方智库中是最大的，我们如果做不到国内一流，没办法向党和人民交代。最后，上海作为国际大都市，有比较大的国际影响力，因此我们在国际上要做到"知名"。在这份文件中,我们也提出要努力把上海社科院建设为上海市委、市政府"用得上、信得过,靠得住"的思想库和智囊团。我们还自我加压,提出了"想得起、离不开"的建设目标,不仅要达到党和政府对社科院的要求,也要形成不可替代性,打造社科院的独特优势和自主品牌。

## 三、"四梁八柱"与世界中国学论坛的品牌打造

围绕这一目标和定位,我们推出了一些自主品牌,形成了自己的"四梁八柱"。我们举办了具有国际影响力的世界中国学论坛,大师云集的国家高端智库论坛,成立了全国首家智库研究中心,向全国和海外发布《中国智库报告》等,在一定程度上增强了智库建设的国际话语权和国家软实力。"世界中国学论坛"两年一届,目前已历七届。最初四届是我组织的。规模比较大,而且研究世界中国学的话语权在我们这里。随着中国的经济总量和国际影响力日益增长,中国受到了越来越多人的关注。当代中国发展的秘密在哪里?大家都愿意来参与讨论。纵观这五届的论坛,第一届主题是"和而不同"。当时世界普遍认为美国是"民主典范",美国也热衷在全世界推广其民主模式。然而我们说世界是"和而不同""同则不继",世界是丰富多彩的,要有多元视野。实际上,论坛作为中国的公共外交力量发出了自己的声音。第二届主题是"和平和谐"。当时有中国威胁论的声音,一些国家指责我们谋求霸权。但中国历来的文化精髓是和平和谐,我们阐明了中国要建立的是和平和谐的社会,追求的是和平和谐的世界,无论是理念、制度、价值、传统,中国的发展绝不会威胁世界,我们的发展是和平发展。这是对中国威胁论的回应。第三届的主题是"和衷共济"。当时国际社会希望中

国能在缩小南北差距、应对气候变化等非传统安全问题,包括联合国会费等议题上负起责任。我们说中国是负责任的大国,但是中国还是发展中国家,因此要承担共同但有区别的责任。整个世界的和平稳定也需要我们和衷共济、风雨同舟。第四届的主题是"和合共生",与前三届既一脉相承,又在内涵上递进升华,提倡在互相学习、互相借鉴的过程中实现不同文化之间的融合与共生。当时的上海世博会和谐办会、合作办会,就是"和合共生"的一个典范。所以我们"和"字当头的几届论坛在中国学者与各界的努力下,吸引了很多中外学者,"中国学"越来越从"隐学"走向"显学"。从第五届起,世界中国学论坛超越传统汉学视野域,更加突出当代中国,逐渐成为国务院新闻办和上海市人民政府共同主办、上海社科院和上海市新闻办联合承办的中国六大对外高端学术平台之一。

我们论坛的特点是主题鲜明、中外高层次学者荟萃、不重复官方说法,学者用学术语言来共同探讨问题。有一年我们邀请未来学家、《大趋势》的作者参加论坛,经纪人跟我们提出出场费要 25 000 欧元。后来我们直接打电话邀请奈斯比特本人。他说,这样一个高端论坛向我发出邀请是我的荣幸,我也研究中国,能够在这个场合听到那么多专家的意见,对我也是好事。于是他专程过来,免费作专题演讲。德国劳工与经济部长、社会党副主席沃尔富冈·克莱蒙特来参会并作演讲,也不要报酬。如果没有足够的国际影响力和分量,很难吸引这样高层次的政要和学者亲自过来。近年来世界中国学论坛已经办到了国外,在美国、韩国、欧洲、拉美都举办了分论坛。吴建民大使生前也很支持世界中国学论坛,每一届都受邀来作主旨演讲,参加圆桌会议,专门主持国际问题板块,对论坛的成功举办发挥了很大作用。另外值得一提的是,由上海社科院和外交学院联合主办、由吴建民大使担任总协调员的"东亚思想库网络"金融合作会议,这是能把报告建议送到东亚首脑峰会的唯一单位。

## 四、智库发展的"快车道"要防止三种不良倾向

现在中国智库发展很快,可以说"智库的春天"或者"智库的黄金时代"已经到来。中央很重视智库工作,人民日报、光明日报等许多报纸也有智库专栏。

中国智库现在最大的问题是"库"多"智"少。近年来大量智库如雨后春笋般涌现,中国已成为仅次于美国的智库数量第二大国。我们现在是智库大国,却还称不上智库强国。我们的短板是缺少高质量、高水平的智库,尤其缺乏具有国际影响力的顶尖智库。

当前智库发展进入了"快车道"。加强中国特色新型智库建设,注重智库的内涵发展,更好地服务于决策需要,要防止三种不良倾向:

一防变成"神学院"。我们的指导思想是马列主义,社会主义是我们的价值取向。但我们不能陷入教条主义,不能变成单纯的政策解释工具和他人意见的传声筒。

二防成为"翰林院"。我们不能让智库变成"奉命研究、奉命办院",唯领导意图是从,不敢越雷池半步。我们要紧紧围绕发展大局、社会经济重要问题,进行独立选题、独立研究。正如上海市原市委书记、市长汪道涵所说:"人云亦云不云,老生常谈少谈。"当然,独立性不等于对立性。

三防变成"养老院"。我们不能把智库变成年龄大的干部的"安置所"。但另一方面,智库也需要长期的学术积累。学术不吃青春饭,所以确实也要按照学术研究的规律,让学者的学术生命有一定的延长。

现在智库在高质量发展过程中遇到的障碍表现为三个"跟不上"和三个"不适应"。

三个"跟不上"：一是智库发展视野跟不上。我们归纳总结性的研究多，政策阐述性的研究多，前瞻性和战略性的研究少；二是智库发展能力跟不上。我们低水平的重复性研究多，抢夺课题和话语权的研究多，深度和专业性研究少；三是智库发展认知跟不上。智库现在如雨后春笋般涌现，各种机构贴牌、翻牌后都变成了智库。使用方对智库提供的咨询意见和方案也存在束之高阁的情况，有些地方主管部门还不是很重视，或者说不信任智库，对研究人员造成较大的压力。

三个"不适应"：一是智库评价体系不适应。真正完善合理的中国智库评价体系尚未建立；二是智库管理方式不适应。体制机制改革推进缓慢，尚未找到真正适合智库的管理方法；三是智库传播方式不适应。对瞬息万变的国内外环境来不及作出反应，难以开展深入分析，建立长效的沟通机制。

智库是国家软实力的象征，要发挥咨政建言、理论创新、舆论引领、社会服务，包括公共外交的功能。我们提出智库的问题是"库"多"智"少，就是要防止智库变成出产垃圾报告的造纸厂，成为"纸库"；也要防止智库为了商业利益，丧失公信力，为特殊利益集团发声，而成为敛财的"金库"。我们说国有国格，人有人格，"库"也有"库格"。智库的独立思考与坚守就是其"库格"，也就是健康的智库文化。只有建立了这一广泛共识，才能使智库拥有公信力，智库才有存在的价值。

第四编　为新时代呼唤人民教育家

孔子是古代的教育家；陶行知是现代的教育家，在当代，人民需要教育家，党的事业也需要人民教育家。

古往今来的社会需要教育家，这是因为个体之间先天的差别或微乎其微，后天的差异却堪比峰壑，其悬殊的差异源出于个体道德理性的成熟程度，而构成道德理性的基础是知识，把一切知识给一切人的人便是教育家。是以孔子倡导有教无类；是以陶行知以捧着一颗心来、不带半根草去的情怀为民众传播知识。可见，社会的进步离不开教育；教育的事业需要教育家的引领。从革命根据地开始，我们就有徐特立这样的教育家；在新中国的建设征程中，我们涌现出了一批又一批为党和人民的教育事业奋斗献身的教育楷模，于漪就是其中一位突出代表。

于漪身上鲜明地体现了教育家的品质。教育家的首要特征就是坚守讲台，勇于实践。于漪从教七十年，她没有离开过教育的第一线，不仅是当校长后没有离开过，即便是退休以后也没有离开过，她以积极投入的姿态参与到各种教育实践中,深入课堂,分析学生,研究教师,编撰教材,指导教研,唤醒教育者,影响决策者,为社会树立了一个时代的教师形象。教育家的第二个特征就是永无止境的教育追求,用于漪自己的话说,就是一辈子做老师,一辈子学习做老师。一辈子做老师是于漪作为教育家的外在表征;一辈子学习做老师则揭示了于漪作为教育家的品质的内在动力。教育家的第三个特征就是对教育的情怀,她把教育视为自己的使命,把学生视为自己的生命,把创新视为自己的天职。于漪一如夫子,循循然善诱人,立德树魂,教书不已、诲人不倦。作为教育家的于漪还有一个突出的特征,那就是为人民。不仅是于漪所教的学生多是普通民众的子弟,最根本的是,她立言立行、教书育人坚定地站在人民的立场上,不仅提出了"教育究竟是'育人'还是'育分'"这一"于漪之问";还表达了"教师一个肩膀挑着学生的现在,一个肩膀挑着国家的未来""今日的教育质量,就是明天的国民素质"这些融忧国忧教于家国情怀的"于漪之忧";此外,更是身体力行地作出了铸魂筑梦的"于漪之答"。

这些是我与于漪老师交识几十年得到的确凿印证,也是我们一以贯之地支持于漪老师所主持的各项活动的依据,还是我们第一个正式提出"人民教育家于漪"以及创建"于漪教育思想研究中心"倡议的理由。民族的大业离不开教育,党的事业需要教育,千万计的广大教师应以于漪为榜样,为党和人民的教育事业作出自己的贡献。

# 一辈子在讲台上深耕的
# 人民教育家——于漪<sup>*</sup>

12 月 18 日，党中央、国务院隆重召开了庆祝改革开放 40 周年大会，表彰了 100 位为改革开放作出突出贡献的"改革先锋"，于漪老师是唯一获得此崇高荣誉的中国基础教育界代表（中国基础教育有一千多万教师）。在中国基础教育四十年发展进程中，于漪老师堪称"改革先锋、时代楷模，是我们学习的榜样"。

在《于漪教育思想论文集——人文主义的教育理想》一书中，全国的教育名家尤其是语文教育专家分别从不同视角对于漪老师的教育思想进行了阐述研究，认为其思想深刻，内涵丰富，对深化中国教育教学改革特别是语文教学改革具有很强的引领价值。其实我们很早就在探讨怎样来研究和学习于漪老师的教育思想。但于漪老师说她不赞成人家研究自己，应该研究的不是她个人，而是基础教育地位和价值问题。于老师还谦虚地说自己是"草根老师"。但我认为，研究于漪老师，就是

---

＊ 2018 年在"人民教育家于漪教育思想研讨会"上的讲话。

在研究中国的基础教育。因为于漪老师是我们共和国自己培养的人民教育家,她从教近七十年,教龄与新中国历史几乎同龄,她的教育实践始终与我们的时代同向同行。当我们在迎接新中国成立 70 周年、纪念改革开放 40 周年的时候,必须认真思考,怎样认识于漪老师,怎样认识于漪老师的教育思想,怎样学习于漪老师的精神和品格,才能让我们每一位教育工作者都能像于漪老师那样,"一辈子做教师,一辈子学做教师"。前不久,在与教师学研究会的负责同志讨论这次研讨会的主题时,我提议于漪老师是一位"一辈子在讲台上深耕的人民教育家"。我之所以这么讲,主要基于三个方面:

## 一、于漪老师身上体现了"人民教育家"的崇高品格

作为一个教育工作者来说,没有任何荣誉高于"人民教育家"的称号。我理解,"人民教育家",应该具有其内在的品格,在于漪老师身上,我们看到了这种崇高的品格。

一是必须忠于人民的教育事业,始终以人民为中心,全心全意服务人民。于漪老师有众多的"粉丝"和崇拜者,她的魅力来自何方? 我认为首先来自于漪老师的大爱之心,是她从骨子里、血液里透出的那种把人民的孩子视为自己生命的炽热情怀。她把教育视为自己的生命,把教育看作一项值得终身为之奋斗和奉献的人民事业。她经常说,教育是一项伟大的事业,一头挑着学生的今天,一头挑着民族的未来。一句话,就是坚守人民的立场,与人民同在。

二是必须具有丰富的教育实践和深刻的教育思想,成为引领教育改革发展的先锋。于漪老师的教育事业始终扎根在中国,站立三尺讲台,她的思想体系,她的学术成果,是一堂课一堂课上出来的,是带着学

生和老师在校园里求学奋斗出来的。于老师说自己是一名"草根教师",实际上"草根"两字揭示了于漪老师成功的秘诀。她一辈子在讲台上耕耘,从来没有离开过讲台,即便现在已近90岁高龄了,她依然站在讲台上,给老师们讲课,给校长们讲课,给无数求知的人讲课,于漪老师的学生可谓是桃李满天下。于漪老师的实践从不按部就班、因循守旧,她具有深刻的教育思想,不断进行着教育的创新,走在教育改革发展的最前列。这不禁让我想起陶行知先生的一篇文章《第一流的教育家》(1919年4月21日《时报·教育周刊》第9号)。他说第一流的教育家,一要敢探未发明的新理,二要敢入未开化的边疆。敢探未发明的新理,即是创造精神;敢入未开化的边疆,即是开辟精神。于漪老师在70年的探索中,创造了无数个第一,她的教育理念和实践常新,在教育领域具有深远、广泛而又持久的影响,被称为"于漪现象"。我认为于漪是教育改革特别是基础教育改革创新的笃行者。

## 二、"于漪之问"发人深省、振聋发聩

于漪老师多年前即提出:教育究竟应该是"育分"还是"育人"? 这就是发人深思的"于漪之问"!

于漪之问,切中时弊,是"时代之问";于漪之问,引发我们每一位教育工作者从内心深处叩问自己:"我每天的教育教学工作究竟在塑造怎样的人?"因此它是"灵魂之问";于漪之问,触及基础教育本质责任,源自对我们民族如何自立于世界民族之林、我们如何实现中华民族伟大复兴的中国梦的战略思考,因此它又是"根本之问"。

深度分析,"于漪之问"包含了教育的三个层次:第一个层次是"育人与育分"问题;第二个层次是"工具与人文"问题;第三个层次是"自信

与他信"的问题。

于漪老师指出:"基础教育从事的是人的基本建设,给人的思想道德、行为习惯、科学文化打基础。"她说"教育是培养国家的后代,基础不打好,将来要补就相当于衣服上打个补丁,怎么补都不行。所以说基础教育极其重要,基础打好了,是一个人一辈子的财富"。可是现实中,受功利思潮的影响,我们却不知不觉地把手段当成了目的,好像教书就是为了考试,把分数和升学率看得比什么都重要,完全以应试教育为目的,以追求升学率为目标。这就偏离了育人轨道,使学生的健康发展受到严重伤害。因此于漪老师大声疾呼:把快乐还给童年! 把健康还给少年! 把活力还给青年!"于漪之问"让我们真切感受到于漪老师面对教育时弊的那种"锥心的忧思,竭诚的期望"。最近我听了一位高中学生讲了三个"越学越":越学越功利、越学越急躁、越学越自负,高中时求分,大学求排名,工作时求提拔,迷失自我。

于漪老师始终坚持教文育人,在 20 世纪 90 年代语文学科性质大讨论中,于漪老师发表了一系列文章,推动"人文性"写入全国《语文课程标准》。其实,于漪老师的人文思考,绝不局限于语文学科,而是包括对教育的整体思考。她一直呼吁,我们教育工作者应该站在文化平台上思考教育,要时刻警惕"泛技术化"的倾向,不能只是简单地从技能和操作层面来考虑怎么上课、怎么办学。从事教育的人,不管是当教师还是做校长,都不能只有工具理性,还必须有价值理性,甚至可以说,价值理性比工具理性要重要得多。在于漪老师的推动下,"工具性与人文性统一"被写入全国《语文课程标准》,深刻改变了语文教学的模式。此外,于漪还提出语文学科要"德智融合",充分挖掘学科内在的育人价值,将知识传授、价值引领和能力培养相融合。于漪老师始终强调,教育者要守住教育的精神家园,不能跟风走,受社会不良价值取向的影响,这就需要有一股坚守的定力,用于漪老师自己的话说就是"志存高远,守护教育者的尊严","在坚守中创造精彩"。

"于漪之问"进一步揭示的是"自信"与"他信"的问题。从 20 世纪 90 年代以来,于漪老师撰写了很多篇文章,谈教育自信力问题。她说:"我绝不会甘心让自己沦为西方教育理论的注脚。"这是于漪老师教育自信与民族自觉的高度概括,没有高度自信与自觉的人,是绝不会说出这样铿锵有力的话语的。于漪老师在《人民教育》上发表的一篇文章,题目就是"以教育自信创建自信的教育"。按照我的理解,于漪老师"教育自信"的思想,与"育分"还是"育人"的"于漪之问"在本质上是一脉贯通的。沉迷于"育分",究其实质就是缺乏教育自信的表现,因为分数的背后就是技术化的操练,机械的背诵就是完全数据化的测量学意义上的一整套西方教育话语体系。我们中国人口这么多,地域这么广,地区差异这么大,我们有我们的教育目标和战略定位,国情不同,怎么能照搬照抄西方的经验呢? 我们曾经走过一段"东倒西歪"的道路。我的母校解放初期曾提出办"东方莫斯科大学",改革开放不久也提过办"中国的哈佛",都没有成功。历史上看,从孔子、孟子等先哲前贤,到蔡元培、陶行知等公认大家,都给我们留下了丰厚的教育遗产;从现实来看,我们广大教育工作者在教育实践中积累了丰富的实践智慧。而我们纵贯古今的教育传统就是"仁者爱人",是永远把"育人"放在第一位的。

于漪老师有一个梦想,就是建立中国自己的本土教育学,而不是跟在西方教育话语后面亦步亦趋。今年,上海教育出版社与上海市教师学研究会通力合作,出版了洋洋几百万言的《于漪全集》。这套全集的出版,对于实现于漪老师的梦想来说,开了一个好头。因为《于漪全集》无论从教育学的内涵阐述来说,还是从教育学的呈现形式来看,都称得上博大精深。它体现了中国本土教育学的基本思想和基本线索,无论是基础教育学、课程与教材建设、教师学，还是学科教学论，都是开掘不尽的学术富矿，需要后续开展全方位的、深入的研究。六百万字是于漪一个字一个字写出来，绝不是起草组代拟过的。

## 三、应成立于漪教育思想研究中心，办人民满意的一流教育

多年来，我总是想一个问题：为什么是于老师而不是别人提出了这样的"于漪之问"？我认为，这源于她深刻认识并自觉运用马克思主义的历史唯物主义和辩证唯物主义的思想方法，认识中国国情和时代潮流，把握教育发展规律。

于漪老师提出，我们的教育要摆脱教育思想的矮子心态。她强调

▼ 与于漪老师（中）、时任市教卫工作党委书记虞丽娟（左）合影

办教育要有中国立场,改革开放要有方向、有立场、有原则,"有些不能改的,再过多长时间也不能改。特别是教育要坚持树魂立根,树民族精神之魂,立爱国主义之根。教师不能只做知识的教书匠,要坚定信念、对党忠诚、敬业爱生,中国教育必须始终要有中国心、中国情、中国味"。这些话语句句都掷地有声,值得我们去体会,去实践。

学术界有"红学",有"钱学",有"鲁迅学"。在这里我提议,我们教育界应该有"于漪学",要成立"于漪教育思想研究中心"。于漪教育思想的研究,既要着眼于研究当前教育中的难点和瓶颈问题,还要研究教育改革发展中的综合性、系统性问题,研究面向两个一百年的前瞻性问题。今天,上海教育已经站在了一个新的制高点上,2035 年全面实现教育现代化,2050 年全面建成卓越的全球城市。我们一定要把于漪老师的教育思想充分提炼出来,发扬开来。

上海市委书记李强在上海庆祝改革开放 40 周年的讲话中指出,上海是年轻的,风华正茂的,年轻就是用来奋斗的,就是要敢于冲锋的。时代赋予上海新的使命、新的机遇、新的舞台。90 高龄的于漪老师的教育思想依然年轻,充满蓬勃朝气,我们全体教育界同志都应该向于漪老师看齐,思考今天我们应该怎样当老师、怎样当好老师的历史性课题,把于漪老师倡导的深耕课堂等各项工作落实落细,发扬光大。

# 于漪教育思想是我们的共同财富<sup>*</sup>

## 一、"于漪研究"研究什么

"人民教育家于漪教育思想研究中心"今天正式揭牌了,这是新中国基础教育史上的一件大事,我和大家一起见证这个历史时刻,感到非常兴奋。

我们对于漪老师的关注持续了二十多年,于老师获得改革开放 40 周年"改革先锋"荣誉称号,又在新中国成立 70 周年时被授予国家荣誉"人民教育家"的称号。我们在思考,上海应该做些什么,我们教育基金会作为支持教育的社会组织,应该做些什么。近年理事会上,理事们达成共识:基金会要在精准选项、精准资助方面下功夫,特别要"目中有人",找准找对资助方向。而于漪研究就是值得我们重点支持的项目。我们与各个方面进行沟通,包括向市教卫工作党委、市教委领导专门作了报告,提出要专门资助于漪教育思想研究(记得当时市教

* 2020 年 9 月 5 日在"于漪教育思想研究中心揭牌仪式"上的讲话。

卫工作党委书记虞丽娟同志、市教委主任王平同志也都在场并给予高度肯定）。我们还在 2018 年 12 月与教师学研究会共同主办了全国范围的"人民教育家于漪教育思想研讨会"。

多年来，我们和于漪老师以及教师学研究会经常讨论和研究。当初，于漪老师不希望自己被当作研究对象，也不希望以她名字来命名，她认为自己只是一名"草根教师"。但后来为什么又同意了呢？因为于漪老师认识到这不仅是她个人的事，也是基础教育的大事。因为她有梦，那就是建立中国教育学，她有实践、有追求，她从教 70 年，岁月悠悠，往事依依，这一生的教育思想和实践的积累，要变成大家共同的财富。

关于于漪研究，大家都有很多思考，我也谈一下我的想法。我认为，要研究于漪教育思想及其发展轨迹，回顾于漪教育生涯、丰富的育人实践，梳理近七十年来的基础教育的发展历程和内在规律；突出语文教育思想研究、课题教学艺术研究、阅读写作教学研究、教育品格范型研究，重点阐述、回答于漪人文主义教育思想的基本内核与实践方式，为建立中国教育学而奠基。

于漪教育思想具有鲜明特点，除了对语文教育的重大贡献（尤其是把人文性纳入国家课程标准），极富时代性并且具有鲜明的实践特征外，我把它归结为三个方面："于漪之问""于漪之忧""于漪之答"。

"于漪之问"，即于漪老师多年前提出教育究竟是"育分"还是"育人"，这是时代之问，发人深思。这一问，切中时弊，引发讨论，触及基础教育本质责任。它包含了教育的三个层次：第一个层次是"育人与育分"问题；第二个层次是"工具性与人文性"问题；第三个层次是"自信与他信"的问题。

"于漪之忧"，忧什么？就是面对百年未有之大变局，忧教育安全、文化安全与国家安全,忧我们培养的学生是否符合党和国家的要求,"于之问"和"于之忧"蕴含着于漪的家国情怀和教育使命。

"于漪之答"就是用于漪老师的思考和实践,她的人生轨迹,回答了大家对教育的疑问和困惑。也就是归结到立德树人、铸魂筑梦,培养时代新人上。

这里,我还要再提一下"于漪之路"。于漪从一名草根教师成长为"人民教育家",她的成长轨迹、成长之路,她牢记教师的使命和天职,初心与恒心同在同辉,生命为使命而诗而歌,践行了习近平总书记所说的"有理想信念、有道德情操、有朴实知识、有仁爱之心"的好老师,为广大教师提供了学习的范例和深刻的启迪。

学习和研究于漪教育思想,将是我们教育界的一个永恒的课题,让我们共同努力!

## 二、当前形势下成立"人民教育家于漪教育思想研究中心"的重大意义

我们正处在"百年未有之大变局",不确定、不稳定,复杂多变,将是今后较长时期国际形势的特点,我们要做好较长时期面对复杂困难局面的准备。中央对上海提出了新的要求,上海"五个中心"建设、新的"三项任务",要上海创造新奇迹……要实现这些目标,人才是关键,而人才的培养,教育是关键,基础教育尤为重要。基础教育是基本、是基础、是基石,"基础教育的质量决定着民族的未来"。

人民教育家于漪老师以深厚的家国情怀和对教育根本问题的深刻洞见,提出了"于漪之问""于漪之忧",也作出了"于漪之答"。于漪之忧,是忧国忧教,忧我们培养的学生是否符合时代的要求、是否具有做

人的基本底线、是否具有炽热的爱国情怀。于漪之忧,具有鲜明的时代特征。当前,全社会对教育都高度关注,不可否认,在不同程度上,存在家长焦虑、学校焦虑、领导焦虑的现象……针对这些社会现象,要有破解这些难题的方法和路径,今天我们成立于漪研究中心,就是要在大局下思考、大局下谋划,通过研究,提出符合时代特征、上海特色的教育思想和教育理念,破解难题,更好地体现上海这座国际大都市的教育使命和责任担当。

我们于漪研究中心到底研究什么?教育的根本任务就是育德育人育英才,除了价值观的引领和品格的塑造,必须要深入到业务领域、学科领域。于漪老师说,上海在全国率先提出学科德育、德智融合等,很有影响,但在学科领域近年来很少有发言权。关于教师、教材、课堂、培养人才等重要方面,于老师鲜明地指出上海缺乏优势、没有话语权。目前上海在学科领域的影响力与它应有的地位还有一些差距。期待于漪研究中心将来对这些问题进行深入研究并提出有价值的决策咨询意见。

我们常说,榜样的力量是无穷的,于漪老师就是榜样。她是基础教育界的"一代宗师",是"泰斗",是一面旗帜,是一座金矿。我甚至认为,她开创了"于学"。我和我的同事们在研究于漪教育思想传诵(颂)工程时,提出要"知于""悟于""师于""践于"。于漪老师一直有个理想,那就是建立中国教育学、中国教师学,要树立中国的教育自信。我认为,要建立中国教育学、教师学,首先要研究于漪老师。于漪老师有六十余年从教生涯,她与共和国同步成长,她的教育思想和实践经过历史的检验,国家认可她,群众也认可她。同时,也要研究以于漪为代表的一批教育家、一批实践者。

今天我们怎么认识于漪?我认为,要通过比较来实现。于漪研究中心要研究、发掘更多的问题。比如说,"于学"的提法大家认不认? 这个可以讨论,通过讨论,进一步统一思想。

于漪老师是上海的光荣,是上海的骄傲,她近年获得了国家最高荣誉,这些都已经广为人知。今天,我想回答一个问题:今天我们来研究于漪什么? 老先进? 老楷模? 还是于漪老师广为人知的几句名言金句? 这些是否就可以了? 显然不是。"于漪之问""于漪之忧",她提出的几个重要问题是否有解了? 如:育分还是育人? 怎样认识语文的工具性和人文性? 我们的教育应该传承中国的、借鉴西方的,还是反过来? 为谁培养人、培养什么样的人? 这些问题有解了吗? 对于这些困扰着大家的问题,于漪老师是有思考的,我把它称为"于漪之答"。

于漪研究中心是有关教育智慧的集散地,是集聚和辐射。中心就是服务,这就是"中心"的鲜明特征,即研究是为了服务上海教育。不能关起门来搞研究,要解决问题,解决理论和实践的问题,特别是基础教育的问题。要有人"蹚方步"、提出方案,方案要把利弊分析清楚,而且要提出若干个方案供决策选择,保证科学性。

研究中心要成为教育智库的智库。现在智库很多,也很热,但怎么办好智库,尤其是智库的智库? 智库的智库是智库的大脑,它要研究国内外的智库,要研究历史和现实。有机会我愿意与大家分享上海社科院智库研究中心的实践案例。

我们要通过研究和传播,在于漪的旗帜下,集结起一支有追求、有担当、有理想、有信念的雄壮的队伍!

当今价值多元,在功利色彩、工具色彩较浓的复杂环境下,如何坚守正确的价值追求,教育要先行,教育的阵地要守住。这也是我们成立于漪教育思想研究中心的初衷和价值导向。

## 三、怎样在当前形势下研究学习于漪教育思想

在当前形势下,从以下三个方面学习研究于漪教育思想,将是"于漪教育思想研究中心"的工作重点。

于老师提出:教育究竟是"育分"还是"育人"? 我称之为"于漪之问";"于漪之忧",就是忧我们培养的学生是否符合党和国家的要求,忧我们的教育存在盲目崇拜西方的现象。"于漪之问"和"于漪之忧"蕴含着于漪的家国情怀和教育使命,是我们今后开展于漪教育思想研究的重要内容。

"于漪之问"和"于漪之忧",切中时弊,我们每一个从事教育工作的人都要从内心深处叩问自己:"我每天的教育教学工作究竟在塑造怎样的人?"这一"问"一"忧",源自对中华民族如何自立于世界民族之林、如何实现民族复兴的伟大中国梦的战略思考,它们触及基础教育的本质和责任,具有极为深刻的理论内涵和实践启示意义。

作为基础教育领域的"人民教育家",于漪老师的身上体现出了鲜明时代特征的三个要素。

于漪老师是与新中国同步成长的,这是第一个要素。中国教育历史悠久,源远流长,血脉赓续,薪火相传,每一个时代都有代表那个时代教育精神和教育高度的教育家。孔子代表的是春秋时期由贵族教育的官学向平民教育的私学转向时的教育高度;马融、郑玄等人代表的是两汉经学时代的教育高度;韩愈在佛教和道教盛行的唐代著作《师说》,发出了那个时代的"师道"最强音;而胡瑗、范仲淹、程朱、陆王等宋明先哲,则代表了书院教育时期的教育高度;蔡元培、陶行知、黄炎培、晏阳初等人是民国时期高等教育、中等教育领域的教育家。而于漪老师则

是新中国成立以来党培养的第一代"人民教育家",代表了中国教育发展到新中国这一历史时期所达到的新的高度。

"实践性"是于漪教育思想时代性的第二个要素。我们说于漪老师的教育思想是最接地气的,因为她的理论体系,她的学术成果,是一堂课一堂课上出来的,是带着学生和老师在校园里求学奋斗出来的。于漪老师总是说自己是一名"草根教师",实际上"草根"这两个字,揭示的恰恰就是作为教育家的于漪老师,一辈子在讲台上耕耘,即便现在91岁高龄了,她依然耕耘在讲台上,尽心培养新一代优秀教师和校长。

"人民性"是于漪教育思想的第三个要素。于漪老师在几十年的从教生涯中,始终与党和人民的教育事业同呼吸,共命运,对党和人民的教育事业无限忠诚。在她骨子里、血液中深植着把人民的孩子视为自己生命的温热情怀,她说:"教师的责任大于天,一头挑着孩子的现在,一头挑着民族的未来。"国家的发展,民族的命运,人民的福祉,是于漪老师思考教育问题、进行教育实践的根本立场。她在长期实践探索的基础上积累了对教育、教师成长、基础教育的整体思考和理论构建,形成了一套完整的教育思想体系。因此,"人民性"是于漪教育思想最鲜明的特征。

我在前面讲过"于漪之问"和"于漪之忧",为什么能够引起人们的普遍共鸣?因为这是"时代之问",是"时代之忧",它切中了我们这个时代基础教育的症结。

一是功利教育的症结。于漪老师说:"基础教育从事的是人的基本建设,给人的思想道德、行为习惯、科学文化打基础。"可是受功利思潮的影响,我们却自觉不自觉地把手段当成了目的,好像教书就是为了考试,把分数和升学率看得比什么都重要,完全以应试教育为目的,以追求升学率为目标,这就不仅偏离了育人的轨道,也使学生的健康发展受到明显伤害。因此于漪老师大声疾呼：把快乐还给童年！把健康还给少年！把活力还给青年！"于漪之问"让我们真切感受到于漪老师面对教育时弊的那种"椎心的忧思，竭诚的期望"。

二是工具理性的症结。她一直呼吁，我们教育工作者应该站在文化平台上思考教育，要时刻警惕"泛技术化"的倾向，不能只是简单地从技能和操作层面来考虑怎么上课、怎么办学。从事教育的人，不管是当教师还是做校长，都不能只有工具理性，还必须有价值理性，甚至可以说，价值理性比工具理性要重要得多。教育者要守住教育的精神家园，不能跟风走，受社会不良价值取向的影响，这就需要有一股坚守的定力，用于漪老师自己的话说就是"志存高远，守护教育者的尊严"，"在坚守中创造精彩"。

三是西语霸权的症结。于漪老师有一个梦想，就是建立具有中国特色的本土基础教育学，而不是跟在西方教育话语后面亦步亦趋。她用一辈子在讲台上孜孜以求、坚持不懈的耕耘与求索，来构筑自己的这个梦想。她说："我绝不会甘心让自己沦为西方教育理论的注脚。"于漪老师在《人民教育》上发表的文章，题目就是"以教育自信创建自信的教育"。

## 四、近期工作：开展"新中国基础教育教师成长规律探究"

开展"铸魂筑梦——于漪教育思想诵写讲活动"，我们把它看作是于漪教育思想的"传诵（颂）工程"。通过系列活动，广泛传播于漪教育思想。我们邀请到著名朗诵家、书法家、教育家、学校领导并发动广大师生参与到这项活动中。请朗诵名家带领师生诵读于漪教育论述精选片段；邀请教育名师讲述于漪教育思想精髓；计划征集十位老领导、十位现职党政机关领导、十位大学领导、十位中学校长、十位小学校长、十位于漪老师各个年代的学生,书写于漪老师的金句格言,或抒发对这项活动的感想。我们与市教委还将共同安排书法作品在全市学校巡展,7月3日,在上海香山中学举行了系列活动的启动仪式。

启动"新中国基础教育教师成长规律探究"课题研究。课题计划以三年为一个研究周期,围绕于漪老师的成长道路开展研究,旨在揭示具有中国特色的基础教育优秀教师的成长规律,从而推动上海市基础教育教师队伍的整体发展,并为基础教育教师队伍建设的政策设计提供参考。同时在研究过程中为上海市基础教育教师队伍建设探索经验,培育人才。

研究将重点剖析于漪从一名普通的基础教育一线教师成长为举世公认的"人民教育家"的发展历程,兼及其他优秀教师成长案例,试图揭示优秀教师成长过程所蕴藏的个性经验与共性规律,尤其是那些具有普遍性、可复制性的生命密码。其次,结合新时代背景下教师成长影响因素的考察,探究教师成长与社会经济、文化、教育内部生态诸要素的关系。同时,从纵向与横向两个维度开展比较研究,立足"新中国基础教育教师成长规律",横向上,结合国外教师队伍建设和优秀教师成长的经验;纵向上,通过中国教育史的研究,梳理中国传统教育发展过程中历代名师的成长历程。通过纵向与横向比较,从精神觉醒的完成、教育目标的深化、人才观念的发展、教育方法的完善等角度,抽绎其中影响教师成长与发展的内部与外部诸要素,并将这些要素纳入到教师成长历程的视野中加以考察与讨论,目的是"取其精华,去其糟粕",以域外的和我国传统教育的经验,丰富新时代基础教育教师成长的资源和养料。与此同时开展行动研究,选择具有潜质的优秀教师作为培养对象,通过读书学习、项目支持、平台搭建、名师带教、任务驱动等方式,将本课题研究过程与优秀教师培养过程相融合,一方面使研究本身成为培养人才的过程,另一方面使培养人的过程成为本研究走向深化与成果推广的过程。

可以说,对党和人民教育事业的无限忠诚,让生命与使命结伴同行,是于漪教育思想的精神内核,也是于漪老师不懈耕耘、不断创造的动力源泉和智慧源泉。学习和研究于漪教育思想,将是我们教育界的一个永恒的课题;而引领这一课题广泛而深入地开展,让于漪教育思想成为中国基础教育领域广大教师和校长的共同认识和自觉追求,"人民教育家于漪教育思想研究中心"义不容辞!

# 使命·生命·天职<sup>*</sup>

于漪老师是我们教育界的一面旗帜。六十多年来,她从一名普通的语文教师成为全国教书育人楷模,在平凡的三尺讲台上创造了非凡的事业。从我踏上教育工作岗位,特别是从事教育管理工作以来,于漪老师始终是我最敬仰的教育家。有人说于漪老师是"过去了"的"那代人",这是无知,是妄言。于老师的教育理论和实践,特别是身体力行的人格力量,不论过去、现在和未来,都是教育界乃至全社会的宝贵财富。她是大家公认的"我们心目中的好老师",对我个人来说,是我做事为人的一个标杆、一面镜子。不论是过去还是现在,每当遇到教育特别是基础教育上的困惑和难题,每当全国两会我去北京履行代表职责之前,首先就会想到要向于漪老师请教。而每一次拜访和交谈,都能让我获得思路上的启发和精神上的感染。年轻时应当激情澎湃,年长时则宜心平气和。我已年过古稀了,但讲到于老师,一种激情仍会油然而生。于漪老师的魅力究竟在哪里?我体会最深的有三点:使命、生命和天职。

* 本文系 2018 年为《人文主义的教育理想·于漪教育思想研究论文集》所作之序。

第一，把教育视为自己的使命。于漪老师不把教育看作一种职业，而是看作一项值得终身为之奋斗和奉献的崇高事业。于漪老师说："你既然选择了当教师，你就选择了高尚。"她还说："我的理想是做一名合格的教师。所谓合格，就是不负祖国的期望、人民的嘱托。"她将自己的工作与祖国、民族的命运紧紧联系在一起。正是为了这个"合格的教师"，她奋斗终生！在从事语文教学工作时，她会为了一篇课文的讲解而废寝忘食地寻遍各种书目；在担任班主任工作时，她能以瘦弱的身体背负患病的学生夜行十几里路程。如今，于漪老师虽然已经离开一线讲台，但依然心系教育事业，经常每天工作十几个小时，把自己的晚年无偿地奉献给她终身热爱的教育事业。她争分夺秒把从教的经验总结出来，出了一批丛书；她手把手、心对心地培养青年教师，不遗余力，已见成效。于漪老师说自己"一辈子做老师，一辈子学做老师"，这是她的人生感悟，更是她的人生信仰。于漪无愧于教师"师魂"的称号。

第二，把孩子视为自己的生命。为什么于老师对教育工作始终会有如此旺盛的激情？我想，"源头活水"就是她对学生发自内心的深深的大爱。于漪老师说："我的生命在学生身上得到延续。"朴素的话语中饱含的是一位母亲对孩子的爱。但是，作为一名教师，于漪老师对学生的爱又超越了母爱。她说，"教师一个肩膀挑着学生的现在，一个肩膀挑着国家的未来"，教师"每一堂课的质量，都影响着孩子生命的质量"。所以，她讲授的每一节课都是"用生命来歌唱"。在于老师的这些肺腑之言中，我们可以感悟到她对学生的真爱。怎样才是真正地爱学生？于漪老师说，教师首先要教学生学会做人，成为大写的人。她说，一个"人"字，一撇、一捺，都非常重要，都必不可少，少了一笔，就不能称其为"人"。我们现在把90％以上的精力用在知识技能训练上，"唯分数论"在多数学校和家长那里还很有市场，在教会学生如何做人这一条上却

▲　与人民教育家于漪亲切交谈

做得很薄弱。现在社会上缺乏诚信,责任在谁? 公权力的公信力下降,社会公共道德约束力下降,难道社会精英、领导者不应该反思吗? 社会上有这问那问,于老师有一问:教育究竟应该是"育分"还是"育人"? 这是发人深思的"于漪之问",触及了教育中最根本也是最现实的问题。于漪老师大声疾呼:把快乐还给童年! 把健康还给少年! 把活力还给青年! 正因为缺少快乐,学生在大学阶段要"补回失去的童年"! 人大代表讨论这个问题时言辞激烈,但又感到些许无奈,促使我们对教育进行深刻的反思:育分? 育人? "于漪之问"也让我们真切感受到于漪老师对孩子超越一般母亲的至真、至深的爱。

　　第三,把创新视为自己的天职。于漪老师从教以来,始终站在教育教学改革的最前沿。即使现在年近 90 岁高龄,她依然以敏锐的思维关注着教育改革,研究不断,笔耕不辍,探索不止。我曾不止一次聆听于漪老师的报告或讲座,每次报告都有新意,都让人感到是一种享受。于漪老师精神的宝贵之处就在于绝不重复自己,不断在超越自己。于漪老师的教育理念始终常新,始终引领着未来。这又让我想起于漪老师说过的一句话,做教师首先要"智如泉涌"。"智如泉涌",是于漪老师的职业追求,也是她人生的真实写照。为了这个"智如泉涌",于老师将每一次教学都作为一种创造。正是这种执着和不断的创造,才使得于漪老师能从原本不是语文专业科班出身的"外行",成为当今全国公认的语文教育大家。更难能可贵的是,于漪老师的教育思想不仅影响语文教育,还深刻影响到学校德育工作、教师培养等教育改革发展的各个重要领域,对上海乃至全国基础教育改革发展产生了广泛而深远的影响。

当前上海教育正处在全面落实国家和上海中长期教育改革和发展规划纲要、推进国家教育综合改革试验区建设、推进上海基础教育转型发展的关键时期。我们正在深入学习贯彻党的十八大、十九大精神,要把社会主义核心价值体系融入国民教育,加强学校德育体系建设。教师是人类灵魂的工程师,是学生成长的领路人,也是全社会的道德楷模和文明示范。百年大计,教育为本;教育大计,教师为本。有好的老师,才能有好的教育。

回顾于漪老师的从教生涯,总结于漪老师的教育思想,可以说,以信仰为引领,让生命与使命同行,是她不懈耕耘的动力,是她丰硕成果的源泉。今天,我们开展于漪教育思想的研究工作,关键在于如何弘扬于漪老师的精神,让这种精神成为上海教育的主旋律,成为广大教育工作者共同的价值追求。

# 曙光人的神气、担当与感恩<sup>*</sup>

曙光计划，是政界、学界都高度重视、高度评价的项目。曙光学者，是一个有光环的称号，是一个响当当的称号，也是一个神气的称号。我们进入了这个大家庭，从此就有了一个新的身份——曙光学者，这将终身相随，这意味着荣誉、责任，也意味着我们进入了一个方阵，迈上了一个台阶，一个层次，可以预期，将来我们国家的专家、大师、大家，在我们这个群体出现的概率是很大的，我们相信大家会创造业绩。

"曙光计划"是基金会与市教委共同实施管理的一个人才培养计划。我认为这个计划不是应景的，不是一次性的，而是长期的，是高层次的青年人才计划。因为这个项目含金量高，它具有专业性、权威性。活力后劲看曙光，我们对曙光学者都寄予了很大的期望。我们也多次讨论，基金会现在已经达成共识要加大对曙光学者、曙光计划的建设力度和资助力度，不管是人文社科还是理工自然科学，我们都有比较大幅度的增加，并且我们会点对点到人。

---

＊ 2019 年 6 月 27 日在"曙光计划学术交流研讨会"上的讲话。

　　曙光计划除了继续与市教委通力合作外,还要明确其功能定位,对曙光计划的简单了解可以通过几个主题词进行:第一是面向青年,超过年龄的就不在我们的范围了,这一计划是第一推动力、第一途径,我们要给有潜力的青年学者;第二是着眼于拔尖创新,我们不是救济,不是天女散花,而是着眼于拔尖、创新;第三要建立曙光文化,产生曙光效益。

　　接下来,我作为一个 40 后的同学,讲四点可能对大家有一些借鉴的寄语。第一是身份认同,第二是初心,第三是担当,第四是感恩。

　　第一是身份认同。同志们是曙光学者的身份,但我们还有另一个身份是一名光荣的人民教师,我们的根本任务是培养学生,我们要做党和人民满意的好老师。新时代好老师的标准是什么? 标准答案是 2014 年习近平同志在北师大教师座谈会上的讲话,"四有":有理想信念、有道德情操、有扎实学识、有仁爱之心。首先是理想信念,好老师是经师和人师的统一,"传道授业解惑",传道是第一位,如果只授业解惑不传道,充其量是一个经师,是句读之师。所以好老师心中要有国家民族,肩负使命和社会责任。3 月 4 日,是谢希德逝世的纪念日,她给我最深刻的印象并不是她研究的固体物理,而是五个字"我是中国人"。她在"文革"中被审查,后来在 80 年代出国大潮的背景下,她被询问为什么要回国,她说"因为我是中国人"。所以谢希德的人格力量来源首先是国家民族,但凡是成就大事大业的大家都具有这样的人格。好老师我认为应该是规范的社会主义核心价值观倡导者和自觉行动者,要有正确的价值观念,要用自己的学识、阅历、经验点燃学生对真善美的向往,我建议大家向于漪老师学习,她 90 岁高龄,一辈子在讲台上耕耘。2018 年底我们召开于漪思想研讨会,她各个年代的学生都来讲于漪老师的思想精神,提及最多的,最感动大家的是于漪老师的大善大爱之心,其次是于漪老师高尚的道德情操。道德情操是好老师践行使命的重要品质,是以德施教,以德立身的楷模。教师的职业特性决定教师必须具有高尚的道德,选择了教师行业就是选择了崇高、选择了献身,好的道德情操需要在自我修养中提升。陶先生讲过"捧着一颗心来,不带半根草去"。好教师应该自觉遵守精神家园,人格底线,知行合一。对老师来说,什么是最好的回报? 我认为学生的成长、成才、成人,桃李满天下,是对老师最好的回报。第三是于老师扎实的学识、精深的专业知识。教师要有广博通用的知识,宽广的胸怀,授人以鱼也要授人以渔。教师要树立强烈的创新意识,这就需要一方面有科学的教育理念,包括前沿的科学成果;另一方面也要掌握批判、探究的能力。有的时候我们需要"跟的""仿的",但最终能否站得住脚,还是要看创新。创新是建立在批判基础上的。教师要耐得住寂寞,板凳一坐十年冷。2018 年 11 月我们表彰奖励了曹鹏先生和徐根宝先生,徐根宝先生十年磨一剑,在崇明办足球学校,从足球抓起,这一项事业如果坚持下去将来还是有希望的。于漪老师给大家留下深刻印象的是仁爱之心。仁爱之心是教育的灵魂,教育是一个仁而爱人的事业,我们应该平等地对待每一个学生,包括暂时后进的学生,尊重他们的个性,理解他们的情感,包容他们的不足,引导他们的错误,善于发现他们的长处弱点,让所有学生成长为有用之才。今天我们获得曙光的称号,我们很神气,但是一定要谦虚、要淡定、要理性,要有担当。谦虚淡定理性,是吴建民的话语,担当是我补充的,有了曙光学者身份的教师要比一般教师的要求更高。

第二是初心。此次市级机关纪念改革开放四十周年,让我们写征文,我写了一幅书法:沧海横流、勇毅笃行、初心不忘、英雄本色。这主要是讲我国改革开放以来四十年的变化,具体到我们每个人,今后的人生事业的过程都是艰辛苦累的,有顺境也有逆境,大家一定要咬牙坚持。这段时间我在看《辛弃疾传》，不同的年龄看是不同的感受，年轻时谁都能背几句"郁孤台下清江水"，现在再看感慨良多。辛弃疾一生抗战，以恢复山河为志，他命运多舛，慷慨悲歌，壮志难酬，报国无门，最后讲了一句"廉颇老矣，尚能饭否？"他生在金国，21 岁组织了两千人起义抗金，投到耿京的门下，结果耿京的部下张安国叛变，辛弃疾带领 50 人马冲到几万人的张安国阵营中，将其抓来，抓至草地正法，"壮岁旌旗拥万夫"。但是他一生不得志，他立足抗金，但在任职期间，因多重原因，最终被免去所有职位，到晚年重新启用，但他推辞不就职。辛弃疾 68 岁去世，去世时大喊两个字"杀贼"。他有很多诗，在诗作方面，苏东坡和辛弃疾二人齐名，但最打动我的是他临终前在梦中喊"杀贼、杀贼"。我们在编审教材时，涉及一些历史人物进不进教材，比如岳飞、陆游、辛弃疾、霍光、卫青……对于他们，学界有不同看法。以屈原为例，屈原是爱国的，他爱楚国，但从大一统的历史潮流来看，屈原对楚国的态度对整个国家来说是一种割据，因此说屈原不能算是爱国人物，不能进教材，他的爱国是局限的。这一度引起了社会哗然，包括岳飞在内的许多人物都写不进教材，对此我们也再次进行了讨论，最终将这些人物称为是"历史上"的民族英雄，以此来解答之前的问题，我们希望让大家看到的是诸如屈原等人身上的那种精神。大家将来必定有很多诱惑，大家进入这个方阵，有光环，有神气，但也一定有诱惑，以前就有一些人守不住底线，急功近利，学术造假，被人举报。所以我们要不忘初心，坚持梦想，卓越与平凡之间的差距就在于坚持。我们不仅有夏天的激情，也要耐得住冬天的寂寞，不为浮名所累，不为短利所扰，秋天才会硕果累累。

第三是担当。我们说顺势而为，不可逆势而取。我们要看潮流、看大势，在大局下行动。有一句俗语是，"站在风口上，一头猪也可以飞起来，不在风口上，一张纸也飞不起来"。这句话其实就是在讲顺势而为。

马克思主义的基本观点是具体问题具体分析,我们不可离开历史条件,要做历史条件许可的事,拿今天的标准裁定历史、要求故人,这不是马克思主义观点。所以,在今天很重要的是去极端化,最有利的武器是要实事求是,只要实事求是,就能够站得住。勇气、胸襟、担当、视野,我们可以自豪,但不可自大。我听了《科技日报》总编讲的我国32项核心技术与国际上的差距,他说我们现在是发展中国家,在科技方面与美国的差距还是很大的。我最近听了从美国回来的一个学者型领导的讲话,他与美国前国务卿交谈,他说美国人现在有几句话不要听,"共赢""太平洋可以容纳两个国家""共同体",美国并不会想要和中国实现"共赢",形成"共同体",在未来,中美关系将是最大的不确定因素。这说明未来更需要广大科技工作者和全社会共同奋斗,历史的重担落在同志们身上,将来我们要做"跟跑者""并行者",更要做"领跑者"。我认为在你们肩上的不仅是责任,责任是谋生,仅是在在职岗位上做好自己的工作,还有使命,同志们肩上承担的应当是时代赋予的使命。

最后是回报社会,感恩。"得诸社会、还诸社会"是叔蘋奖学金的宗旨。滴水之恩,涌泉相报,感恩是一种生活态度,更是一种思想境界,是做人的基本,它来自对生命的爱和希望。一个人懂得感恩可以走得更远,我认为很多时候个人与他人的关系搞不好,个人与集体的关系搞不好,其中很重要的就是不懂得感恩。感恩,一方面是要将本职工作做好,另一方面是与善同行,我们不必等到老年才想起做善事,其实在中年、青年时就可以开始做。与善同行,方能久远;与善同行,其梦也美。我们曙光学者有着这样的传统,我们捐赠了安源曙光希望小学,成立了"曙光奖励基金",2007届的曙光学者还"领养"了十余位贵州困难家庭的学生,帮助他们完成学业。这些行为都是自觉的,没有人动员的,这都是一种情怀。

# 课堂是青年教师自身成长的舞台<sup>*</sup>

教师是人类灵魂的工程师,承担着学生健康成长的指导者和引路人的责任。教师的职责,不仅是教书,更肩负着育人的神圣使命。什么是育人? 简而言之,就是立德树人,就是培养全面发展的人。于漪老师很早就提出过,教书要为育人服务。一个语文老师,教语文是他的天职,要教会学生正确使用中国的语言文字,提高他们听、说、读、写的能力。但教会学生拼音、生字、标点,让学生明白课文的意思,这只是基础,或者说只是手段。学生读通了课文后,明白了课文的意思,长了一些知识、有了一些思考、多了一些智慧、更明白了一些做人的道理,这才是最宝贵的收获。如果只是停留在今天掌握了几个生词上,那是最大的得不偿失。教师若只"教书",说到底只是教书匠;在"教书"的同时"育人",才有可能成为塑造学生灵魂的工程师。

我们说,立德树人,教师是关键。传道者自己首先要明道、信道,教育者自己要先受教育。如果老师是一潭死水,那么又如何培养自己的

---

　＊　2017 年在"上海基础教育助力'新秀'教师教学展示与教学论坛(语文学科专场)"上的讲话。

学生成为一个不断学习、不断提高的人？如果老师是一个习惯很差的人，那又如何督促自己的学生养成良好的学习习惯？如果老师重分轻德，那又如何培养自己的学生成为德智体美全面发展的人？所以，只有当老师自己在不断地要求自我、砥砺自我、提升自我，只有当教师坚持教书和育人相统一，坚持言传和身教相统一，坚持以德立身、以德立学、以德施教，才能更好地育人，才能真正担起学生健康成长的指导者和引路人的责任。

培养学生的学习习惯，提升学生的学习能力，是一个大课题。孔子在《论语·为政》中说："吾十有五而志于学，三十而立，四十而不惑，五十而知天命，六十而耳顺，七十而从心所欲不逾矩。"这是在说，人生的每一个阶段，都有每一个阶段特有的人生状态。十几岁的时候，人正如一轮冉冉升起的朝阳，充满了朝气和志气，正是蓬勃向上、有志于学的时候。到了七十，像我这样，就垂垂老矣，想学就要加倍努力了。大家都应该深有体会，婴幼儿至青少年时期，是一个人学习的黄金时期，过了这个阶段，记忆力、学习力就开始走下坡路。所以说，在我们十几年乃至终身的教育中，基础教育对人的培养而言至关重要。基础教育，特别是小学教育的重要性毋庸讳言，好比地基之于大厦，儿童时期的教育对一个人来说可谓影响终身。还是拿造房子来比喻，知识好比是砖瓦，而学习习惯和学习能力则是钢筋和水泥，是搭建学习大厦的精髓。此次新秀教师在课堂的主题——"培养习惯·提升能力"，正是抓住了基础教育的精髓。

课堂和讲台是教师教书育人的主阵地，也是教师自身成长发展的大舞台。于漪老师及教师学研究会精心策划设计"新秀教师在课堂"系列活动，首先为本市青年教师搭建了一个课堂教学研讨与交流的平台，通过主题性的研究讨论，引导优秀青年教师真正把精力聚焦到课堂教学上，不断提升自身综合素养和专业水平，把课上得扎实，上得精彩，进而发挥行动力量，锤炼思想深度，彰显教育魅力。

其次，"新秀"教师教学展示与教学论坛还催化了青年教师的教学思想，助力青年教师的成长与发展。在教育综合改革大背景下，上海基础教育面临着新的发展契机。在课程改革的层面上，各学科领域有一些青年教师，对教学不乏独到的思考、深入的研究和别开生面的实践探索。这是一支课程改革的生力军。

再次，举办"新秀教师在课堂"系列活动，集聚优质资源，提供平台支撑，有利于使他们教学思想更臻成熟，教学实践更趋扎实，从而为教育综合改革取得成功提供重要的思想资源和后备人才保障。

最后，通过系列活动发现人才，为"好苗子"定制成长方案。毋庸讳言，当前上海基础教育高端教师队伍的现状，存在着卓越教师乏人、后续人才不足的问题。通过专家的"会诊"与示范、培养与指导，让那些教师中的"好苗子"坚定教育信念，认清使命责任，明确发展方向，使之能够脱颖而出，成长为上海基础教育领域高端教师队伍中具有引领性和影响力的新生力量。

# 胸怀大爱之心，奉献"热泪"事业 *

"820"是教育者的发声地，是教育工作者的交流盛会。

上一届"820"大会，我们憧憬、讨论"未来教育"。本届的主题则是"以热爱拥抱未来"。有位伟人曾说过，"热爱"是最好的老师。爱，是家庭教育的基石，是一切教育的出发点。时光荏苒，半个多世纪过去了，回忆学生时代，我们最感谢的是亲爱的老师，始终难忘的是师生之情。

爱的教育所呈现出的底色瑰丽而恒久。没有对学生的爱，就没有教育。老师热爱自己的事业，就能坚贞，始终不渝；热爱自己的学生，就能无私，甘于奉献。教育是心与心的碰撞，是灵魂的对话，是"热泪"事业。马克思曾说过，如果我们选择了最能为人类福利而劳动的职业，我们就不会为它的重负所压倒，因为这是为全人类所作的牺牲；那时我们感到的将不是一点点自私而可怜的欢乐，我们的幸福将属于千万人，我们的事业并不显赫一时，但将永远存在；而面对我们的骨灰，高尚的人们将洒下热泪。而教育，正是这样一份崇高的事业，是太阳底下最光辉

———————————

＊ 2019 年在第七届"820WWEC 教育者大会上"的主题报告。820WWEC 教育者大会（简称"820"）是国内第一个以日期命名的、大型泛教育产业高峰论坛。

的职业。

教育不仅是一门科学，也是一门艺术。艺术贵在创新，教人求美。美也是道，如何做到重器重术不轻道，是时代的课题。从重工具性到重人文性，是当今教育的使命，国家统编教材中"核心素养"的提出，就是要实现这个转变。

好的教育，应该让每个学生都得到全面而有个性的发展，让每个学生都有出彩的机会，这就要求教育必须为学生的未来作准备。我们要牢记邓小平同志关于"教育要面向现代化、面向世界、面向未来"的指示，而三个"面向"中没有面向过去。面向未来，就是培养学生不断学习、重新学习、学会学习的能力，使学生成为终身学习者。

当今世界的一大特点就是"变"。沧海桑田，一切皆流，一切皆变。而变，也包括科技。人工智能的发展，正深刻改变着人们的生活方式、工作方式、思维方式和行为方式，甚至会改变"主义"，这就要求我们不断反思、预测和行动。反思比回忆更重要，感悟比感知更深刻。正确地预测未来、把握未来，就可以从不断变化的世界中找准并及时调整自己的位置，为前所未有的变革作好准备。

教育要面向未来，就要应对挑战，应对人工智能、大数据等新技术带来的变化。成功的教育绝不仅仅是，也不再主要是知识的复制粘贴，而是创造性地应用知识。这就要求每一个学习者具备批判性思维和解决问题的能力，学会交流和团队合作，掌握和利用具有潜力的新技术。

教育要适应未来社会，满足发展需求，培养合格的明日栋梁，就必须聚焦在根本任务上，那就是育人，就是立德树人。拥抱未来，就要重视、培育学生的非智力因素和品质，譬如人文素质、社会责任感和团队合作精神；拥抱未来，就要注重跨学科、跨文化的通识教育，突出人性陶冶、进行"善"的教育，造就可持续发展的人；拥抱未来，就要重点培育

"学习力",在开拓学生创造性和动手能力的基础上,开展研究性学习,引导学生知行合一,不仅读好学校课堂的教科书,还要读好社会实践的教科书;拥抱未来,就要厚植家国情怀、开拓全球视野,防止狭隘的民族主义、民粹主义和极端主义,做理性、平和、谦虚的大国公民,担当共建人类命运共同体的历史使命。

党的十九大报告提出,要"培养担当民族复兴大任的时代新人";全国教育大会提出,要"培养德智体美劳全面发展的社会主义建设者和接班人";上海市教育大会提出,要"让每一个学习者都能享有人生出彩的机会"。出彩的关键是什么? 中国教育的短板在哪里? 是教育投入不够? 是教育公平不足? 是师资水平不高?

中国教育目前在世界上处于中上水平,取得了巨大成就,但也有明显不足。前段时间,上海有一份教育改革发展的《征求意见稿》,其中称上海教育已处于国际先进水平。我对此提出异议,认为至少不能用"完成式",而应该是"进行时",因为素质教育并没有真正完全落地。中国教育的一大短板就是学生负担过重,教材过深、过难、过繁,缺少鲜活性,严重影响学生的学习兴趣,损害学生的创新思维,忽视学生的素质教育。

很多人诟病中国学生做题能力一流,但创造能力低下。殊不知,创造力来自创新精神,创新精神来自活跃的创意,创意来自对生活的激情,而激情则源自内心的热爱。热爱是一切事业成功的源头动力,给学生一碗水,教师需要一桶水、一潭水,需要喷涌不竭的活泉之水。在教育实践中,学生是主体,教师是主导。优秀的教育工作者,一定是热爱学生,具有仁爱之心的老师,也必定是尊重教育规律、尊重学生成长规律,能够守住教育初心、牢记育人使命、热爱教育事业的人师。

在基础教育界,其中一位榜样就是上海中学老校长叶克平。他1927

年参加革命,一辈子在学校教书育人。在上中的校园里,有一尊他的铜像,铜像下镌刻着叶校长的一句话:"没有对学生的爱,就没有教育。"叶校长不仅喜欢品学兼优的学生,也真诚保护过犯过浑、有过错,甚至在"文革"中打过他耳光的学生。事后,他对这位学生所在单位来外调的同志只说了一句,"当时,他只是一个中学生。"此外,再也不多说一个字。

在基础教育领域,还有一面旗帜就是于漪老师。她热爱学生,尊重学生,敬畏学生,把教育视为自己的生命。在中国基础教育四十年的发展进程中,于漪老师堪称"改革先锋""时代楷模""人民教育家"。

于漪老师说,"站上讲台,就是生命在唱歌"。"选择了做教师,就是选择了高尚。"一辈子做老师,一辈子学做老师的她,上了两千多节公开课,其中五百节是公认的经典示范课。从教 70 年,于漪老师写下了六百万字 21 卷的教育心得,培养了成百上千的优秀教师。

"教育是一项伟大的事业,一头挑着学生的今天,一头挑着民族的未来。"很早之前,她就针砭时弊,严肃提出教育究竟是"育人"还是"育分"的时代之问、根本之问、灵魂之问。她鲜明指出,"反季节教育"违反教育规律,违反学生身心成长规律,并大声疾呼"把快乐还给童年,把健康还给少年,把活力还给青年!"于漪老师用几十年的教育实践,提出了"于漪之问",也回答了"于漪之问"——"教育就是育人,就是引领孩子走一条健康、正确的人生之路,让每一个孩子都能够德智体美劳全面发展"。

在高等教育界,也有两座灯塔,一位是苏步青,还有一位是谢希德,两位都曾担任过复旦大学校长。

苏步青是国际著名的大数学家,但他的成就不止于数学。他一生追求、实践"青蓝效应",并成为美谈。苏老常说,大家都说"名师出高徒",我不是。相反,我是"名徒出高师",靠学生扬名。他坚持认为,一个老师教出的学生不能超过自己,那就是这个老师不合格。苏老的理念和实践被中央领导称为"苏步青效应"。

谢希德,被邓颖超称为中国重点大学女校长第一人。在谢校长逝世的追悼会上,前来悼念的人很多,龙华大厅里的花圈多得放不下,一直摆到马路上,甚至还有并不相识的人坐着轮椅前来送行。时任上海市委副书记陈至立同志问我,"谢校长是研究固体物理的,知道这个专业的人并不多,怎么会有那么多人来送行?"还没等我回答,至立同志就自己讲出了答案:"这主要是谢校长的人格力量感动了大家。"

最重要的人格力量是爱国主义。最让我们震撼、感动、钦佩的,不是谢校长的专业、能力,而是其为人,是她始终如一的爱国情怀。

▼ 聆听苏步青校长教诲

谢校长曾在不同的年代被问过同一个问题："你为什么从美国回到中国?"她也始终用同一句话来回答："因为我是一个中国人。"

20世纪50年代,正值新中国成立,百废待兴。谢先生面对美国的阻挠和父亲的反对,顶着重重压力,和丈夫曹天钦冲破层层阻挠,绕道英国,回到了祖国的怀抱。当时就有人问她："你在美国有那么高的名望、那么优越的工作和生活条件,你为什么回国?"谢希德回答："因为我是一个中国人。新中国刚成立,我理应为国家效力。"

60年代,谢先生被关进"牛棚",接受劳动改造。当时有人怀疑她是美国特务,问她为什么回国,让她交代回国的动机,是不是有什么"特殊的任务"。她也是同样的回答："因为我是一个中国人。"

到了80年代,中国涌现一股出国大潮。大家都想走出国门,到国外读书学习。许多人不理解,谢校长为什么会放弃美国那么优渥的研究环境,那么舒适的生活条件,回到国内吃苦。而谢校长仍然用同样简朴的话语回答："因为我是一个中国人。"

不同的时间背景,不同的历史环境,不同的人以不同的动机问谢希德校长,她都是同样的回答："我是一个中国人,我的根在中国,为中国服务是我的天职。"

还有一群人,他们不是教师,却心系教育;他们不在校园,却桃李天下;他们不求回报,只为下一代的健康成长。其中一位突出代表,就是曹鹏老先生。

曹鹏同志是新四军老战士,也是著名的音乐指挥家。他爱孩子,更爱生了病的花朵,他非常关爱自闭症儿童。现今94岁高龄的他,十多年来坚持不懈地探索实践,用音乐开启自闭症儿童的心灵。当那些起初连爸爸妈妈都不会叫的孩子,通过音乐治疗能开口说话,喊出爸爸妈妈,甚至能完整说出"祝曹爷爷活到120岁"时,家长为之动容,观众为

▲ 与谷超豪（左三）、胡和生（左二）、李大潜（左四）三位
　院士等合影

之热泪盈眶。

　　曹鹏除了身体力行外，还不停呼吁为自闭症孩子办一所专门学校。他痛陈这是他此生最大的心愿。我们深深感佩曹老对自闭症儿童的拳拳之心、殷殷之情。我们也希望全社会能有更多的爱心人士加入公益慈善的队伍中来，共同播撒爱的种子。

　　真理力量伟大，榜样力量无穷。我希望少宣传点明星私事，多宣传点时代英雄，宣传这些优秀教师的事迹，让更多的后来者到他们的旗帜下集结、站队，汇成一支雄壮而不是悲壮的队伍。

# 士不可不弘毅 *

中华民族历来有尊师重教的优良传统和文化积淀，国家要发展，人才是关键，青年是未来。怎么优先发展教育，成为党中央、国务院牵挂的头等大事。

要发展教育，提高教育质量和水平，教师是其中最重要的因素。在强调优先发展教育事业的同时，党中央、国务院再次把关注的目光投向了教师队伍建设。国务院明确指出，就是要进一步形成尊师重教的浓厚氛围，让教育成为全社会最受尊重的事业；就是要培养大批优秀的教师；就是要提倡教育家办学，鼓励更多的优秀青年终身做教育工作者。

教育大计，教师为本。如果说教育是国家发展的基石，那么教师就是奠基者。2010 年 7 月，全国教育工作会议召开。胡锦涛总书记指出："要把加强教师队伍建设作为教育事业发展最重要的基础工作来抓。"师范大学学习的综合性更强，是培养教师的"摇篮"。因为师范教育的目标是要造就堪为人师的教育家，因此，对师范生的道德要求就更

＊ 在"2011 年度上海市教育发展基金会奖学金颁发仪式"上的讲话。

高。师范生要培养高尚的师德师魂，还要掌握讲课艺术。

在座的各位同学，你们是未来的人民教师，肩负着神圣的使命。建议你们学习一下于漪老师的事迹，把教育视为自己的使命，把孩子视为自己的生命，把创新视为自己的天职。

教师是太阳底下最光辉的事业。希望同学们在今后的学习乃至工作中要志存高远，"士不可以不弘毅，任重而道远"。读书固然重要，但要读好两本书：一本是课堂知识，另一本是社会实践。我曾做过一项调查，了解用人单位最希望高校培养学生什么方面的品格、知识和技能，得到的反馈是：一要会做人，二要缩短岗位适应期。用人单位的意见是值得我们深思的。

▼ 与师生共度春节

# 第五编　让教育改革面向未来

20世纪90年代,在任上海市教育卫生工作党委书记期间,我已经认识到上海教育事业虽然有了较大的发展,但是在结构、质量、规模和效益等方面还远不能适应上海城市发展的战略要求,改革已经成为上海教育发展的第一选项。市委、市政府领导明确提出教育发展一要改革,二要投入。很明显,对于当时的教育发展来说,改革选项优于投入选项,改革意味着方向和出路,没有方向和出路投下去的钱是没有效益的。这个时候我们真切地体会到,单项改革已不能解决教育发展所面临的深层次问题,上海教育需要综合配套的改革。通过我们持续不断的努力,在有关领导的积极支持下,2003年经国务院批准上海正式成为教育综合改革试验区,为新一轮上海教育的发展创设了难得的机遇。

进入新时代,教材建设问题越来越受到党和国家主要领导人的高度重视,习近平总书记在全国高校思想政治工作会议上指出:"教材建设是育人育才的重要依托。建设什么样的教材体系,核心教材传授什么内容、倡导什么价值,体现国家意志,是国家事权。"习总书记明确提出教材建设是国家事权,是一项战略性基础性工程,教材内容必须体现国家意志、发挥育人功能,彰显价值引领。2017 年国家教材委员会成立,这在中华人民共和国的历史上是第一次,刘延东同志任主任,2018年孙春兰同志继任主任,我受命担任教材委员会的专家委员会主任,深感责任重大。教材建设是体现国家意志的铸魂工程,必须旗帜鲜明地坚持党对教材建设的领导权,确保正确的政治方向和价值导向,这是教材建设中最根本的原则。

教育是一个系统工程,需要全社会形成合力,营造一个健康的教育生态环境。在任上海视觉艺术学院院长期间,我就秉持这样的认识,邀请各界贤达一起参与到学校的建设和发展活动中,著名外交家吴建民大使就曾到学院给全体学生作了"世界的变化与中国"的专题报告。"王校长请我来,我必须来,我们是好朋友,他到视觉艺术学院来当院长是你们的福气,这个院长是可遇不可求的。我看用几个字来形容他,一个是人品正,一辈子两袖清风;第二个是能力强;第三个是懂教育,现在担任大学校长的领导不少,真正懂教育的可能不是绝大多数;最后一点很重要,爱学生。有这样的校长是你们的福气。"吴大使率真的开场白和精彩的讲座至今留在师生们的脑海中。

教育品质的改进需要强化事业发展的布局规划,加强和保障师资,协调产学研的发展,开发和编撰好教材,创新办学体制和机制。唯此教育才能为个人的成长、社会的进步、民族的复兴奠定基础。

# 上海教育综合改革试验由来 <sup>*</sup>

上海教育综合改革试验起源于 20 世纪末,有着深刻的时代背景。从全国看,随着社会主义市场经济体制改革方向的逐步明确,各项改革事业进入了一个新的发展阶段。教育领域的改革发展不断深化,素质教育开始全面实施,高等教育领域的三大改革即管理体制、收费制度和后勤社会化等纷至沓来。从上海看,自 20 世纪 90 年代特别是浦东开发开放以来,上海经济社会发展取得了显著成绩,各项社会事业发生了巨大的变化。市委市政府确立了上海的城市发展战略,即 2020 年基本建成"四个中心"和社会主义现代化国际大都市的总体目标。上海的教育事业虽然有了较大的发展,教育办学条件有了明显改善,教育质量也有了进一步提高,然而,无论在结构、质量、规模和效益等方面,上海的教育还不能适应城市发展战略的新要求。我们认为,单项改革已不能解决教育发展的深层次问题,上海教育需要综合配套的改革。上海教育要更好地为上海和全国经济社会发展服务,上海有责任为全国其他

---

\* 选自 2008 年上海市政协征文。

省市的教育改革发展提供经验。

1999 年国务院副总理李岚清同志在上海高校校长座谈会上指出，上海要进一步进行科技教育整体改革试点，大胆探索，取得新的突破。根据李岚清同志的指示，上海市委市政府迅速作出了相应的部署。1999 年 6 月，市政府致函教育部（沪府函〔1999〕68 号），希望教育部授权上海市加快教育改革和发展所需的配套政策，初步明确了上海有意进行教育综合改革试验的意向。五个月后，教育部复函市政府（教发函〔1999〕148 号），表示"我部赞成和支持上海市进一步加大教育改革的力度，支持上海市在国家教育方针政策和法律法规范围内进行省级政府统筹教育的大胆探索"。教育部的复函标志着上海教育综合改革试验开始从幕后走向台前。

教育综合改革是一次全新的尝试，在全国也是首例，改什么，怎么改等问题，我们没有成功的经验可以借鉴，只能摸着石头过河。因此，为慎重起见，我们对教育综合改革试验方案进行了充分的酝酿，从教育部复函一直到市政府向国务院正式递交请示报告，其中经过了数年时间。

在这段时间内，我们按照市委市政府的指示，立即着手进行了两方面的准备工作：一是研究制订教育综合改革试验方案；二是着手起草请示报告。

在准备教育综合改革试验方案时，为稳妥起见，我们提出必须要正确处理好三个方面的关系，即中央和地方的关系、政府和学校的关系以及依法行政和开拓创新的关系。所有问题的提出和解决必须以此为前提。

此后，我们开展了全方位的咨询、研讨和论证工作。先是召开了高校书记、校长专题研讨会，后又听取了市委市政府有关部门专家的意见。其间，我们还多次专程赴北京，向教育部领导和相关司局进行了汇报和沟通。最后，我们选取了当时上海教育深化改革、加快发展所面临的突出问题作为教育综合改革试验方案的内容，并力求有实质性的突破。

▲ 看望老教育家段力佩先生（左一为宋仪侨同志）

当时的试验方案共有四部分内容：一是关于学校和专业设置、招生计划的审批；二是关于高校办学体制和管理体制的改革；三是关于课程教材和招生考试制度的改革；四是关于教育经费筹措与收费的改革。其中心内容是在本专科学校的设置和高校学科专业的设置上进行改革试验，如进行招生计划和高考改革的试点、办学体制和管理体制的改革试点等，特别是第四部分的内容改革力度较大，内容涉及教育经济政策方面，我们希望国家能够同意上海采取特殊的政策。

在研制试验方案的同时，我们起草了请示报告，在多次调研、讨论的基础上，对请示报告的内容先后进行了 24 次修改。2002 年 10 月 14 日，经市委市政府领导同志签发，上海市人民政府向国务院正式递交了《关于我市实施教育综合改革试验的请示》，最终的请示报告虽然只有短短的 1400 多字，但几乎每句话都进行了反复的斟酌，都有很高的含金量。

这段时间是一个非常艰辛的历程。为了使教育综合改革方案尽量完善，我们广大参与同志付出了许多心血，也倾注了各级领导的关心和期望。

2001 年 6 月，李岚清同志在上海视察时又一次强调：我支持上海教育进行综合改革试点，只要有利于素质教育，你们愿意怎么办就怎么办，你们办好了是你们的贡献。他还表示，上海有能力搞好这方面的工作，能够为全国提供这方面的经验。随后，上海进行教育综合改革试验被列入了国务院督办项目，并两次督办教育部，加紧落实。

市委市政府对准备工作也非常重视，市委书记黄菊同志专门听取了我们的汇报，并作重要指示。其他市委市政府领导如市委副书记龚学平同志、市委常委、宣传部部长殷一璀同志和副市长周慕尧同志对教育综合改革试验工作也高度重视，并给予了具体的指导。

陈至立同志一直对上海进行教育综合改革试验高度关注。她指出，教育部一直将上海作为实验区。有些工作别的地方不能做，上海可以先试，让上海有自主权，上海要给全国提供经验。在请示报告的起草过程中，她不仅听取了我们的汇报，给予了具体的指导，还召开了教育部党组会议专门讨论，此外，她还派有关同志多次来上海进行商讨和指导。同时，教育部也就我们的代拟稿内容征求了国家发展计划委员会和财政部等中央有关部委的意见。

在请示报告递交国务院不久，2002 年 11 月在北京召开了中共十六大。江泽民总书记在参加上海代表团分组讨论时，对上海提出了"发展要有新思路，改革要有新突破，开放要有新局面，各项工作要有新举措"的要求。在代表发言时，我联系上海的教育工作，对上海进行教育综合改革试验进行了汇报。

2003 年 2 月 11 日,在请示报告递交四个月后,教育部受国务院委托,正式致函上海市人民政府,批准上海实施教育综合改革试验,并表示"我部赞成和支持你市进一步加大教育改革和发展的步伐,除个别条款须向有关部门征求意见外,我部原则上同意你市提出的关于实施教育综合改革的意见"。同时,教育部还转告了财政部等相关部委对"非义务教育阶段学校实施教育成本分担制度""发行教育彩票"以及"个人和企业的捐赠按一定比例抵充当年企业所得税和个人调节税"等问题的意见。财政部指出,"为确保国家有关教育收费政策的统一性,非义务教育收费就在三部委(国家教委、国家计委、财政部)规定的最高标准内,实行差别收费",国家计委指出:"对社会力量举办的非义务教育阶段学校,应坚持以不营利为目的的原则,按成本收费。对研究生收费,在积极探索多渠道筹措经费的基础上,逐步研究实行研究生收费制度,但博士生除外。"

根据教育部有关负责同志说明,李岚清同志和国务院有关领导对上海的申请报告作了批示,国务院办公厅 2003 年 2 月 11 日正式发义批复教育部,授权教育部为主要协调部门,并代表国务院回复上海。因此,教育部给上海市政府的复函是正式答复,上海可以照此函实施。至此,上海教育综合改革试验从方案阶段正式步入操作阶段。

2003 年以后,我的工作发生了变动,到上海市政协任职,但我依然关注上海教育综合改革试验工作,此项工作也在按原计划有条不紊的展开。虽然教育部以及相关部门领导也发生了变更,但教育部的支持态度一如既往。2003 年 6 月,新任的教育部副部长吴启迪同志在上海接受媒体采访时谈到,中央授权上海进行教育综合改革试验,充分体现了中央政府推进教育改革与发展的决心,体现了中央政府对上海在教育改革的进程中作出更大贡献的高度信任和殷切期望。她还认为,上海是有条件有基础进行教育综合改革的。这是一个好的方向。

2004 年，上海市政协将教育综合改革试验列为当年政协常委重点调研课题。在 2004 年 7 月 12 日召开的上海市教育工作会议上，市委市政府强调要"全面实施教育综合改革"，努力在若干领域取得新突破。此次会议起到一个全民动员的作用，将上海教育综合改革试验推向了一个高潮。经过五年左右的改革试验后，上海教育综合改革试验取得了预期的成果，下一轮改革又被提上日程。

2007 年 5 月，在中共上海市委第九次党代会上，市委在新形势下提出"深化教育综合改革"的要求，使上海教育综合改革试验步入了一个新的发展阶段。上海市教委按照市委市政府的要求正在抓紧研制《关于上海深化教育综合改革试验总体方案》。市政府主要领导亲自去北京与教育部负责人进行沟通，得到了教育部的支持。

目前，此项工作还在紧张地进行，我相信，新一轮上海教育综合改革试验必将取得更大的成绩！

▼ 出席杨振宁院士（中）的讲座，左为钱伟长院士

# 国家教材建设是战略性基础性工程 <sup>*</sup>

今年 7 月 4 日,国家教材委员会正式成立并在京召开第一次全体会议。刘延东同志任国家教材委员会主任,主持会议并讲话,传达了习近平总书记关于教材建设的重要讲话精神。这是新中国成立以来第一次成立国家教材委员会,第一次明确了教材建设是国家事权,第一次明确提出要健全全国教材制度,引起了广泛的重视。

成立国家教材委员会,是党中央、国务院的重要决策部署,是教育战线的一件大事。教材建设事关重大,是一项战略性基础性工程。教材内容必须体现国家意志、发挥育人功能、彰显价值引领。我们要学习中央精神,要进一步提高认识。

## 一、加深对教材建设的重要性紧迫性的认识

应该看到,改革开放以来特别是党的十八大以来,我国的教材建设

---

＊ 本文原载于《文汇报》2017 年 7 月 24 日,《文汇时评》专栏。

取得了显著成绩,初步形成了具有中国特色、适应时代要求的课程教材体系,在基础教育、特殊教育、职业教育领域涌现出一批优秀教材;加强了意识形态属性较强的课程教材建设;初步构建了课程教材管理制度;培养了一批政治立场坚定、教学经验丰富、熟悉教材建设规律的教材编审队伍。应充分肯定。与全国一样,上海教育取得的成绩亦有目共睹,特别是在基础教育、数学教学方面更是被国内外所认同,赢得高度评价。英国部分小学将从今秋开始陆续使用上海一至六年级数学课本。上海 100 位教师去英国学校示范教学。又比如我们上海涌现了一大批忠诚党的教育事业的优秀教师,还有一位"生命与使命同行"的"人民教育家"于漪老师,她说:"教师一个肩膀挑着学生的现在,一个肩膀挑着国家的未来。今日的教育质量,就是明天的国民素质。"她以近 70 年的教育实践和无私奉献书写着一名教师的平凡与辉煌,她是上海教师的

▼ 参加国家教材委员会专家委员会工作研讨会暨课程教材研究所成立大会,前排左二是作者

杰出代表,是上海乃至中国教育的骄傲。我们要看到教育取得的成绩,要有教育自信。

与此同时,我们也要理性地认识到,面对新形势新要求,教材建设还不能完全适应经济社会发展和人才培养需要,尚存在一些亟待解决的问题。比如,义务教育阶段的教材编写在不同学习阶段、在教材规范上质量参差不齐;统筹衔接不够;思政课生动性不够、吸引力不强;高校的哲学社会科学对马克思主义导向的坚持需要加强。

因而,要遵循习近平总书记的重要指示精神,充分认识加强和改进新形势下教材建设的重要性紧迫性。首先,加强教材建设是实现"两个一百年"奋斗目标和中华民族伟大复兴中国梦的重要支撑。其次,加强教材建设是全面贯彻党的教育方针、落实立德树人根本任务的基础工程。再次,加强教材建设是引领创新发展、提高我国国际竞争力的迫切需求,也是适应我国教育改革发展新阶段的必然要求。

## 二、紧贴时代要求,推动教材整体建设

明确教材建设的目标、重点是做好这项工作的重要保障。要以党中央、国务院的决策部署,以全面提高质量为目标,以提升教材的思想性、科学性、民族性、时代性、系统性为重点,推动大中小教材整体建设,形成适应中国特色社会主义发展要求、立足国际学术前沿、门类齐全、学段衔接的教材体系。重点把握好以下几个方面:抓好顶层设计,健全中国特色教育体系;抓好教材质量,充分发挥教材育人功能;抓好制度建设,切实提高教材建设保障水平;抓好教材研究,大力提高教材建设科学化水平。

国家教材委在教材建设中具有管总、把关、协调等职能。从立德树

人出发、严谨求实、精编细选，使教材经得起实践、人民和历史检验。在习近平总书记和党中央、国务院的重视和领导下，国家教材委一定能担负起自己的历史使命，全面指导和统筹教材建设、严格把好课程教材建设质量、推动部门协调联动形成合力。近期将通过以下工作推进落实：包括加快组建专家委员会、制定未来五年发展规划、健全大中小学教材管理办法、推进统编教材全覆盖。

要把教材建设工作真正落到实处，关键在于加强教师培训，鼓励教师深耕课堂；要对教材进行使用效果评估，要根据效果进行动态调整、完善、改进。

教材建设责任重大，关系到"中国梦"的实现。作为国家教材委委员，理应当好教材建设的谋划者、教育改革的推动者和先进教育理念的实践者。

上海的发展得益于教育发达，上海历来重视教育，有一批辛勤耕耘、怀揣梦想、忠诚奉献的教师，取得了巨大成绩。要建立"中国教育学"，要重视教材工作，也要从基础做起。要充分重视基础教育在整个教育中的重要地位和作用，不能认为基础教育是不起眼、不重要的"小儿科"。上海要敢做"先行者"、勇当"排头兵"，成为"卓越的全球城市"，关键在人才，成败也在人才，而基础恰恰在教育。

上海市党代会提出了上海未来的蓝图与目标，上海过去创造了经验，而面对世界科技的不断突破和我国"一带一路"战略的新要求，上海要直面新的挑战，铸造新的辉煌。而实施国家教材建设，对于教育发展和培育人才至关重要，所以，我们要不辱使命、砥砺前行，把这项战略性基础性工程抓实抓好，为促进我国教育事业的发展，为树立我们自己的文化自信、教育自信奠定坚实的基础。

# 以健全机制推动落实国家教材建设<sup>*</sup>

国家出台《全国大中小学教材建设规划（2019—2022 年）》（以下简称《规划》），强化党对教材工作的领导，加强大中小学教材建设整体规划，系统设计对各学段、各学科领域的教材建设，对于当前我国教材建设具有重大的指导意义。《规划》明确了教材建设的指导思想、基本原则、建设目标、重点任务和保障举措等，为今后的教材建设描绘了美好的蓝图，是教材建设的纲领性文件，具有划时代的重要意义。

第一，顶层设计指明方向。为了促进教材建设，2017 年成立国家教材委员会，明确其指导和统筹全国教材工作等方面的职责。2019 年12 月，教育部印发《中小学教材管理办法》《职业院校教材管理办法》《普通高等学校教材管理办法》《学校选用境外教材管理办法》，部署推进大中小学教材建设。本次《规划》的出台，按照不同学段和不同层级，完善健全教材建设的规章制度，从国家层面全面落实教材建设的制度设计，为各学段、各层级落实教材建设指明了方向。教材建设的各工作开展开始实现有章可循、依法管理。

---

＊ 原载于《教育研究》2020 年第 3 期。

▲ 接受中央电视台《国家记忆》栏目采访

　　第二，体系建设走向完备。教材建设体系是庞大工程，门类繁多，是一揽子的事情，需要统筹安排。《规划》进行系统设计，落实新时代新要求，加强系统设计，全面推动习近平新时代中国特色社会主义思想进课程进教材，确立教材建设的"魂"。推进思想政治理论课课程教材基本实现一体化。各学科目标明确，重点突出，思路清晰，措施有力。努力做到大中小学教材学段纵向衔接、学科横向关联、门类基本齐全。完善以国家课程教材为主、地方课程教材为补充的中小学教材体系，以满足各类学生的需求，适应社会主义现代化建设的需要。

　　第三，组织架构逐步明晰。《规划》提出"实行统筹为主、统分结合、分类指导。注重整体规划，明确责任主体，实行国家、地方、学校分级管理。充分调动各方积极性，形成教材建设合力"。以此为指导，以国家教材委员会统筹为主、分级负责的教材建设体制基本形成。各级教材管理主体明确、职责明晰,形成上下贯通、多方联动的教材管理组织架构。

第四,推进机制力求可行。《规划》关注教材建设中的各个环节,包括教材的编写制度、审查制度、研究制度、使用制度、监测制度、培训制度,等等。各项制度要求明确具体,逐步形成可落地、可转化的工作机制。

教材编写之后,审核更加严格,强化了教材审核机制,坚持教材凡用必审,国家统编教材、中小学所有国家课程教材由国家教材委员会及其专家委员会负责审核,其他教材根据国家教材管理有关规定进行审核。

建立教材监测反馈机制,充分发挥一线教师、学生、教材编写单位和专业机构等主体在教材使用跟踪、分析、评估中的作用,依据使用反馈意见,补充缺漏内容,丰富表述不充分内容,及时更新教材,淘汰质量不符合要求的教材。

监测反馈工作机制,有利于提高教材质量。建立工作协调机制,根据重大专题编写审核、教材出版发行管理、舆论宣传引导、经费支持保障、表彰奖励等需要,教育部门牵头,协调有关主管部门,共同做好教材建设工作。通过工作协调机制,保障教材建设工作的顺利进行。

《规划》从教材建设的整体工作出发,建立了完善的机制,要实现《规划》蓝图,让《规划》真正落地,还有很长的路要走。从机制和制度建设上来说,还有一些工作值得我们在推进过程中加以重视。

首先,深化机制,明确职责。《规划》强调"强化职责分工,细化落实国家教材委员会各成员单位、省级教育等部门、学校的管理职责"。从国家和省级教材编写来说,可以设置专门的机构,负责研究和编写教材,组织人力负责教材编写工作,要选用政治素质过硬、专业能力强的专家负责教材编写工作。

20世纪30年代开明书店出版的初中语文课本《国文百八课》,由夏丏尊、叶圣陶两位先生合编；80年代人民教育出版社拥有优秀的专业人员长期研究教材，从事教材的编写。从当前的教材情况来看，国家统编教材的编写职责明确，省级教育部门教材编写工作基本也可以落实。上海和各省教育厅或教研室设立专门的科室负责课程教材，负责教材的编写，发挥了组织协调的作用。但是市级、区级和校级的教材编写、审核、监测等工作责任主体落实难度较大，缺乏专门的机构编写地方课程，缺乏人力审阅大量的学校课程，更缺乏人员对课程的审核、使用等进行监测。对于地方课程的使用培训基本与教研结合起来，人力、物力和财力都难以保障，迫切需要在机制上进一步厘清，给予编制，设置专业人员负责教材建设工作。

《规划》指出，"学校严格落实国家课程方案，开齐开足国家课程，开好地方课程和校本课程，按规定使用教材"。从实践效果看，教师编写校本课程，有利于提升教师对学科教学的认识，促进教师的专业成长，但是如何建立学校校本课程的编写审核机制，明确学校校本课程的审核和监督，显得非常必要，比如可以通过上一级教研机构、成立专家组、发挥家委会力量等。

《中小学教材管理办法》提出"省级教育行政部门牵头负责本地区中小学教材管理，指导监督市、县和学校课程教材工作"。任务要求明确了，具体落实还需花大力气，由于职责尚不够明确，缺乏人力，教材管理工作真正落实不会一蹴而就。

其次，保障机制，落实到位。《规划》提出，"执行重大选题备案制度，明确教材编写人员资质要求，完善编写程序，实行周期修订。完善教材审核制度，严格审核标准，规范审核程序，实行编审分离"。这对于教材的编写、审查、使用和监测提出了要求，但是真正落实还需要具体的措施保障。如"周期修订"需要制度保障，明确各级各类教材的使用周期,从而落实教材的更新,及时补充最新内容进入教材,包括最新学科研究成果等。《规划》提出,"打造一批反映世界先进水平的自然科学教材","统筹设计重大主题教育进课程教材"。如为增强中国的国际竞争力,及时反映世界科技新进展、中国科技新创造、人类文明优秀成果,补充生命教育、责任教育等内容使教材成为培养创新人才的有力支撑。

在教材建设过程中,要特别关注教材的使用和监测,总结教材使用者的经验,从教师、学生、家长、教研员等不同渠道收集教材使用过程中的意见和建议,建立一定的机制将教材使用和监测到的问题真正反馈到教材编写、出版和印刷等各个环节中。

《规划》明确提出,打造高素质专业化教材建设队伍,构建高水平专门化课程教材研究平台,整合优化支撑教材编写的配套资源,实行教材使用全员周期培训,提高教材建设经费保障水平,为落实重点任务提供了人、财、物的全方位保障。《规划》在经费保障方面提出"完善财政投入机制",还提出"多渠道筹措教材建设经费",特别是提出"发挥相关基金会作用引导社会资金投入教材建设"。本轮语文、历史、道德与法治三科统编教材编写质量高,有新意,有难度,教材培训做得好,跟得上,解决了教材使用中的问题。但是省级教材和地方教材的培训工作,越往下走,落实难度越大,值得关注。所以,教材建设机制从国家和省级来说,考虑周全,基本可以落实,但是市、区、学校的教材建设制度和机制推进会有一定的困难和问题,需要我们进一步加强和完善。

最后,机制创新,贯通衔接。教材建设需要建立编写制度、审查制度、使用制度、监测制度、研究制度、培训制度等,制度建设需要有"一盘棋"的思想,既要明确管理主体责任,坚持"谁编写谁负责""谁选用谁负责",又要贯通衔接,不可相互割裂,各自为政。

从编写到审查、使用、监测、研究、培训,各个环节之间要保持有效

努力打造培根铸魂 启智增慧的精品教材 政治上把握住不对不到位的教材 文一票否决 简单明贴政治标准 而领新材体系完整 逻辑完备 断章取头寒尾 政治四害搞了不修不类的教材也 文不得

壬寅冬月 王宗华书于上海

沟通,需要机制的保障,如果编写者和审查者不了解使用情况,没有很好地监测教材使用中遇到的问题,也很难编好教材。使用者没有研究意识,研究者没有培训意识,等等,都很难将教材建设的整体工作做好,因此,要创新工作机制,保证各个环节的相互贯通。《规划》提出分类分批建设国家教材重点研究基地,对于聚集人才、探索规律、交流成果、提高水平,服务决策、创新发展,形成研究新格局将提供强大的智力支持。

国家课程、地方课程和校本课程之间的贯通同样需要机制的保障。国务院的文件和教育部《中小学教材管理办法》强调,原则上不主张学校编写出版教材,确需编写出版的应报主管部门备案,按照国家和地方有关规定进行严格审核。国家目前基本遵循"凡进必审""谁选用谁负责""谁主管谁负责"的原则,建立由学校把关审查、报县级教育主管部门备案审查的双审查制度,要求对主题、形式、内容等进行严格把关,并安排专人负责监管。学校为了教师专业的发展和满足学生的学习需要,编写校本课程,既有国家课程的校本化,也有拓展型课程等,校本课程、地方课程和国家课程之间的关系,各类教材内容各学段、各学科之间如何做到纵向贯通,横向衔接,需要抓分工落实,完善统一领导,分级负责,发挥主管部门的职责,保障教材和课程统整优化,否则各学科之间,各学段之间容易交叉重复,或者这些内容难以形成教育的协同合力。

坚持"党对教材建设的领导权,确保正确的政治方向和价值导向",是中国特色社会主义最本质的要求,也是中国教材建设体制最根本的原则。这在《规划》中有充分的体现。《规划》和"四个教材管理办法"指引教材建设,为教材建设体制机制的形成奠定了基础。加强党的领导,克难奋进,勇于探索,不断创新,健全机制,一定会让教材建设的各项工作顺利开展,让最好的教材为孩子送去最丰盈的精神财富,为教育开创更美好的明天。

# 对历史负责,对人民负责<sup>*</sup>

今天,很高兴应邀参加这个重要的揭牌仪式。首先祝贺清华大学入选国家重点教材基地!这是学校一贯严谨治学、重视立德树人、重视马克思主义理论学科研究和教材建设的综合实力的体现。学校党政领导高度重视,马克思主义学院政治站位高,积累了丰富的教材建设的经验,奠定了扎实的基础,学院党政班子有信心、有决心、有举措,所以能够承担起国家重点教材基地建设的重任。

## 一、关于教材建设

教材建设实在重要,体现国家意志,是国家事权。

教材编写要有大局意识。习近平总书记今年在江西考察时指出:"领导干部要胸怀两个大局,一个是中华民族伟大复兴的战略全局,一个是世界百年未有之大变局,这是我们谋划工作的基本出发点。"可以说,

* 2019 年在清华大学"国家重点教材基地揭牌仪式"上的讲话。

"两个大局"既是谋划工作的基本出发点,也是理论创新的基本出发点。

最近,关于国家教材委的议事规则,教材局提出了一个修改意见稿。其中有一条意见指出:"国家教材委员会在中央教育领导小组领导下开展工作。"这句话又将教材委员会的高度提升了一个层次,因为中央教育领导小组由政治局常委王沪宁同志负责,从中足见国家对教材的重视程度。

教材非常重要,因为它是连接教与学的桥梁,也是教学之本。最近,围绕义务教育三科统编教材(语文、历史、道德与法治),在北京开过一次座谈会。三科统编教材经过反复打磨,现已报到中央,中央也作了批示。习近平总书记对此高度重视。教材建设是铸魂工程。什么是铸魂?借用人民教育家于漪老师的提法,"我们要解决的是孩子'树根立魂'的问题,树民族精神之根,立爱国主义之魂"。这就是"铸魂"。清华大学长期以来坚持"又红又专"的人才培养目标,培养和造就了一大批国家拔尖人才。

统编教材是基础。过去,教材五花八门,良莠不齐,也出了一些问题。统编教材是国家的意志,教材体现党和国家意志,是国家事权。编写教材,一定要把公认的、成熟的观点放进教材,某一学派、某一观点是不可以随便进教材的,何况不正确、不到位的观点更不能进教材。教材的观点必须成熟、得到公认,要体现党和国家意志。

这项工程如果成功完成,功不可没。同志们可能不太能体会什么叫"功不可没"。一部教材会打磨五年甚至十年。教材是一项大工程,它涉及编写、初审、复审、复核、紧急复核等一道道程序,一层层把关,因为教材太重要了。教材内容是不是站得住,关系千家万户。就我所知,总书记关于教材的批示多达十余次。这些批示,不光涉及教材本身,还涉及社会上对教材的诸多反应等。关于这些教材内容,社会、学界和政界的看法不都完全一致。特别是对于这些有争议的内容,要反复打磨,要站得住。这是对历史负责,对人民负责,要经得起历史、人民检验。

我们要从理论、实践的结合上,在教材的针对性、生动性上,从实际效果上,深入研究"教""学"与"教材"之间的互动关系。要着力提高教材的使用效果:要研究青年的接受能力,教材要编得有魅力,要使学生爱读爱听,入耳入脑入心,我们通常讲教学效果要看"三率",即出席率、抬头率、入心率,这是层层递进的要求。

新的时空条件下,教材的编写给我们提出了新的更高的要求,学生通过使用教材,在知识的海洋里寻找到规范、准确的答案。

在教材编写和使用过程中,除了强调规范和准确之外,还应考虑到地域特点、基础差异性等因素。

"培训教师"迫在眉睫。在教材使用过程中,还要注重教师的培训,提升教师使用新教材、开展课堂教学的能力,以使教材发挥应有的作用。

教材编写的质量直接影响到学生的"学"。一本好的教材,一堂好的课,可以让学生终身受益。但是,如果教材缺乏针对性、生动性和吸引力,那么这门课可能成为"最可以开小差的课"。

## 二、关于德育教材智库建设

清华大学马克思主义学院教授吴潜涛谈了今后设想十个问题,其中谈道:"我们将来要建设中国的德育教材智库,加强相关国外的教材研究,尤其是规律的探索。"我很赞同。

建设国家高端德育教材智库,站位高、专业性强,对于研究、编写具有中国特色、时代特征、思政特点的教材意义重大,具有开创性。

德育教材意识形态属性强,教材编写注重把好思想意识形态关,教材审读时,明确一条原则:政治不正确、不到位,一票否决。

《思想道德与法律基础》教材,实行有机融合,避免"两张皮"或"法强德弱"的现象,实现从重知识到重素养的转变。

入选国家重点教材建设基地,是一份信任和责任。我们在建设过程中,还要注重德育教材研究和实践成果的转化,构建教学体系"链",促进全面发展。

相信在学校党政领导的重视和支持下,在学院全体教职员工的共同努力下,国家重点教材建设基地"高校思想政治理论课思想道德修养与法律基础教材研究基地"定将发挥示范引领作用。

真理的力量伟大、榜样的力量无穷。清华的基地平台是国家的平台,是我们大家的平台,德育是心与心的碰撞,灵魂的对话,是"热泪"事业,我们愿意到这个基地来集结、站队,汇成一支雄壮而不是悲壮的队伍。

▼ 与关心教育的原国务院新闻办公室主任赵启正先生(左)合影

# 当代艺术·设计院校的建设与发展<sup>*</sup>

教育始终肩负着引导和促进社会发展的使命,它在不断挑战自我的同时,在肩负如何培养迎接未来需求的人才的同时,必须一直把自身的建设和发展作为第一命题,以科学的态度持之以恒地推进。当代艺术·设计院校的建设和发展同样如此。

## 一、时代的挑战与挑战时代的发展

我们今天面对的是前所未有的时代的挑战,最典型的形态是"互联网＋"。"互联网＋"是一种优化和集成社会所有资源的新的经济形态,所有的生产都可通过互联网展开要素配置,将创新成果深度融合于经济社会各个领域中,从而实现实体经济中创新力和生产力的最大、最优化,形成更广泛的以互联网为基础设施和实现工具的经济发展新形态。

艺术和设计的专业特征首先是站立在时代发展的最前沿。艺术的

---

＊ 2015 年在"互联网时代的艺术·设计教育——国际艺术与设计院校长论坛"上的讲话。

思想观念既来源于现实生活,又必须高于或超脱于现实生活,表达的语言是社会现实的精神提炼和发展观念的引领性启示。设计的理念来自人的新型需求,提供给人们的是跨越现实的精神与物质一体的新方式或新模式构成的内容。艺术和设计专业的特性是:时刻挑战着时代的发展。因此,艺术·设计院校的建设和发展中必须时刻具备个性鲜明的观念、空间和速度。

观念是决定我们一切行动的核心。"互联网+"的时代特征把我们的视野放大到了无极限,院校建设与发展的思路已经不是就现在的状态而思考,也不是仅限于教育和人才培养而探讨,更不是局限于专业和行业的对接式教学发展而谋划。行业、学科专业、领域间的跨越,历史、现实、未来的路径和接点的关联,思想观念、物质形态、人生价值和生存形态、社会现实构成与发展意义等内容的穿透贯联,技术、艺术、人文、哲学、宗教、法律等形态的作用,人本价值成长的现在和未来的轨道,家庭结构、社会构成、人文个体发展的贯通等等广泛的内容,都从原本的形态和内容本质上,要求我们的思考去面向、应对、作用它们聚焦下的院校建设和发展。只有在无极限构架的基础上形成院校建设和发展的观念,才能做到不负于时代给予我们今天的责任和使命。教育始终面对社会整体的构成和发展,也始终在探索如何以个体的个性思路推进学校对社会作出最大的贡献。

空间给予了我们行动和发展的体量。"互联网+"以现代技术工具的介质形式,为我们树立多个个性发展思路的广泛性提供了可能和保障。依托互联网和大数据,教育集聚和发挥资源的空间可以无限拓展,发挥教育功能作用的空间可以最大化扩展,教育的社会效能空间可以提升得更高。它把校与校的距离、行业领域的屏障、区域的间隔、时间的差别、文化和民俗的差距等,都通过内容和形式的重新设定和作用点的发挥,形成并发挥出社会共同体下共享的多层次构成的教育功能。在线教育形式的空间渗透和发展越来越大,全日制的院校教育更可增添出无限制的交流和融合发展的空间,具体学科专业的跨越和集成合作可以探讨出任何可能性的内容。

速度是我们前行的动能。"互联网＋"的速度不受时间、空间和体量的限制,云计算、大数据不仅为我们提供了技术数据交换的平台,还为各领域的发展提供了无障碍、无缝隙对接的接口,以优质化的服务推进彼此的关联互动。这对我们在任何一个时间、地点、行业领域的交互对接提供了优质保障。大数据为人们提供了全球系统资源信息,云计算为人们定向提供精准的信息数据,并为无边界的信息交流处理提供了保障。艺术·设计教育在共享这一时代技术成果的同时,也必然依托全球国际化资源和信息的处理,把专业的发展速度和研究高度推进到时代发展的前列,在全球发展速度上驾驭主体性的建设内容和发展方向。"互联网＋"的速度效能是空前的,每个院校的建设和发展速度必然是与世界同步的。

在上述观念、空间、速度三大内容中,关键是观念的确立,空间的充分运用,速度的准确把控。观念必须有若干实质内容支撑,必须对接实体条件和符合挑战的可能性;空间必须探求最大效能和共赢,必须坚守可持续推进发展的高度;速度必须密切关注结构和序列,必须锁定阶段目标和可延续发展的内容。按照这些要点思考和推进艺术·设计院校的建设和发展,我们不仅可以迎接时代的挑战,还可不断地挑战时代的发展。

## 二、艺术·设计本原的坚守和探索

艺术·设计的本原是推进人本物质和精神的进步。社会发展到任

▼ 在上海视觉艺术学院校园内

何时代,人们都离不开艺术和设计提供的契合时代脉搏、符合人本原需求的物质与精神作品。互联网时代的发展,从技术创新层面推进了社会的整体变革,以从未有过的渗透力度和发展速度直接影响着每个行业和领域的发展变化。"互联网＋"带来的是社会经济形态的变革,更体现于以技术保障和应用工具的形式影响社会各行业的结构性手段和方法,它不能替代社会每个行业对特色内容的开拓发展。所以,作为兼具物质和精神内容的艺术和设计,在充分运用"互联网＋"的发展模式的基础上,更应借助互联网平台创造的支撑性手段和方法,对物质构成和精神内容展开新的探索,用"互联网＋"的思维观探寻创新内容的特色构成。

优化和创新是艺术·设计的永久性命题。艺术和设计院校的优化与创新,是针对主体发展的两方面贯联的内容,优化是针对现有构成体在对接发展方向和目标的基础上,排比、遴选、摒弃阻碍发展和效率低下的结构内容,产生出优先推进实施的结构性内容。创新是在重新评估和全新构架的基础上,提出打破现有格局和内容的开拓性方案。对每个院校的发展来讲,优化和创新始终是推进发展和成长两个点上的平衡杠杆,在哪边更加侧重就自然地体现出一个学校的主体风格和阶段性特色内容。无论何种侧重,都离不开对接和应用互联网。大数据、云计算、物联网可以提高数据采集研究、思路拓展、无障碍交流、形式语言扩展等方面的内涵建设,更可提高管理、服务、辐射社会、行业融合、交叉合作的效能。

所以,艺术·设计院校的建设和发展,必须遵循本原构成规律坚守和探索。所谓本原,是艺术。设计的专业内容构成规律决定的特性,主要体现在:与时代发展的同步性,推进社会发展的责任性,超越现实的引领性,完善人本价值的本原性。在这些内容上,我们既有必须坚守的又有需要不断探索的内容。在"互联网＋"的时代特色中,院校的信息化管理、数据库和专业智库建设、培养体系构成的提升、人才培养模式的创新、师资队伍的整合提升等,都必须与时代发展的要求同步。社会发展对现代教育的要求,已经从单纯的专业人才培养提升到复合型、具备开拓创新力和持续进取力的未来型人才。教育的功能和社会作用决不是应对现在,而是面对现实迎接和挑战未来,在现有基础上发挥出引领发展的作用。人类进入到不同的时代,始终都在努力做同一个命题:人的根本在哪里,价值走向在哪里,又往哪里去。有些内容必须依据本质构成规律在坚守的基础上提升,有些内容要勇于挑战时代变迁的痕迹延续,大胆地探索和开拓。时代特性给予我们的是特色条件和机遇,教育功能赋予我们的是责任和使命。

## 三、内涵建设与发展路径

教育的功能是对人类社会发展所产生的积极促进作用。作为教育的本体功能,是加速人的身心发展和社会化进程、传递和继承人类的精神文明、选择经验和人才。院校的内涵建设和发展路径,应该始终围绕公民教育和专业教育的整体教育职能去谋划和推进。

人才的培养,是对人的可发展的整体素养进行培育,院校的内涵建设是紧紧围绕这一核心而展开的。从院校的整体性构成而言,环境氛围的营造和倡导,学科专业的教学启迪和引导,教学内容的系统提升和推进,内外因的触动和养育,有限的课堂和无限的路径等,是院校内涵建设的实质性内容。在每块内容的建设中可以寻找到多种发展路径。

环境氛围的营造和倡导,是学校整体个性风格的基础,可以自然地孕育出学校的校风和学风。有个性的氛围是靠个性构成内容在校园内积淀和流传,通过人和活动的传递日渐成长和发展。"互联网十"时代在环境氛围的营造上给我们提供了无限的可能和途径,在提倡和引导的趋向性方面,对选择内容既提供了丰富的手段和方法,又在导向性方面显示出择取和目标指向的重要作用。因此,院校的营造和倡导更体现在培育学生对无限内容和空间的判断、遴选、应用基础上的开拓。

学科专业教学的启迪和引导,体现着院校专业教学模式的水平和构成特色,以启发、激发、点拨、分析比较、讨论辨别、问题导引等教学方法,充分发挥出教的互动作用和学的主动作用。"互联网十"的大数据和云平台为启迪和引导式教学提供了无限的资源和工具,并在专业跨界交叉方面提供了无限可能的路径。"互联网十"的时代推进了传统的教与学的创新发展,我们如何在启迪和引导的内容与方式方法上探索,在教学主体中突出学生个性化的专业成长,突出能力的培育和发展空间的构建,都是值得探讨的核心内容。

教学内容的系统推进,体现着大学教育追求完美育人的特性。人类进步的表现是在不断挑战的同时追求着完美,教育同样如此。教学内容的系统性全面提升是时代进步的标志,每一阶段的提升都是一次挑战,在内容上要更新,使之符合学科专业发展的要求,在方法和手段上要提升,使之适应社会新观念和新技术的综合发展要求。教学内容的结构性调整,块面内容的同步提升,知识和能力、素养和品德的全面培养等,"互联网十"的时代为之提供了新的承载平台和结构模式,对教学功能的发挥提供了多向和多途径的通道。在这样的时代承载基础上,我们应该培育出更高研究能力的教学团队,更多的推进特色,更广泛的推进渗透力,更丰富的交叉内容。

内外因的触动和养育,体现着教育作用过程中的渗透特性。教育功能的发挥是以学生个体中内外因素的作用为效能,对学生个体的综合知识和能力形成的发展潜质,需要以有效的教学方式去启发和触动,引导和促进个体的潜力与智力加速运动,同时营造良好的教学内容和有利于成长发展的外在条件,从内外两方面的作用方式和条件上加强内涵建设。"互联网+"在这方面具备了最丰富、最便捷、最灵活、最生动的资源和工具保障,现有的条件在这方面给教育提出了新的发展路径,也是时代给予的新的挑战。

有限的课堂和无限的路径,体现着现代教育功能目标的最大化指向。课堂是以内容、时间、空间的限定条件构成,但透过课堂的教学,可以把教育的功能作用延续到人生的成长发展和社会的进步。所谓教育水平的高与低,从这种渗透作用上可以清晰地显现出来。"互联网+"给课堂教育注入了新的理念和技术支持条件,可以在内容、时间、空间的扩展上与社会整体需求和个性需求对接起来,在计划、组织和实施教学的过程中,加强互联网平台资源的整合运用,师资、教案、方式方法、手段、时间和空间等,都可优化择取和执行。在此基础上的教育会获得无限的可能与结果。我们如何获得特色,如何形成个性教育品质,如何培养出迎接未来挑战的人才,就在于我们如何设置和把握课堂,如何通过自身内容的建设打开与此对应的路径。

综上所述,在"互联网+"的时代,院校的内涵建设和发展路径有许多,都值得我们去探索,对艺术·设计院校而言,有多重跨越的内容更值得我们去探索,通过不同取向和建设内容的推进,一定会呈现出各具个性特色的艺术·设计院校。

# 校外教育有梦 <sup>*</sup>

教育有梦，则民族有梦。"教育梦"是实现中华民族伟大复兴这一"中国梦"的基石。正是在这一时空背景下，构建中国特色校外教育体系、创新驱动校内外育人共同体的课题纳入了我们的研究视野。

什么是校外教育？校外教育是一种培养人的个性品质的社会活动，是社会教育的重要组成部分，是在基础教育阶段教育系统之内，学校学科教学计划之外的，有固定场所和固定教师队伍的、校外教育机构开展的、有益于学生身心发展的教育活动。

校外教育是素质教育的重要组成部分，同时也作为课堂教学的拓展和提升，已经在很多发达国家得到了较为系统成熟的发展。研究显示，校外教育不仅能够保障学校教育质量，促进青少年个性发展，契合素质教育的要求，而且作为一种公益教育，在减少父母照看孩子的费用、提高对弱势学生的补偿、减少犯罪成本、降低社会福利成本等方面也卓有成效。简言之，校外教育在提高教育质量的同时，对促进教育公

---

* 本文系 2017 年《青少年校外教育基础理论与实践创新研究》一书之代序，有删节。

平无疑也发挥着重要的作用。

基于此,我们以课题研究为导向,在思想理论、实践探究、决策建议、行动项目等方面形成了比较全面系统的成果,体现了以下显著特点:

第一,深度的基础理论与创新研究。

聚焦了我国青少年校外教育实践中长期积累的和当前必须明晰和迫切需要解决的问题,如:青少年校外教育的社会属性与概念是什么?如何从以校外教育机构为主体的小校外教育发展到校外教育专门机构与学校以及社会力量结合的大校外教育?怎样认识校外教育和学校教育的共性与个性,处理好两者的关系,创新中国特色的校外教育体系,达到校内外教育在全面实施素质教育中的效益的最大化?怎样改变体制内校外教育缺少活力而体制外校外教育火热的局面?在互联网时代,青少年校外教育的教育大纲与课程如何编制?校外教育活动场所建设应该有怎样的标准?评估青少年校外教育的依据是什么?青少年校外教育依法行政、依法施教要建立哪些法规?……针对这些问题,我们课题组在总课题下设立了九个配套子课题:"上海青少年参与校外教育活动现状与需求调查研究""中外未成年人校外教育比较研究""青少年校外教育学研究""上海市校外教育项目指南和资源包开发研究""上海市学生社区实践指导站建设与发展研究""青少年家庭教育研究""上海市青少年校外教育活动场所设置标准研究""青少年校外教育活动场所评估标准研究""中小学生校外教育促进与保障立法研究"。这样的课题布局,使得总课题和子课题互相配合、互相支撑,在基础理论和实践创新方面达到了一定的深度和广度。可以说,这是我国关于青少年校外教育最早起步的比较全面、系统、大规模的深度研究。

第二,给力的探究团队与科学的研究机制。

上海市校外教育协会在上海市教委、上海社科院的鼎力支持下,自 2013 年 7 月开始,聚集了上海社科院、上海市精神文明建设办公室、华东师范大学、上海市科技艺术教育中心、中国福利会少年宫、上海市教育基建管理中心、上海市教育评估院、徐汇区教育局、黄浦区教育局、上海市教育发展基金会等单位的 112 位教授、学者、专家,共同承担起了《青少年校外教育基础理论与实践创新研究》的历史重任。各路专家以问题为导向,以上海市中小学校外教育为研究对象,践行跨界融合,形成了大校外合作研究的新机制。这样的团队结构和研究机制,为课题研究提供了有力的组织保证和行动保障。

第三,切实的期望目标和创新成果。

有问题意识和目标导向。本课题的研究,根据现实问题的需要和实际解决的可能,确立了切实的期望目标。力图深度诠释校外教育与创新人才培养的关系,校外教育与实践能力培养的关系,校外教育与学生评价方式改进的关系;力图科学阐述校外教育的社会属性和地位,努力探究和探索建立具有中国特色校外教育理论体系和实施体系;拟定校外教育活动规程、活动场所建设标准与评估指标,进而为国家制定校外教育促进与保障立法提供科学依据,为政府或相关部门提供政策咨询建议。

这些研究成果和决策咨询建议,是青少年校外教育多年实践创新的积累,是全体校外教育工作者、研究者集体智慧的结晶,将对校外教育的规范化、法制化、专业化、信息化、特色化、社会化和国际化等方面的建设,起到积极的推动作用。

第四,广泛的成果应用领域与实践推进作用。

科研成果的价值在于应用。当这一课题成果真正在我们校外教育的实践中得到应用,在校外教育的各个领域发挥现实作用的时候,研究成果的价值就体现出来了。值得一提的是,六条决策咨询建议中的很

▲ 与梅葆玖先生合影

多方面,与政府相关部门特别是市教委有关领导和处室的工作目标、任务是一致的,有关部门已经在密切关注和重视课题组的建议,并将有选择有步骤地逐步采纳和在相关工作中加以实施。这是课题成果转化为实际应用的有利条件。

建设中国特色校外教育体系,创新校内外教育的育人共同体,是一项重要而长期的系统工程。《青少年校外教育基础理论与实践创新研究》课题的圆满结题和课题报告的结集出版,只是为这个大工程做了一些基础性的工作,即使研究成果本身,其实践论证、精炼提升和转化应用,也还有很长的路程。但是,我们尤感自豪的是,我们已为国家的校外教育体系和校内外育人共同体的建设起了步、开了道,贡献了我们自己的一份力量。

# 第六编　追寻新时代的教育品质

面对着错综复杂的局面,教育发展应该何去何从,这不仅拷问着教育领导的战略视野,也决定着问道教育的智慧。今天我们需要思考并作出回答的是,教育究竟应该给新时代的青少年什么价值,我想创新精神、育人育德、以心养心这些不仅是教育永恒的主题,也应该成为我们追寻的新时代教育品质。

我们都知道,决定木桶容量的多少不在于最长的那块板,而是最短的那块板。一个社会、一个城市的未来,很大程度上取决于我们对待弱势群体的态度和为改善他们的处境所付诸的实践是否有效。上海虽属发达城市,在外人看来上海的教育光鲜照人,但我们很早就意识到决定上海教育品质的不是它的高光部分而是它的短板。在数以千万计的人口奔向小康社会的奋斗中难免会有暂时掉队和陷入困境的群体,帮助这些群体克服前进中的困难是我们应有的问道立场和政治觉悟。这中间就有一些困难群体的学子不仅会面临个体学业的现实困难,还会直面公平、公正和正义的社会认知困扰。2001年,在时任上海市市长徐匡迪同志的提议下,上海创办了高品质的久隆模范中学,学校落户在当时的闸北区,意在更多地招收家庭经济困难的适龄青少年,圆他们接受良好教育的梦想。为了积极引导这些学子更好地学习、更全面地认识发展中的祖国,在徐匡迪院士的带领下,我们此后以各种形式资助学校和学生组织开展各种社会实践活动,并不断激励学生培养自尊、自信、自强的品格,同时引导学生学会感恩。这些既是教育所应追求的基本教养,是新时代的社会人所应具有的共同品质,同时对于处境不利的学生来说更是尤为珍贵。

随着教育竞争日趋激烈、内卷化倾向越来越加重,处境不利的不只是家境困难的学生,一个看似隐蔽却更为普遍的挑战是——男孩危机已成为制约教育品质的新短板。从我们一段时间以来的考察发现,进入学龄以后,男孩不仅表现机会少于女孩,随着学龄的递增,男孩在学业成绩、社交组织等多方面,全面、明显地落后于同龄女孩。研究发现,这一趋势从基础教育一直延递到高等教育阶段,并在近年来表现得日益明显。显然,男孩危机有着更为复杂的社会因素,非教育部门一项简单的改革能奏效,但是向全社会发起呼吁不失为问道教育的一种策略。2012年在履职全国人大代表赴京共商国是期间,在世界妇女节到来前夕,在世界各国媒体记者考察中国两会代表委员参政议政真实水平的注目中,我把对上述问题的调查和思考抛出来与各方交流,瞬间引发领导和媒体的广泛关注。毋庸讳言,结论已不重要,但心有戚戚焉的问道初心以及自身社会角色的担当,于我若属聊发之少年狂。

# 新时代教育改革与创新的思考<sup>*</sup>

很荣幸能够受邀参加此次大会,希望通过今天的交流与探讨,我们能对新时代教育改革创新面临的一些问题以及未来的方向有一些全新的启发与共鸣。

## 一、新时代指引教育方向

教育是国之大计、党之大计,既是国家发展的基础,更关系着中华民族的未来。在 2018 年 9 月 10 日北京召开的全国教育大会上,习近平总书记从党和国家事业发展全局出发,高度评价教育对于国家富强、民族振兴、社会进步、人民幸福的重要性,充分肯定教育所具有的基础性、先导性、全局性地位,为加快教育现代化、建设教育强国、办好人民满意的教育指明了方向,描绘了蓝图,部署了任务,这对于我国教育发展史具有里程碑的意义。

---

* 2018 年在"IEIC 国际教育创新大会"上的致辞。

教育是什么？教育是提高人民素质，促进人全面发展的重要途径；教育是民族振兴、社会进步的重要基石；教育是对中华民族伟大复兴具有决定意义的事业，这是十九大最新的权威界定。由此可见，教育本身的内涵会随着时代的变迁不断更新、发展、延伸。

## 二、新科技转变教育模式

现如今，信息技术快速发展，互联网作为 20 世纪最伟大的发明，在改变行业形态的同时给人类带来了全新的生活方式，并且已经逐渐成为改变教育的重要力量。

的确，实现教育现代化、教育信息化，从根本上推动教育体制的改革创新，离不开科技的力量，这其中的每一步实践与探索都在为未来教育奠定基础，注入全新的价值内涵。

教育信息化带来的优势具体表现在以下几个方面。第一，人工智能从线上线下、校内校外改变着传统教育方式。一方面老师可以应用更多的资源教学，教学方式变得更多元；另一方面，由于互联网永远在线，能够实现师生间的实时互动，学生从远程学习到电子学习再到移动学习，其学习模式发生了实质性的转变。第二，教育管理和服务信息化水平的提高，促进了教育信息公开透明，在政策公开、高考招生等教育类公共服务方面发挥了积极作用，也提高了教育管理和决策的科学化水平。第三，网络教育资源体系推动着地区间和国内外优质教育资源的共享。第四，国家教育信息化基础设施的完善成为了保障全民学习、终身学习，构建学习型社会的重要平台。

因此，互联网教育满足了人们对于教育更高层级的需求，为教育插上了更加自由的"翅膀"，利用互联网的大数据，以及人工智能等技术的应用,使教育教学更加先进高效,更为精准。

## 三、新突破培养创新人才

立足当下,思考未来。教育信息化是实现教育创新的必经之路。教育创新是一个很大的课题。创新意味着变化和未来,那么创新的出发点是什么?未来教育到底是什么样?没有答案。因为教育是复杂的。教育的功能、教育与社会政治、经济、文化间的关系也处于不断发展变化的过程中。这就增加了对未来教育进行预测的难度。

在教育领域一辈子的工作经验告诉我,最难的是对未来教育形式的预判。在我看来,未来教育不是指遥远的若干年以后的教育,而是当下正在进行着的,为未来社会培养人才的教育。不论教育信息化发展得多么迅速,只有从教育的本质出发,以人的全面发展作为根本指向,才能对未来教育进行全面、透彻的思考。

首先,我们要思考未来教育的出发点。党的十九大提出了新的任务目标——培养担当民族复兴大任的时代人才。今天教育是培养德智体美劳全面发展的接班人,而未来要培养能够担当民族复兴大任的人才,这个提法不能被忽视。既然教育要为社会发展培养人才,就需要及早关注未来社会发展对人才提出的新要求,这是思考教育创新的出发点。

国家十分重视创新型人才的培养,培养全面发展的创新型人才是教育工作者和整个社会的责任,而要培养出具有创新思维、创造能力人才,不是一朝一夕的事,只有具备培养这类人才的土壤才有可能做到让创新意识深入人们的骨髓,变成人们的一种习惯,才有可能在一代人长大后形成这样一个创新氛围,最终代代传承并逐步融入我们民族的血液中。

## 四、新探索推动教育者自身变革

尽管互联网改变着教育的方式，但改变不了教育的本质。好的教育，人永远是第一位的，在复旦大学数学系，现在是四代院士同堂，这成为了教育科技界的一段佳话。在互联网时代，我们仍然要重视好的师生关系。中国有着"一日为师，终身为父"的精神。懂得如何因材施教培育学生、如何在不断变化的时代中不断提升自己的老师才能真正理解教育创新的内涵。

过去，中国的教育是教孩子们读书、继承老祖宗的文化传统，学会现有的知识与技术，教会孩子们获取知识的方法。教育者循规蹈矩，孩子们按照家长的安排、老师的教诲做事。对孩子们来说缺少发现、思考、动手、感悟这样一个智力开发的过程。现在，"教师"的概念是广义的，社会积极开展创新型人才培养，在不同阶段中教师是不同的。首先，在学校教育中，教师是知识与能力综合的权威性代表。对教师的要求是要有宽广的知识面，有扎实的专业知识，有丰富的实践经验，更要有强大的创新意识和创造能力，只有具备创造能力的教师才会培养出有创造能力的学生。有一流的教师，才有一流的教育，才会有一流的学校，才能够培养出一流的人才。其次，随着数字时代的到来，教育教学在内容、环境、方式等方面发生了深刻变革，教师作为教育、教学的核心，亦无法规避数字化的冲击。置身于以技术为支撑的数字时代，教师的角色应该从简单的知识传递者走向知识协同者，从课程执行者转向课程研发者，从学习监管者迈向学习引领者。

在"互联网＋"教育阶段，要促进教育者实现自身发展，就需要为广大教师搭建发展的平台。教师专业化发展是提升教师教育内涵的动力之源和可持续发展的关键因素。首先,引领教师制定专业成长规划,通过专业型、学习型组织转变观念,打开视野,夯实专业知识,站在时代发展的前沿思考问题;第二,立足科研实践,通过实地考察等渠道,培训学习,给教师切身的体验;第三,教育管理者要身体力行,把握国内外教育动态、时代脉搏、教育改革方向,要熟知教师的需要、教育教学存在的问题,要深入调研,认真倾听教师意见和建议,亲临课堂,结合实际与参与者进行研究,同时不断反思研修的实效。

实践证明教育管理者只有不断完善自我、超越自我,充分发挥引领、组织作用,融职业生命于教育发展之中,以自己踏实的工作、渊博的学识感召教师,才能发挥带头作用,最大程度地推动广大教育工作者自身的发展变革。

振兴民族在教育,振兴教育在教师。综上所述,只有关注教育者本身、提高教学质量、促进教研能力、培养师德高尚、业务精湛、充满活力的教师精英团队才能对提升整体办学水平、推动教育创新发展都起到积极的推动作用。

## 五、新常态遵循教育规律

除此之外,看清未来还必须具有把握趋势的判断和善于总结的能力。预测未来的价值不在于预测的准确,而是对于今后路径的选择发挥作用,规避风险。时代在飞速发展,多年来,我们习惯了超越、快速,并以此作为一个常态的标准,今天,我们不能再一味选择急进,而要沉下心来,不忘初心,感悟真正的教育规律和教育本质,只有把握住事物的本质,才不会被世间乱象所困扰。

"按教育规律办教育"是教育界乃至全社会的普遍共识。至于什么是教育规律,我们知道的多是教科书式的答案——教育规律是不以人的意志为转移的教育活动各要素之间所具有的内在的、本质的和必然的联系,是教育发展变化的必然趋势。这种"教科书话语"看似正确,但却较少能启迪决策者、实践者和评价者的教育智慧,也许在一定程度上还禁锢了人们的情境思维和创新意志。既然规律是不以人的意志为转移的,是事物发展变化的必然趋势,那么人在规律面前岂不是束手无策吗?"人类可以让世界变得更美好"这句话难道是谎言吗? 既然规律是活动要素内在的、本质的、必然的联系,那么划定内在与外在、本质与表象、必然与偶然的标准是什么? 我们又该如何看待事物的普遍联系和永恒发展的观点?

五年的上海社科院院长的经历,让我进行过长期的智库研究,社科院借助专家学者长期的专业研究和国际的、历史的、地区间的多重比较,对社会发展中出现的突出问题、重大难题进行前瞻性思考,在把握事物发展规律的基础上,提出有分量、有见解的政策性建议和解决问题的思路。无论是教育还是科研,开启未来之门的钥匙都在于是否遵循事物发展的规律,是否真正契合改革的趋势。

在此基础上,我们要坚持三大方向:首先,未来教育一定要坚持邓小平同志提出的"三个面向"——教育要面向现代化,面向世界,面向未来。我们要坚持这"三个面向",不能动摇、不能淡化、不能放弃。第二,培养时代人才。第三,要适应变化,与时代同行。在探索具有中国特色的教育创新之路上感悟真正的教育规律,要准备为了探索教育真理而爬坡过坎、跋山涉水。哪怕山高路陡,也不必在乎别人的评价,重在内心的追求、情怀的追求。

## 六、新高度拓展国际视野

最后，创新教育还要有国际化的视野。创新的本身预示着变革，变革代表着与时俱进，教育应当面向未来、面向世界、面向现代化的创新教育机制和体制，这是培养未来国际化人才所必须进行的变革。

中国改革开放四十年来一直走在创新变革的道路上，走在产业转型、人才培养、制度创新变革的道路上，在风云变幻的世界形势中，人才的竞争离不开教育，所以各国为了提升竞争力，纷纷出台相应的教育改革措施，以适应不断发展的时代。

教育是未来，人才科技是明天，经济发展是现在。我们必须把握好现在、明天和未来的各阶段的重要关系。所以，创新教育必须成为我们国家未来发展的重中之重，它必将涉及我们的科技、学术、科研以及成果转化，甚至关系我们国家在强国、强军、强教育等各种重要领域。

李克强总理曾在夏季达沃斯论坛上公开发出"大众创业、万众创新"的号召，提出认真积极开展"双创"活动。创业、创新及产业转型势必对人才提出更高的标准和要求。至于创新教育怎样去创新，或许仅仅依赖于我们国家的教育，用我们自己的创新思维还不够，要走出去、引进来，把发达国家的先进教育理念、先进教育资源、先进教育课程、先进教学方法，与我国的教育特点结合，使我国的教育体制机制达到古为今用、洋为中用的效果。结合发达国家的教育把我们的教育带动一下、促进一下，甚至刺激一下，推动我国教育在变革中不断创新完善。这就是融合，只有拓宽国际视野，在融合的前提下实现多角度共同发展，在交流中碰撞火花，才能探索教育创新在未来的无限可能。

# 育人育德，以心养心是教育永恒的主题<sup>*</sup>

　　**未来是难以预测的，唯变是真理。** 未来教育，是一个非常大、非常难的世界性课题。在教育领域深耕了一辈子的工作经验告诉我，最难的是对未来教育的预测预判。

　　何为教育？ 教育是提高人民综合素质，促进人全面发展的重要途径；是民族振兴、社会进步的重要基石；是对中华民族伟大复兴具有决定性意义的事业。

　　**何为未来教育？ 我认为首先是终生教育，其次是智慧教育。**

　　研究过去是相对容易的事，也可以通过描述问题、分析原因来研究当下，但难在开出有效的"药方"。而未来，是最难研究的事儿，因为它要预测、预判可能发生的事情。我们不是算命先生，这个世界是不确定的，可以确定的事情，就是世界充满了不确定。

　　**因此在当下，我们要沉下心来，不忘初心。** 看清未来就必须具有把握趋势、科学判断、善于总结的能力。反思比回忆更重要，感悟比

---

　　*　2018 年在"第六届 820WWEC 教育者大会开幕主论坛"上的主旨报告。

感谢、感知更深刻。多少年来我们习惯了超越、快速，并以此作为一个常态的标准。而今天我们不能再一味选择捷径，不能为了超越忘了初心。

要沉下心来，感悟真正的教育规律。要准备为了探索教育真理而爬坡过坎，跋山涉水。哪怕山高路陡，也不必太在乎别人的评价，重在内心的追寻、情怀的追求。

鉴于此，对于未来教育，我们要坚持三大方向。

第一，坚持"三个面向"。未来教育一定要坚持邓小平同志提出的"三个面向"——教育要面向现代化，面向世界，面向未来。我们要坚持这"三个面向"，不能动摇、不能淡化、不能放弃。

第二，培养时代人才。党的十九大提出了新的任务目标——培养担当民族复兴大任的时代新人。过去教育规范的提法是培养德智体美全面发展的社会主义建设者和接班人。而未来，要培养担当民族复兴大任。这个新的提法要引起足够重视，不能模糊。

第三，适应变化，担起责任。要适应变化，与时代同行。沧海桑田，世界在变，中国在变，教育也在变。网络正在快速地改变世界，科技革新、突破颠覆传统，改变了人类的生活。但教育者在历史的坐标中、时代的大潮中始终都应该担起育人的责任。

互联网改变不了教育的本质。人工智能从线上线下、校内校外改变着传统教育方式，老师可以应用更多的资源教学，教学方式更多元，机遇和挑战同在，互联网永远在线，实时互动，从远程学习到电子学习再到移动学习，学习模式发生了变化。

因此终身学习越来越重要。教育不仅重器、重术，更重道。器是工具，术是技术，但不能轻道——互联网对教育的影响固然巨大，但不可能颠覆教育的本质，这是道。

未来教育对于教育者的要求是做到工具性和人文性的结合。好的教育，人永远是第一位的。在复旦大学数学系，现在是四代院士同堂，这成为了教育科技界的一段佳话。在互联网时代，我们仍然要重视好的师生关系。

什么是教育？就是永远把学生超过自己当作天经地义，当作终极目标来追求，笃行"青蓝效应"，青出于蓝而胜于蓝，并以此而自豪。

中国有着"一日为师，终身为父"的精神。师生关系是好的教育应该坚持的，所以教育是以心养心，是从心开始，以道相通的过程。

在互联网时代关注公益教育的同时，更应该关注精神信仰、人品、人格的塑造。教育者要教育学生追求真善美，打好向上向善的人生底色。善，就是培养德行，善对人生、善对他人、善对社会，要有同情之心，要有悲悯之心。要美人之美，天下大同。

未来教育同样也是灵魂的教育，育人育德是未来教育永恒的主题。

# 直面男孩教育问题<sup>*</sup>

目前学习成绩中男孩不如女孩的问题越来越突出，全国五千万所谓的"差生"中 80％ 是男生，而且男生越来越缺乏阳刚之气。我要呼吁社会共同关注教育中的"男孩危机"。

要选个男干部"比以前难许多"。在现在的中小学，女生的学习成绩普遍好于男生，多项调查显示，男孩的学习能力、心理条件、同学关系、师生关系，普遍弱于女生，在数学、实验、计算机等男生的传统优势项目中，男生也不如女生。"我国有 2 亿多的中小学生，按照现行的评价标准，其中五千万属于差生，而五千万差生中 80％ 是男生。"调查中，目前学习成绩中男孩不如女孩的问题越来越大，而且男生越来越缺乏阳刚之气。

在对上海的一些学校的调查来看，也存在明显的男生弱势的现象。上海紫竹园中学是一所完全中学，生源按片区划分，不择校，因此学校男女生比例代表了升学竞争的自然结果。该校拥有初中和高中两个学部，初中男生人数略多，占 54.46％；但到了高中阶段，男生人数骤然下

---

＊ 原载于《青年报》2012 年 3 月 8 日。

降,近300名高中生中,男生只占43.4%。有校长感叹,以前女生只是"略胜一筹",现在则到了比例严重失调的程度。学生干部中,要选个男干部"比以前难许多"。

我的母校是上海中学,现在的高一新生中,女生占65%,男生为35%,和我念书时正好相反。以至于上海中学的校长一度戏称,十年后上海中学或许要改名叫"上海女中"了。根据调查,上海高校新生入学男生比例也连年下降。

男孩生理和心理发育都落后于女孩,基础教育中男生过早被边缘化或者淘汰,不利于教育公平的实现和男生个人的发展。在中国,进不了普通高中,意味着一个学生很难再有接受全日制高等教育的机会,而

▼ 就"男孩教育问题"接受东方网记者采访

这在无形中也就剥夺了男生今后人生发展的许多机遇。因为学业方面的劣势，使得自尊心受损，会成为一些男生一生挥之不去的阴影，从而成为各个领域的失败者，导致许多个人问题和社会问题的出现。

大家知道同年龄的男孩在生理和心理发育上都落后于女孩，但在教育实践中，由于现代教育中整齐划一的教育安排和考核要求，使得大家将这种认识往往抛到了脑后。首先是现代的教育平等观更多关注了学生的学习机会均等和学习过程的平等，而很少关注学生的性别差异。在这种平等观的主导下，要求他们表现一致。因此，无论是当下的教育评价还是社会评价，都无视两性的差别，实质上抹杀了男女生之间天然的性别差异。

其次，现代教育忽视了男孩独特的学习和发展特点，研究表明，男孩更倾向于运动、实验操作、使用计算机、参与体验的方式学习。男孩更容易接受图表、图像和运动物体的刺激，而不易接受单调的语言刺激。此外，现代教育的安全性需求限制了男孩的性格成长。男孩具有爱冒险、挑战、争吵、跑动的行为倾向，而在现代教育中他们却被要求必须坐得端端正正，听上几小时的课。加上社会实践也是少而又少，从而使得男生缺乏他们所擅长的运动技能、视觉和空间技能，以至于学习不占优势，特长得不到发挥，性格发展也得不到引导。

另外，目前教育的方式方法不利于男生，"毕竟男生的心智发育晚，脑科学表明，5岁的男孩只能达到3岁半女孩的水平"。而学校中女班主任过多，让男生有过多限制，不太适应，也容易缺乏阳刚之气。

大家都在关心钱学森之问，"'男孩教育问题'若不解决，这个问题如何解决?"对此，我认为不仅要"因材施教"，还应确立"因性施教"的教育平等观，使男生和女生都能发挥各自的性别优势，克服现代教育无性别差异的单一平等观。

教育部门则要利用智库力量，积极探索建立新的评价机制和教育

▲ 2012 年全国人大会议召开时在人民大会堂前接受采访

模式，以综合评价代替单一的学业成绩评价，将能力评价与成绩评价结合起来，让男生的特点与优势得到展现和认可；在测试的内容与形式方面，积极鼓励教师在考试中多增加一些操作性、想象性的内容，采用多元、灵活的考试形式来全面、客观地评价男孩的表现和发展。

　　另外，要逐步改善教师性别比例，鼓励更多的优秀男性从事教育事业，改变目前中小学师资队伍性别结构上偏女性化的现状。

　　根据不同的学习方式，采用多元的教学方式，也是一种方式。学校要承认和尊重性别差异，要有性别差异的教育意识，男孩更喜爱对抗、竞争和刺激，对动手实验感到兴趣盎然。更喜欢体验式学习和运动型学习。教师在课堂可以采用多种教学方式，为男孩创造表现机会，充分发挥男孩的想象力和创新能力。

# 做好中国人，要有底蕴和情怀<sup>*</sup>

在当今社会如何成为一名合格的学生呢？我觉得，在目前全球化的世界背景下，我们的学生既要有国际视野，又要有中国情怀，还有一点很重要，要有艺术素养。对于一个全面发展的人来说，我们要观察他怎样与人打交道，他的素养是十有八九能够在这过程中显现出来的。同学们在将来与人的交往中，需要接班、做事，这个阶段的变化是很大的，其中，提高素养这一点尤为重要。对于学校而言，如何帮助学生打好人生的底色，也就是如何育人、育德，这件事如何做好，是至关重要的，所以我想来学习、感受素质教育在姚连生中学是怎么开展的、成效如何。

当我走进教室，看到同学们一个个都在精神昂扬地唱校歌，唱得很好，同学们也很有礼貌，顿时觉得我们的校园氛围很好。学校最终的评价标准不是有多少平方的场地、有多少设备，而应该看培养的学生是不是受到大家的欢迎，比如说在座的各位同学，即将升入中学，各中学要是觉得从姚连生中学毕业的学生开朗、阳光、有纪律，读书用功，头脑还

---

\* 2016 年在"姚连生教育基金奖学金颁奖会"上的讲话。

很灵活,这样就是受到欢迎了。

刚才说到姚连生中学有两个特点,一是国际视野,二是艺术教育。这两者有什么关系呢?中国要建立人类命运共同体,整个世界你中有我,我中有你,很多事情是联系在一起的,面临着共同的挑战,所以我们应该同舟共济、和平和谐、开放合作、创新共赢,共同应对世界面临的挑战。原中国驻法国大使吴建民生前坚持的一个观点:"我们中国人看待问题,一方面要从中国看世界,同时不要忘记从世界看中国。"中国看世界,就是如何符合我们国家的利益,如何使得国家富强,这一点容易理解;世界看中国,视野就不一样了,就像从底楼和顶楼看到的图景不一样,视野和胸襟不同,看到的图景也不同,今后的着力点和努力的方向也就不一样了。所以换一个角度,换一个视野,会有另一番风景。"会当凌绝顶,一览众山小",中国要赢没问题,世界也要赢,各方利益要交汇、合作共赢,形成一个命运共同体。我们的校歌和校训里讲,"爱国爱人民",这个人民,不仅仅意指中国人民,更意味着包括中国人在内的全人类。

姚连生中学具有国际视野,这一点适应了未来的需要,我们屡次提及国际视野,但究竟怎样去做,载体是什么,有效的途径是什么,我希望我们和香港的姚连生中学能有互动和交流。上海是国际大都市,香港的开放程度比上海更高,在制定"十三五"规划的时候,我们觉得将来上海的开放程度还要更高。在目前的情况下,我们与香港姚连生中学结为姐妹学校,以交流、互访的形式继续探索,我觉得是非常好的。

立意高远,要登高望远,防止狭隘。我看到上海市姚连生中学的名字是原上海市委书记、市长汪道涵同志题写的,汪道涵同志曾给过我一个题词,就是"心怀天地、志存高远",姚连生中学在这一点上做得很好,我予以祝贺,希望学校能继续保持。我们正在路上,是正在进行时,并没有完成。整个上海也在不断探索,希望我们能给全市、乃至长三角地

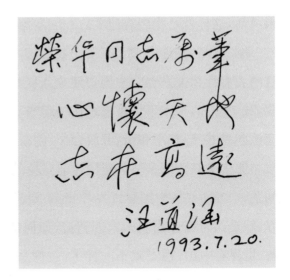

区,创造一些切实可行的做法和经验。

另外一点,是艺术教育。艺术教育整合资源,能够以艺促德,姚连生中学曾被评为"十一五"期间上海市艺术特色学校,2011年曾被授予全国中华优秀艺术传承学校,可喜可贺,我向大家、向老师们、向校长们辛勤劳动取得的丰硕成果表示祝贺。艺术教育是素质教育的重要组成部分,目的是培养全面发展的人。昨晚我翻到李岚清同志的一段话,我接待过李岚清同志,他曾经到由我担任校长的松江上海视觉艺术学院作过报告。他说过两段话,我想在这里和大家分享一下。李岚清同志说,音乐的魅力,在于它能够使生活更有情绪,思维更有创意,工作更有效率,领导更有艺术,人生更加丰厚,希望大家都成为经典音乐的爱好者。他还认为优秀的音乐能够激发人们爱祖国、爱人民、爱生活的热情,能够丰富人民的精神生活,陶冶人们的高尚情操,有助于开发人们的创意思维,提高全民族修养和全体素质。李岚清同志的结论是,音乐能给人美的享受,启发人的智慧,增加人的创造性思维,音乐能给予我们的,与我们听音乐所花费的时间,是不可比拟的。这位近八十岁的老领导曾经负责全国教育工作,退休之后,他依旧徜徉在艺术的海洋,刻图章、画画、写书法,普及音乐艺术。复旦大学成立的管理基金,是他将几百万稿费捐出设立的一项鼓励教师的基金。我曾经召开过一个院士座谈会,听取那些科学院院士、工程院院士讲述如何使上海的学校做到创新,结果出乎我的意料,出席的 12 位院士,有 7 位院士都提到要重视文化,这给了我很大的教育和启发。前段时间我去大连理工大学考察工作,我跟他们说,工科的发展,要依靠理科,工需要理的支撑,理工并

▼ 与陆谷孙教授(右)在上海市大学生英语竞赛现场

重,但理工的后面还要加一个文化,要有文化的底蕴。如果一个人离开了艺术,就是不全面的;如果离开了艺术,就很难有创新创造。《英汉大词典》的主编陆谷孙先生有一句名言,"学好外国语,做好中国人"。学外语是工具,但做好中国人,需要有文化的积累和底蕴。文化除了指导思想,或者说意识形态、三观,更重要的一点体现在艺术方面。姚连生中学具有艺术特色,通过艺术的纽带,把校内外的资源整合起来,形成一个教育共同体,我觉得这是一个非常有前瞻性、针对性的做法。

从大局上说,国际视野关系着建立人类命运共同体的历史使命,这是今天中国的地位、中国的发展所决定的使命,我们不能关起门来,闭门造车,一定要和世界广泛地联系。同学们通过自己的经历和成长,慢慢领会,将会经历一个不断深化的过程。

教育是今天,也是明天,教育的根本任务是育人,育人是全方位的,包括德、智、体、美。我最近遇到香港著名实业家、纵横汉字输入法发明人周忠继先生。他和我探讨了育人育德的问题、美德的问题。他说,做人是最要紧的。我感觉到,艺术和文化是紧密相连的,艺术不是让我们都成为艺术家,而是陶冶我们的情操。我们会乐器、评弹,这些都只是艺术的开始,入门之后慢慢爱上它,将受益终生。比如我原先不喜欢京剧,一看到京剧就换台,但是出于工作关系我要去听戏,听着听着我会把碟片和文字对照起来,逐渐就理解并喜欢了京剧这一艺术形式。评弹也是非常美的,它的文学性很强,爱上之后,就会发现人类对文化和艺术的感悟其实是相通的。

当今的国际视野要有全球的眼光、世界的情怀,而教育的对象是全面的人,离不开艺术。我相信姚连生中学将会以艺促德,将艺术的教育特色实践为立德树人,促进学生素质的提高,将来从这儿毕业的同学,既有艺术素养,看问题的视野又会比别人高一层,深一步。

# "上海六千年"之旅中的知行合一<sup>*</sup>

2019年岁末,我们在这里举行"上海六千年"之旅实践活动的总结展示会。之所以选在久隆模范中学,是有特殊意义的。它是上海一所面向品学兼优的贫寒子弟开设的学校。基金会在学校设立了暑期"红色之旅"专项,鼓励久隆的优秀学子走出上海,走向全国,开展社会实践活动,将学校教育与社会实践教育相结合。今年又增加了"上海六千年"实践之旅的专项投入。刚才,学校的总结和展示,让我们看到久隆学子通过活动开阔了眼界,收获了许多,我们也在其中深受教育。

"上海六千年"之旅实践活动,各方面都给予了大力支持,形成了合力育人的良好氛围。主要体现在以下几个方面:

## 一、各方重视,组织到位

几场主要的社会实践活动都安排在暑期,师生们以及接待单位的

 * 2019年在"'上海六千年'之旅实践活动展示会"上的讲话。

领导、专家冒着酷暑,按照事先定下的实践活动计划,认真开展各项考察、讲解、座谈会、报告会等活动。令我们格外感动的是,当同学们走进中科院上海佘山天文台报告大厅时,年过九旬的叶叔华院士已经在等候着大家,她全程参与了与同学们的互动交流。叶先生在学生们眼中,谦逊温和、平易近人,讲话风趣幽默,是一位可敬可亲的长者。叶先生不知疲倦,用几十分钟的时间,从自己的求学之路谈起,向学子们讲述了自己投身天文事业的人生经历和无悔选择。她说,日复一日的恒星观测是一件异常乏味的工作,她也曾动摇过、迷茫过。但是,随着工作的不断深入,她在枯燥的数字记录中逐渐理解了天文工作的价值所在。新中国成立初期,百废待兴,国家亟须精密地图和精准授时,正是在国家全面建设的伟大实践中,她深刻认识到天文工作的重要意义。今天

▼ 为学生讲解上海的历史

我们听到的"北京时间",就是叶叔华团队建立的。

她谆谆寄语久隆学子:中国不但要做大国、强国,而且要做"好国"。什么是"好国"? 就是不仅自身强大,而且不骄不傲,不欺负别的国家,相反还要去帮助有困难的国家。要维护世界和平,和世界上所有人民共同进步。

沈志强台长是知名天文学家,今天也来参会了。那天,他顶着骄阳,亲自带领久隆师生来到佘山天马山脚下,走进 VLBI 深空测控中心,探知宇宙的奥秘,并近距离参观目前亚洲第一、可全方位转动的 65 m 口径大型射电天文望远镜(天马望远镜)。从沈台长的介绍中,同学们了解到,天马望远镜连续参加并成功完成了嫦娥二号、三号、五号飞行试验器的 VLBI 测定轨任务,为我国的探月工程作出了卓越贡献。而推动天马望远镜工程成功落实,实现我国建设世界级大型射电望远镜目标的,正是叶叔华院士。

久隆学子在此次天文台之旅中收获颇丰。有学生谈道:"在呼啸的风声和天马望远镜白得晃眼的巨型反射面下,我真实地感受到人类自身的渺小和渴望无限接近宇宙真相的雄心壮志。这一刻,我终于体会到'我们的征途是星辰大海'这句话的动人心魄。"

在"海派文化"探踪之旅中,久隆学子带着对人类命运共同体的关注和思考,来到了上海犹太难民纪念馆。知名犹太问题研究专家、上海社科院国际问题研究所所长王健研究员顶着烈日,带领久隆师生重温"方舟之路",感受那段寒冷与温暖交织的历史岁月。王健所长向久隆学子详细介绍了 1933—1941 年间,上海人民如何以仁爱和博大的胸怀,接纳近两万名犹太难民,并与他们患难与共、和谐相处的历史。深入讲解的同时,王健所长与学生保持互动,解答了不少关于当时的中国为何敢站在德国的对立面接纳犹太难民等现场提问,帮助学生理解"人

◀ 在上海佘山天文
台听取沈志强台
长（左）介绍

类命运共同体"这一理念背后的文化底蕴和历史支撑。

活动中，上海犹太难民纪念馆馆长陈俭、原虹口区政协主席管维镛等专家和领导向师生们详细介绍了上海成为犹太难民"和平方舟"的温暖历史，并多方位阐述了对"人类命运共同体"的认识和思考。

我也跟同学们分享了一些思考。通过"上海六千年"之旅，希望能让更多学生了解上海这座城市的历史和品格。同情、恻隐、救助的义举，不仅是一个人的美好品格，也是一座城市的美好品格。上海在困难时期接纳犹太难民的这段感人历史，备受世人感动和推崇，充分体现了上海"和平、友善、包容、开放"的城市品格和历史传统。我提到，当今的时代主题是和平发展，爱祖国、爱人类亦是时代新人的使命和担当。新时代下，我们要继续弘扬和践行"海纳百川、大气谦和"的上海城市精神，树立人类命运休戚与共的时代意识，培养具有国际视野和家国情怀的模范公民。

在活动过程中,久隆学生代表与同伴分享了被誉为"中国的辛德勒"的何凤山的精彩故事,还有学生代表讲述了参与"上海六千年"之旅实践活动的体会与收获。有学生指出:"上海天文台之行让久隆学子感受到求真的科学精神,而重温'方舟之路'则让久隆学子感受到求善的人文情怀。"还有学生在采访中表示:"一方有难八方支援,海纳百川有容乃大,我们不应该对任何一个民族有任何的歧视和偏见。"

## 二、主题突出,导向鲜明

历史是最好的教科书。习近平总书记指出:"讲清楚中华优秀传统文化是中华民族的突出优势,是我们最深厚的文化软实力。""学史可以看成败、鉴得失、知兴替。""大力弘扬中华民族优秀传统文化,特别是要让中华民族文化基因在广大青少年心中生根发芽。"

我们确立的"上海六千年"实践之旅活动的主题是"寻根问道、铸魂育情",宗旨是激发广大青少年"知上海、爱上海、建上海"的爱国爱乡情怀。前两年,基金会支持编写出版《上海六千年》通俗读本,上海市地方志办公室组织编纂,上海通志馆具体承编,作者、民俗学家仲富兰教授也在我们现场。此举旨在充分开发利用和活化上海地方志资源,以"正史、美文、正能量",彰显上海精神,反映上海特点,体现地域特色,使读者增强对这座城市的自豪感、使命感和责任感。读本以上海建设成为卓越的全球城市为切入点,展开上海历史的发展脉络,包括上海改革开放史,以及上海"两个一百年"的发展愿景,突出体现红色文化、海派文化、江南文化,反映国际视野、城市精神、上海情怀。在读本出版后,我们就在思考如何用好这套书。我们向久隆模范中学师生捐赠了1 000套读本,并捐书给全市各区100所中学图书馆。从引导阅读开始,逐步推向以读本为基础,支持学校开展社会实践,就是我们讲的要构建"知行合一"的育人模式。

## 三、典型示范,立德树人

久隆模范中学在办学过程中贯彻"模范公民"教育,这个理念与德智体美劳全面发展,培养实现百年中国梦的时代新人相一致,而且更具体化。说实话,我并不赞成有的学校提出要把学生培养成领袖式的人物,要培养未来精英,开设驾驶课程,学打高尔夫球等等。因为学生的成长,学校只是打基础,还需要学生参与更多的社会实践,知行合一,才能成就。所以在"模范公民"的培养过程中,要重视劳动价值,以劳动为荣,培养勤俭、勤劳的美德。对那些鄙视劳动,一味地走捷径,急功近利,造成整个社会浮躁的行为,大家意见很大。所以爱劳动、懂感恩,才能做一个好公民。我认为,有些学生家庭经济条件比较好,有些学生暂时比较困难,这都是人生过程中客观存在的,要正确对待。艰难困苦磨炼意志、成就人生,经历了困难就更知道很多东西来之不易,也就更加珍惜。多年来,我们观察久隆、走进久隆、感受久隆,为学校正确的人才培养理念、鲜明的办学特色、良好的校风教风学风所打动。基金会把更多的资源给到久隆中学,是想让更多的学生以久隆学子为榜样,不畏艰难、刻苦向学、立志成才。久隆的学生在老师们的培养下做到了。所以,我们把开展"上海六千年"之旅社会实践活动的试点放在久隆中学。今天,他们向大家展示了实践教育的成果,希望对大家有所启发和帮助。

# 在和衷共济中做世界的"和平方舟"*

我记得十年前,在第三届世界中国学论坛上,我作了名为"和衷共济"的主旨报告,对来自五大洲政界、学界、业界的学者讲述如何运用中国智慧来应对世界面临的严峻挑战。当今世界是一个地球村,人们连接得越来越紧密,形成了两个共同体,一个是人类命运共同体,一个是利益共同体。人类在享受巨大进步、物质财富的同时,也面临着巨大的挑战。任何一个国家都不可能或难以单独应对全球的挑战,比如气候变暖、人类生态恶化;比如能源的紧缺、跨国的恐怖主义威胁等,我们的讨论达成了一个共识,就是中国发展的问题,要在世界范围内获得解决。当时与会的德国劳工经济部长在会议上说了一句话,我至今还记得,他说:"中国离不开欧洲,欧洲也离不开中国,隔离的时代一去不复返。"

中国和世界各国需要和衷共济,这个"舟"不是中国的龙舟,而是人类的同舟共济。中国和世界的关系,我们的共存之道,就是"和衷共

---

* 2007年在"中法青年座谈会"上的讲话。

济"。"和衷共济"是中国三千年来延续至今的古老智慧,"和衷"是指人们彼此和谐、共济、合作共事的一种精神状态,"共济"是一种行为状态,借助同一个舟船来共渡江河,把它翻译成现代语言,就是共同承担责任,共同面对挑战,共同抓住机遇,共同到达理想的彼岸。

在上海居住较久的朋友都有一个共识,过去上海被称为"东方的巴黎",今天我想介绍一下上海最新的情况。朋友们如果回到法国,别人问起上海是一个怎样的城市,我可以告诉大家如何用最简单的语言来回答这个问题。

由于长江的泥沙在口岸淤积,上海的土地连年增长,有2 500万人居住在这片土地上。俗话说,要看三千年的中国,到西安;要看一千年的中国,到北京;要看一百年的中国,到上海。所以我们说,上海是中国近现代发展的一个缩影。

了解上海,我觉得有两句话。一句是:它取得了巨大的成就。我有几个权威信息:上海港集装箱的数量连续七年居于世界第一;航空旅客吞吐量每年超过1亿人次;金融市场交易额达到1 300万亿元;全市生产总额增长了7.2%。此外,文化大都市建设也在快速进展当中。另一句是:上海发展存在不足和问题,需要我们正视并努力解决。

上海今后发展的目标,是建成现代化的国际大都市。但我认为不久之后,这个口号将会改为"建立卓越的全球城市"。在政府公报的众多指标里,自贸试验区和科技创新中心是上海今后将会全力以赴建设的两桩大事。目前,上海已确定建立开放型的经济城市和经济新体制,提升总部经济发展的能力,促进跨国公司总部的扩展功能,支持本土企业走出去,扩展海外业务,参与国际合作和竞争。这对大家而言可以说提供了很多机会,你们在中国的发展前景是很大的。

▲ 接待新加坡原总理吴作栋

在此，我还想提一个人，虽然他今天没有到场，但他是我们今天交流会的主角，那就是吴建民大使。吴大使对中国青年和大学生有几句话，我想在讲话结束前和大家分享一下。他说，既要从中国看世界，也要从世界看中国，要认清天下大势。我们都是爱国者，爱国需要激情，更需要理性和睿智，我们要反对狭隘的民族主义和民粹主义，维护国家利益，需要硬实力，同样需要软实力，人人都是民间大使。

了解中国，解读中国，把握中国的脉动和发展趋势，精要在于"和"，和平的"和"，和谐的"和"，和而不同的"和"，家和万事兴的"和"，国和有安宁的"和"。我是 40 后一代，是"过时"的一代。50、60 后是过渡的一代。今天在座的有来自上戏、上外、复旦、交大、外交学院,也有来自法国的朋友们,你们是风好正扬帆!一代人有一代人的历史使命,历史的接力棒交到了你们手里,我们为你们喝彩、加油,做你们的拉拉队。用中国古话说,"任重而道远",我们一辈子要奋斗。同舟共济,奋力前行!

# 为弘扬民族文化立志，为益众利民献身 *

　　上海的纵横码汉字输入推广工作现在已经进入了一个新的阶段，取得了有目共睹的成绩。但坦率说，之前上海地区纵横码的相关工作遇到不小的困难，有过一段时间的相对沉寂。能够教授纵横汉字输入法的老师越来越少；愿意研究纵横码的教授也不是很多；愿意学习纵横码的群体越来越少；能够正式参加比赛的中小学生当然更少。但是我们还是做了很多努力。

　　纵横汉字输入法诞生于 20 世纪 80 年代，源于一位名叫周忠继的老人的美丽梦想，就是："中文电脑化，电脑中文化。"当时，计算机还是一个新鲜事物，作为一个舶来品，计算机的中文输入环境很差。周忠继老先生忧心于中国人不能在电脑上快捷输入汉字，深恐汉字会被电脑所抛弃，怀着"益众利民"的理念，积极推进汉字编码研究，几乎以一人之力，在"四角号码"检字方法的启发下，研究出了一套简便易学的计算机中文输入法，这就是纵横汉字输入法。这一方法既传承了中国汉字

---

　　* 2016 年在"上海纵横码汉字输入推广工作总结暨颁奖大会"上的讲话。

▲ 向周忠继老先生（右）授荣誉证书

表字表意的特征，又通过简单数字将数码与形码有机结合，实现了汉字输入的重大突破。

更为难能可贵的是，周老先生为了让更多的中国人学会使用纵横输入法、学会使用计算机，不仅将专利无偿献出，更是斥巨资在全国积极推动纵横汉字输入法及其教学辅助软件的研发和推广。这一坚持，就是二十多年。二十年来，纵横汉字输入法在华夏大地得到了广泛的推广和应用，对于推动信息技术的普及和中华文化的传承具有不可忽视的重要意义。当年，周老先生与教育基金会时任理事长谢丽娟同志奠定了双方共同推进上海地区纵横码工作的良好基础。

如今，在新的时空背景下，纵横汉字输入法的推广工作挑战与转机并存。如何平稳推动纵横码工作转型，是新时期开展纵横码推广工作的关键所在。根据多方调研与研讨，上海地区开展纵横码推广工作面临几方面的困难，但是我们也要看到，新时期上海地区开展纵横码推广工作仍有着良好基础：

火种不灭。纵横码在上海仍有火种，而且有越烧越旺之势。在原四所学校（光启小学、风范中学、向红小学、行知小学）的基础上，又发展了新学校参与到纵横码的培训中来。今年（2016 年）夏天，上海地区召集了数十位中小学生参与全国纵横码大赛前的强化训练，进步明显，参赛选手无论从质量还是数量上都较往年有很大突破。

捐赠者的热情不减。周忠继老先生不止一次向基金会捐款，前后捐赠达上千万港币，用于支持上海地区纵横码的推广工作，对早期内地的计算机培训和教育事业的贡献很大。这既是对过去上海开展纵横码工作的肯定，也是对上海的纵横码工作提出新的要求。周忠继老先生已经 90 多岁高龄，为了纵横码的推广他从香港飞北京，全程参加全国纵横码大赛。这种不遗余力推广纵横码、支持教育的精神令人钦佩。

组织架构有保障。2015 年上海地区召开了纵横码推进工作会议。会议明确了成立上海纵横码工作领导小组。谢丽娟副市长和我担任领导小组顾问，相关单位从事该项工作的同志为领导小组成员。从组织架构上为上海纵横码工作的开展提供了保障。

各部门分工明确、合作有序、推进有度。自纵横码工作开展以来，上海市教育发展基金会、上海市艺教中心、上海师范大学以及各纵横码推广试点学校，根据各自的任务分工，参与的各个单位、部门和在座每一位领导及同志们都付出了极大的热情和努力，在各专项工作中发挥着积极的作用。在各单位的通力合作下，2016 年不仅圆满完成对苏州大学纵横汉字研究所的调研工作，在此基础上开展 2016 年纵横码推进工作会议,并成功组织学生参与全国纵横码大赛,赢得组织奖一等奖的荣誉。新时期上海地区纵横码的推广工作稳中有进,不断前行。

二十多年来,纵横码推广工程已然成为了创新科技的平台、人才培养的摇篮、服务社会的窗口。一批又一批传承文化、掌握技术、德才俱备的人才在其资助下茁壮成长,成就了授技和育人的双丰收。

今后,我们在继续扎实推进纵横码推广工作的同时,也要不忘初心,回归周老先生的初衷——普及信息技术、传承中华文化,回归"育人为本、德育为先"的教育思想,明确立德树人的教育根本任务,将技术的推广最终落实到人才的培养上来,用好每一笔善款,不负周忠继老先生的捐赠意愿。我们要通过自己的努力,使周老先生的善款发挥最大的社会效益。

第七编　聚财 汇智 促善 育人

　　基金会,顾名思义是一个依托于资金而形成的机构,乍一看,一不差钱,二可花钱,似乎是一份无人不会的美差乐活。客观上,社会上不少基金会也是这么表现的,偶尔做一两件锦上添花的事,人人皆知,皆大欢喜。作为教育基金会,若把这些套路转用到教育上再简单不过,也无可厚非。幸运的是,上海市教育发展基金会从创办伊始就明确了自己的责任,形成了自己的优良传统。我们提出"聚财汇智,促善育人"的宗旨,资金、资源的背后其实是才智,获捐的资金也好,资源也罢,本质上它代表了社会的善意和善念,捐助者所施的是善行,受助者所获的乃善需,唯有善意、善念、善行的通达,才能营造我为人人、人人为我的社会,因此每一次善意、善念的达成就是一次扬善的过程,也是问道教育求解的过程。

　　上天恒助自助者,这是中国的古训,善举的最高境界是因善而立。如何实现因善而立、因善自助呢? 教育或是一条明道通途。唯有教育,才能启智明性,增进个体的才能进而壮大社会的力量。作为基金会公益组织中的志愿者,我们所抱的一点情怀和追求就是,结天下善缘,聚社会力量,谋教育发展。总括一句,我们要在上海市教育发展基金会这里汇聚全社会的德才智金,为学生谋成长,为教育谋品质,为社会谋进步,为民族谋发展。

　　基金会从这样的立场出发开设奖项,着力加强高校思政和"马院""马工程"建设,引导学生树立正确的人生观、政治观、思想观;积极推进高校优秀青年人才的"曙光计划",既收获了丰硕的科研成果,又助推了一大批优秀人才的成长;聚焦人民教育家于漪形象和品质的传诵,着力提升教师素养;努力搭建校企合作平台、高校就业创业项目,助推大学生就业;弘扬大国工匠精神,支持职业教育,助推应用型人才成长,助力晨光计划传递希望;为特殊教育发展甘当后盾⋯⋯我们真切地体悟到,没有全社会的共同努力就难有教育健康发展的氛围,因此创设了"关爱青少年成长特别贡献奖",先后向全社会褒奖和表彰了全身心奉献给少儿音乐事业的艺术家曹鹏、十年磨一剑悉心培养足球小运动员的徐根宝教练、几十年来资助无数学子圆梦的香港爱国人士叔蘋奖学金管委会主席顾家麒先生、为上海基础教育发展作出重大贡献的两位教育功臣唐盛昌和顾泠沅等。这些项目的组织实施,不仅有效回应了时代呼声和教育改革与发展的需求、促进了教育品质的提升,也充分弘扬了社会的善愿、善行。我们坚持勿以善小而不为、勿以款小而轻视;不图财物实利,只谋教育发展;不为做锦上添花的事兴奋,却为做雪中送炭的事骄傲,不断推进基金会向枢纽型社会组织发展。可以说,这些既是我们弘扬办会宗旨的体现,也是我们问道教育的行动。

# 在位时清正廉明，去职日问心无愧<sup>*</sup>

今天我在这里庄重地接过谢丽娟理事长传递给我的接力棒，担任上海市教育发展基金会理事长。在这里，我首先对谢丽娟理事长、上海市教卫党委、上海市教委和上海市教育发展基金会理事会对我的信任表示衷心的感谢！同时，我也有些诚惶诚恐。

这是因为上海市教育发展基金会是 5A 级社会组织，是上海最有影响的教育基金会。记得基金会在 1993 年的教师节成立时，我当时还在市教卫党委任职。在基金会筹备工作中，市领导高度重视，黄菊同志亲自担任名誉会长，谢丽娟副市长担任会长（后改为理事长）。18 年来，谢丽娟同志虽然领导岗位发生了变化，但对基金会始终一往情深，投入了巨大的心血，为基金会的创立和发展作出了奠基性、开创性的贡献。在我的心目中，可以说，谢丽娟同志是上海教育发展基金会的一面旗帜。无论是与境内外企业家，尤其是香港的企业家联系，为资金募集工作奔走疾呼，还是与金融机构商谈，把握资金运作的原则和方式；无

---

* 2011 年在"上海市教育发展基金会第四届理事会第一次会议"上的讲话。

论在资助项目的设计、实施,还是在基金会内部的各项管理工作上她都亲力亲为,不断创新,得到社会各界及市领导的高度评价。在新一届的理事会中,谢丽娟同志担任我们的顾问,我真诚地期待谢丽娟同志关心、支持、指导、帮助基金会工作。此时此刻,我们对基金会常务副理事长薛喜民及其他历任领导,同样怀以由衷的敬意和感谢!

我在学界、政界"流浪"了三十多年,换了许多岗位。无论是上海市委、市政府、市政协,还是当人大代表,都没有离开过教育,与上海市教育发展基金会有着长期密切的联系,在工作中也得到过基金会的支持,我也亲眼见证了基金会从起步到成长和壮大的历程。因此,我对上海市教育发展基金会有着特别的一份情结。所以,对履行好这份光荣而神圣的责任充满了信心,也有一种回归之感。我认为压力来自信任,信心来自成就。

一是因为我们有很好的机遇。去年(2010年)上海召开了教育工作会议,颁布了中长期教育规划纲要,我参与了规划的讨论、制定。《纲要》进一步明确了教育优先发展和率先实现教育现代化的目标任务,上海也全面启动实施了部市合作共建国家教育综合改革试验区,推进了国家和上海的重点改革和发展项目。同时中央和市委正在全面推进社会管理和服务体系建设,着力完善党委领导、政府负责、社会协同、公众参与的社会管理格局。各类非营利性社会组织发展,在繁荣社会事业、参与社会管理和公共服务发挥着政府、市场和个人都不可替代的重要作用,因此也得到党和政府的高度重视。政府已明确对公益性社会组织扶持、服务、监管的责任。可以说,上海教育改革发展的提速、教育发展社会环境的改善,为我们基金会的发展提供了历史性的机遇。社会的需求,领导的重视是最大的机遇。

二是因为我们有很好的团队。我们感到非常荣幸的是,殷一璀副书记继续担任我们基金会的名誉理事长,她对基金会的工作,包括这次换届都十分关心,体现了市委对教育事业的高度重视。原上海市副市长谢丽娟、沙麟等同志担任我们的顾问,他们都是有着丰富经验并热心教育事业的老领导和在职领导。此外,我们有完备的监事会,由上海市财政局副局长田春华担任监事长。还有受人尊敬、影响力大的刘浩清、曹光彪等一批香港实业家担任副理事长。相信我们这样一个优秀团队,一定能够把我们的事业带上新的高峰。

**三是因为我们有很好的基础。**上海市教育发展基金会在长期的开拓和积累中,已经把众多社会各界贤达和知名企业汇聚到上海教育事业中来。①教育发展基金会运用社会各界提供的资源,打造了一批有影响的资助项目。我印象最深的,如曙光计划,已经成为上海高校优秀青年人才队伍培养的重要平台和阶梯,在获得资助的近千名"曙光学者"中,已经走出了一批"国家杰青""长江学者"和一大批优秀领导干部。此外,还有晨光计划、星光计划、联盟计划、阳光计划、帮困及奖励计划等。我知道,市促进科技成果转化基金会,韩哲一教育扶贫基金会都在向教育基金会学习。

在这样大好形势和难得的机遇面前,我的责任就是接好棒,和大家一起顺势而上、有所作为、不辱使命。

我完全同意 2011 年基金会工作计划。如果要说几句,就是努力做好传承,开拓工作。

**第一,保持连续性、稳定性,做好"传承"。**基金会第四届理事会的工作,不是另起炉灶,而是要认真总结和继承前三届工作的经验,并在

---

① 主要包括:由申银万国证券股份有限公司捐资设立的申银万国高校奖学奖教金;由上海源恺集团有限公司设立的源恺助奖学基金、源恺励志奖;由日本三得利株式会社捐资设立的三得利国际集团高校奖学金;还有东华大学周华盛教育基金,以及刘浩清基金、房地产教育基金、冯水康奖学金、曹光彪基金,青年总裁协会上海分会设立的农民工子女教育基金等。

新的历史条件下发扬光大。其中第一条,就是要始终不渝地坚持基金会的公益属性。基金会没有自己的小团体利益,一切以服务教育事业的公共利益为根本出发点,特别是自觉维护、保持基金会的公信力。每一位同志都要十分"爱惜羽毛"。要始终不渝地坚持规范化运行。严格遵守基金会章程和各项法律法规,贯彻党和国家的教育方针,服务服从教育事业改革发展的大局,自觉接受上级部门的业务指导和监督管理。政协工作是"无权无钱无烦恼",基金会是管钱、用钱的金融机构,这就要求我们不出丑闻,不出差错,经得起检查,对得起创业的前辈。要始终不渝地坚持无私奉献精神。基金会的属性决定了我们的工作就是奉献。我们要发扬历届理事会的光荣传统,勤勤恳恳、兢兢业业、不谋私利,把基金会事业当作党和人民的事业来做,当作自己人生最值得骄傲的事业来做。创新来自创意,创意源于激情,激情则由于热爱。在基金会我们都是热爱教育事业的志愿者。

**第二,保持创造性和开拓性。**在新的形势下,上海市教育发展基金会要继续保持与时俱进的精神,永不满足、永不停步、永不懈怠。我们要完善吸引社会资源投入教育的机制,进一步扩开财源,争取海内外更多企业和个人对教育理解、支持和投入。我们要提高工作效能,做好基金会资金的增值和管理工作,进一步聚焦重点,打造品牌,使上海教育发展有新的亮点、新的高原和高峰。也就是说,我们基金会不仅要善于筹钱,还要善于花钱,把一个钱当一个半钱来用,把每一分钱都花在最有价值的地方。在新形势下,我们要开发基金会的智库功能,发挥基金会各类人才荟萃、社会网络发达的优势,主动为市委市政府、市教卫党委及市教委提供社情民意和决策咨询建议。例如,关于完善公益性捐赠与非营利基金会组织税收减免政策、政府到民间力量的作用、基金会的文化建设等等。我们要主动加强与社会各类教育基金会的沟通,打造各类教育基金会交流合作的平台，为上海教育发展凝聚更大的力量。市委在"十二五"规划中有"大力培育发展社会组织""加强枢纽型社会组织建设"的要求，我们能否在这方面作出探索和实践，积累点经验。

接力棒已经传到我们手上，我们就有责任尽心尽力做好工作。简而言之，让我们共同思考、实践教育发展基金会的公益性、行业性、枢纽性、科学性。

我作为一名老教育工作者，虽然已经退出一线岗位，但对教育事业我依然有着深深的情结。记得有位智者（冯友兰先生）说过，人生有四种境界：自然境界、功利境界、道德境界和天地境界。对于我来说，既升不了官，也发不了财，但身体尚可，激情犹在，现在已经不再有个人功利要追求。如果一定要说有个人目的，那就是一条，通过基金会的服务工作，追求自己的道德境界和天地境界。在位之时必守清正廉明，离职之日则求问心无愧。此时此刻，我要说的就是两句老话：一句话是"老骥伏枥，志在千里"；另一句话是"带着一颗心来，不带半根草去"，认真履行好自己的职责，全心全意为满足人民群众"学有所教"的需求服务，全心全意为上海教育公平的发展尽力。

# 聚财 汇智 促善 育人 *

上海市教育发展基金会的成立,主要是针对长期以来教育经费不足,严重困扰教育发展的历史情况。对国家而言,用李岚清同志的一句话叫作"穷国办大教育",财政负担不起。我做了几年的人民代表,每年都呼吁,我们国家教育的 GDP 占比比印度还低,印度有百分之五,我们不到百分之三,现在是成绩赫然,达到了百分之四。但相比其他国家和地区,还是有不足。

首先,从上海来说,90 年代上海的教育也很困难,据年鉴记载,教育人均投入是发达国家的二十分之一,是东南亚国家的二分之一。

现在开两会,教育困难、增加投入、稳定队伍的呼声最高。讲起于漪老师,当时我们都是市人大代表,共同呼吁增加教育投入,但其他战线的代表都不理解,甚至有意见。我们都站起来为之辩护,教育是缺钱。市委后来提出一流城市需要一流教育。办一流教育,钱从哪里来?经费从哪里来?市委市政府在广泛调研、听取各方专家意见后,提出一

* 2018 年在"市教卫工作党委、市教委工作会议"上的讲话。

要改革,二要投入。教育要改革,不改革没出路。第二要投入,承认经费不足。市委明确表示:投入要有新思路、要有新办法,主要就是从社会上多渠道筹集资金。当时党中央国务院有过这个精神,所以上海这么做也不是上海发明的,是贯彻落实了中央精神。我记得当时还算过一笔账,当时上海市民有四千亿的存款,如果拿出百分之二到三用于投入教育,就能增加三四十亿的教育资金。

所以1993年成立上海市教育发展基金会,在上海市教育工作会议上公布,就是这样一个过程。当时我是市教卫工作党委书记,所以市委的决定、讨论我是全程参与的。黄菊同志担任名誉会长。黄菊同志其他什么社会组织职务也不担任,就担任两个社会职位,一个是上海市志愿者总队总队长,还有一个就是上海市教育发展基金会名誉会长。他认为这两个职务是他应该担任的。谢丽娟同志担任会长。那两年,捐资助学呈井喷式发展,形成了一股浓厚的社会氛围。大家同情教育、支持教育,基金会成立一周年时筹款达到1亿元,记得当时还开过新闻发布会。我当时已调到市委,陪着陈至立同志一起参加了新闻发布会。陈至立同志说别的活动我可以不去,这个我一定要去,因为这个是标志性的事件。

一路走来,我们取得了不错的成绩,也面临着新挑战、新变化、新机遇。但是不管怎么变化,前面我回顾基金会的这段历史,就是想说明一点:上海市教育发展基金会的成立,是市委市政府的决策和决定,是市委市政府主要领导的决心,同时,是市教卫工作党委、市教委直接具体操办、具体落实的。基金会要不忘初心。我们是怎么诞生的,这个初心我们不能遗忘。不忘初心,方得始终。

第二,是不忘传承,努力开拓。我们要传承什么?谢丽娟同志当了那么多年的会长,我印象最深刻的就是"自行车精神"。当时有一位香

在复旦大学陈望道 ▶
旧居修缮展陈项目
捐赠仪式上讲话

港大企业家想要捐款,有几家基金会供他挑选。结果是谢丽娟同志骑着自行车到他那里去,感动了这位香港企业家,拿到了这笔捐款。老一辈正是用这样的精神打下了我们今天的江山,所以我们要传承。

如今,教育资源已不像过去那么紧张。过去是"巧妇难为无米之炊",现在我们米是有的,但要办李克强总理在今年政府报告中所说的"人民满意教育、公平优质教育",没有足够的投入是不可能的。这个足够投入,我还要加上一句,是有效的投入、可支配的投入。这一点上,社会组织可以与政府形成优势互补。社会组织的资金只要符合章程规定就能使用,比较灵活,这是社会组织的优势。我们基金会的"盘子"不是很大,但在有效和可支配这两点上,可以做一点实事。

育人,是根本任务。我们这一次之所以支持"马院""马工程"建设要在培养"青马"(青年马克思主义者)上下功夫,是觉得学生育人要注重全面发展、要有正确的三观,而在三观中,有指导性的就是理想信念。何况高校里还有一批要求进步的人,这一批人能起到很强的带动作用。对于这样一批人,我们要武装他们,坚定他们的理想信念,让他们带动更多的人。所以,我们要支持马克思主义学院、支持青年马克思主义人才的培养。

减负的问题,实际上是符合青少年身心成长规律的,我们听到了太多人关于这件事的呼声。韩正同志有一句大白话:什么是教育规律?青年人的成长规律就是教育规律。青少年时代有青少年时代的成长规律。现在确实需要解放学生,把学生从沉重的课业负担中解放出来。人才成长原本春夏秋冬的四季,现在都颠倒了。类似拔苗助长的情况,我们讲了那么多年,落地落实却不够。我们也想过,针对这一问题要有建设性。旧叶落去,需要新芽冒出,如果没有新芽,旧叶是不肯落去的。新芽是什么?就是要设计怎样在减负中实现学生的全面成长。在学生八小时的学习以外,设计好的项目,吸引学生参与,并为学生、家长所认同。所以基金会想在这方面有所作为,选一些具有建设性的项目。

至于改革招生考试,这是指挥棒,不从指挥棒动真格,就又会走回头路,所以我们有一个设计,现在也在起步阶段。

还有一个就是稳定的问题。学生的事说来就来,社会一旦有什么风吹草动,学生一定会有所反应。过去教育经费主要是用在加强硬件投入,比如十大实验室、十大平台的建设,来实现教育现代化,当然这是必须的。但今天我们要在育人上、在队伍建设上、在贯彻中央长远方针上，把辅导员的建设工作做好。在这方面需要开拓，需要有力、有效的支持。虽然看上去好像是意识形态的、是虚的，但要精准、精致，做到海派风格的极致，不求做大，而要做精、做实、做强。

　　未来基金会一定要在大局下思考，总结下来就是"三心"：领导操心、社会关心、基金会有心。领导操心，就是要响应中央的号召；社会关心，就是要满足现实的需求；基金会要有心、有力，办力所能及的事。所以要凝练方向、聚焦重点、精选项目，要使受助者真正受益，既要选对项目，还要选对人。

　　关于自身认识，我们也在不断思考基金会的功能、定位。我们讲知人难，有时候知己更难。关于这点我也在悟。之前我和基金会的同志们也谈过，我把基金会的定位归为"三非"："非银行的金融机构""非财政的公款"和"非政府的社会组织"。非银行的金融机构怎么理解？金融机构搞资本运作，银行除存贷以外，还有投资，我们基金会是筹集资金、保值增值。银行是"嫌贫爱富"的，而基金会是帮助困难、鼓励优秀的。非财政性的公款怎么理解？财政来源于税费，具有强制性、无偿性、固定性，我们的善款则具有自愿性、定向性和不确定性。虽然非财政，也是公款，所有的钱，公的、私的，海内、海外的，到了我们基金会平台就是公款。公款姓公，不谋私利、不出丑闻、不犯低级错误，这是我们的底线。当然更高的要求是要把公款用好。何为"非政府的社会组织"？现代国家治理结构中，非政府组织是不可缺少的一方，也是一种公器，有独特的作用。我有时候也在想，我们基金会对谁负责？首先是对社会负责，因为资金是从社会中募集而来的，所以要对社会负责；还要对理事会负责，理事会是我们的领导机构；但总的来说，要对教育事业负责。我们不是政府的附属机构，也不是某个部门的小金库。虽然是"三非",但东西南北中,工农兵学商,党领导一切,社会组织要依靠党的领导。

另外我们姓什么？我们机构姓"金",我们款项姓"公",组织姓"社",但不管姓"金"、姓"公"、姓"社",从类别上说,我们是公募基金;从属性上说,我们是公款,具有公益性,坚持非营利性;但归根结蒂,我们都姓"教",我们一是接受党的领导,一是姓"教",牢牢不忘为教育服务。

第三,要在"聚财汇智,促善育人"上发声、发力。我们要服务教育事业,同时给自我加压,要以引领社会风尚为目标,社会要向上、向善,我们也要成为其中一小朵花,也要作出自己的贡献。聚财,这是我们的主打歌,我们要千方百计筹款,更要筹好款。如果款项来我们基金会是为了洗钱,或者想钱生钱,这种钱我们是不要的。所以不光是简单筹款,还要筹好款,筹到的钱是干净的。毋庸讳言,我们在聚财方面,也遇到了瓶颈。第一,盘子总量还比较小。我最近跑了一些地方,了解了一些情况。像有些学校的基金会,成立一两年资金就上亿了,还有像儿童基金,虽然起步很晚,但也有八千万的盘子,发展都很快。我们基金会虽然在成立之初很快达到了一个亿,但后续的资金增长就非常困难。在这里我也要特别感谢一下,基金会有三年因为金融危机特别困难,连曙光计划的钱我们都拿不出来,后来是教委慷慨应允,在关键时刻帮助了我们。

除了资金总量比较小以外,还有就是可自由支配的资金比较少。简单说就是"过路财神"占比较高,百分之九十以上都是定向资助,都是要按照捐赠人的意愿进行资助的。当然"过路财神"现象我们也在研究,我们也在力图通过提高服务使得"过路财神"有高附加值。

还有一点就是募集难度比较大。一是因为经济下行,二是各类基金如雨后春笋一般涌现,资金分流比较严重。当然还有一点是保值增值的风险比较大,优质理财产品相对缺乏。我们除了放下架子,拉下面子,勿以善小而不为,传递社会正能量以外,也在积极做青年企业家的工作。企业想要行久远,需要社会责任意识和担当,这已渐渐成为现代企业家的共识。现在企业家有行善的意愿,但是缺少可靠的平台。我们就在做这方面的工作,致力于将行善的意愿落地。我们的专项基金中,有好几个都是三十多岁的青年企业家设立的。另外就是做好老年企业家的服务工作,将来这一块我们还要继续努力。

开源之外,还要节流,就是把一个钱当一个半钱用,实际上这也是聚财。我们也在梳理和克服"三花现象",即天女散花、雾里看花和锦上添花,这是我们接下来的重点工作。

其次是立足于现实的需求,全上海到底有多少基金会支持教育？或者虽然名称不是教育,但有教育内容成分的有多少？这笔钱从何而来、用往何处、使用效果情况如何？捐赠者有何苦恼、希望和诉求？这些没有人能说清楚。

我还有一个想法,我们要做一个带有抢救性质的项目——于漪研究。于漪老师今年89岁了,是上海教书育人最高奖获得者、全国教书育人楷模,是内外公认的好老师。她是一个教育家,是一个有着中国情怀、知行合一、成果累累的教育家。于漪老师的著作、发言、论坛报告很多,但对于老师整体性、系统化的研究几乎没有,仅仅只是集中在某一个方面,没有对她生平、思想、理念、实践、活动进行整体性、系统性研究。我们说要建立中国教育学,有时候玄而又玄,其实于漪老师就是一本书,把于漪老师的教育思想和实践整理出来,就是中国教育学、上海教育学很有分量的一本大书。她是一个标志性的人物,是上海教育界的宝库。而且于漪老师这个年龄,我们来研究她,带有一点抢救性质。像于漪老师这样一辈子耕耘讲台,献身教育,充满正能量的人物,值得我们大声疾呼。基金会愿意在这方面研究上予以大力的支持。

促善，就是促进社会向善、向上，就是将人们从善的意愿变为现实，就是点亮人们心中从善的那盏灯。以善心、善举带动更多人行首善、行重善。我们在这个行业里，也常常处于感动之中。与善同行，其行久远；与善同音，其梦也美；与善共舞，其寿也长。我最近看了刘浩清先生写的一篇文章《今生最爱是教育》，他写了一首诗，我与在座分享："老商贾，坐家中，说红尘，思善终；多少后辈向前冲，财产积聚近顶峰。一朝入市扑个空，子夜警魂成春梦。倒不如尽享清福作育英才乐融融。"刘浩清先生去世前曾留下遗嘱，将上海的房产卖掉，所得款项捐给我们上海市教育发展基金会，用于继续支持教育。像刘浩清先生这样有从善意愿的人不在少数，所以要有一个供他们施展的平台。

育人，就是育德、育英才，立德树人、全面发展。最近有两件事情，一个是支持编写、出版乡土地情的著作和读本。上海地方志普及读本目前正在想办法进入青少年当中，我觉得这件事非常好。这件事要做，钱我们来凑，地方志办公室也会向政府筹款。在内容方面，我们可以保证一定是正能量的。当下我们的学生对地情、对上海、对国家并不了解，所以教材、读本一定要权威。还有一件是"匠心在校园"，刚刚也讲到了，陈海龙是国家级的工艺美术大师，有了领头羊，然后把这些大师组织起来，都到我们学校里来，我相信会掀开职业教育的新局面。

我还想提的一点是民办高校必须与民间资本相结合。我在上海视觉艺术学院任校长时，韩正同志来我们这里谈民办教育的时候谈了很多，我概括为以下几点：民办教育要搞好，一要立法，二要和民间资本结合。不立法，大家就会议论纷纷、各行其是。二就是民办学校一定要与民间资本相结合。这番话是很有道理的。

# 建设枢纽型教育类基金会,争当头雁<sup>*</sup>

我认为,谋划基金会新一年的工作,要在大局下思考和行动。今年全国"两会"代表热议"就业、创业"话题,《上海教育综合改革方案》中也规划了上海教育改革的重点和方向,都值得我们在部署今年工作时加以重视。基金会要坚持"聚财汇智、促善育人"的目标,要找准工作中的亮点、难点和痛点,围绕坚定信心、直面问题、谋划长远、部署当前、教育情怀、责任担当这些关键词做文章。

## 一、坚持问题导向,找准难点痛点

今年,我们面临的形势仍然比较严峻,一是外部经济环境,经济下行的压力较大,对于我们的募集和保值增值工作都有直接影响。二是相关法律法规不尽完善而形成的制约。三是社会人文环境,社会组织公信力仍饱受质疑;社会公众对公益组织和公益运作的认识还缺乏了

---

* 2015 年在"上海市教育发展基金会第四届理事会第七次全体会议"上的讲话。

解。四是基金会数量激增造成捐赠资金流向分散，竞争进一步加剧。上海目前基金会数已经达 180 家。五是基金会自身专业化程度和能力水平问题，基金会缺乏有效的财务管理，如全面预算管理缺乏、筹资不均衡、投资模式不完善等。我们应引起重视。

当前，我会资金募集的难点主要有：

募集到的资金以定向资助居多。捐赠资金大致可分为两大类：一是直接捐赠给基金会的资金，所捐资金由我会按照项目需要直接调配；二是捐赠者有指定用途的捐赠。若干年以来，我会每年接受的捐赠都以有指定用途的为主。所以真正灌到"资金蓄水池里的水"并不多，基金会的发展遇到了资金规模上不去的瓶颈。

募集的手段方法较为传统单一。现代科技信息的发展，正在改变人们的生活方式，人们开始利用现代科技开展各种社会活动。而我们现在还没有完全跟上这种变化，尽管已经开始这方面的建设，但投入的力度和步伐还不够快。

## 二、坚定信心，扩大优势，体现责任担当

我认为，作为市一级的教育基金会，理应承担一定的责任。我们提出把我会建设成上海教育类基金会的枢纽性社会组织，就是基于这个考虑。应该说，我们承担这个责任是有底气、有条件、有实力的。第一，我们是上海最具影响力的教育类基金会之一，资助范围和资助项目在本市具有一定的影响。被政府机构、教育机构和社会公众寄予很高的期望。第二，我们是荣获"5A 级社会组织""上海慈善奖"和"先进社会组织"奖的社会组织，基金会的地位和作用得到社会认可。第三，我们有志于对上海市教育类公益组织的发展起到更大的引领和推动作用。

枢纽型社会组织的建设，对基金会今后的建设和发展就提出了新的更高要求。通过搭建平台、广泛联系，掌握信息、了解诉求，发现问题、调查研究，向政府相关部门反映具有广泛代表性以及影响教育类基金会生存和发展的重大问题，并努力为政府制订相关政策提供有价值的决策咨询。

经过一段时间的努力，我们已经基本完成了《上海市教育类枢纽性社会组织建设的机制研究》的课题。计划请专家提意见作最终修改后，我们将举行一次结题会，向政界、学界公布一下。我认为，这是一项应用研究，接下来要进一步把交流平台搭建好，以联谊等各种形式开展交流互动活动。

▼ 出席曹鹏教育基金会设立仪式

基金会体现责任担当的另一个重要方面就是"促善",就是要主动引导公民向上向善,为呼唤公民(包括青年学生)的公益意识、倡导良好道德风尚有所作为,并积极帮助公民实现向上向善、捐资助教的意愿,搭建平台,提供途径,做好服务,并使捐赠资金发挥最大的社会效益。

## 三、砥砺前行,寻求突破,创造新的亮点

### (一) 实现"聚财"的新突破

一是经过大量前期工作,顾氏家族向我会捐赠物业事宜得到落实,定于4月上旬签订捐赠协议。二是将新设以著名指挥家曹鹏名字命名的专项基金"曹鹏教育基金",第一笔捐赠款已到基金会账户,设立仪式也即将举行,各项筹备工作基本就绪。三是创新募集方式。比如进一步推动网上捐赠,除了接受银行卡,还增加符合年轻人习惯的支付宝等方式,并逐步实现通过手机、微信等进行捐赠的便捷方式。此外,扩大与金融机构合作开展公益活动的范围,除了借助建设银行的营业点摆放我会募捐箱外,推动与中信银行等其他金融单位的合作。

### (二) 设计宣传工作的新亮点

将以活动为抓手,精心设计和筹划,发动新闻媒体进行宣传,有效扩大基金会的社会影响。

今年将在静安公园尊师重教纪念碑捐赠荣誉墙上镌刻近几年来向基金会捐赠达到一定数额的爱心企业和个人的名字,完成后,计划举行一个比较隆重的揭幕仪式,邀请有关方面的领导和各界代表、新闻媒体参加,进行立体化的宣传。

专项基金宣传深入推进。以上海中学 150 周年校庆为契机,再度宣传和弘扬叶克平老校长的崇高精神,为"叶克平教育基金"作进一步的宣传,在上中校友中为这个富有教育意义的专项基金进行更大力度的劝募工作。

今年是我会的品牌资助项目"曙光计划"实施 20 周年,我们既要总结项目的经验、成果,也要研究新形势下项目的资助方式、资助对象、回报机制等新问题。围绕曙光 20 周年,举办相关座谈会、研讨会,组织媒体报道,力争形成 2015 年我会宣传工作的又一亮点。

顾氏家族的物业捐赠,是顾家继捐资设立延续七十载、资助了无数莘莘学子的"叔蘋奖学金"后的又一大善举。围绕顾氏家族几代人薪火相传的捐资助教善行善举,及其所倡导和践行的"得诸社会、还诸社会"的公益理念,我们在深受教益的同时,也将筹划进一步的宣传。

## (三)注重"汇智",充分体现对教育的智力支持

基金会支持教育发展除了提供资金支持,还应重视智力支持,我概括为"汇智",或曰"以资引智"。就是充分发挥基金会与高校及知名科研机构联系密切、智力资源丰富的优势,为捐赠者、为上海的经济社会的发展提供有力的智力支持和服务,并且为政府决策提供有价值有水平的咨询意见。前不久,我去北京参加了中国教育智库高峰论坛,作了报告。国家正在大力推动智库建设,智库有政府的、高校的、科研院所的、社会的。在教育智库建设方面我们是否能有所作为? 能否与科研院所合作开展相关研究? 能否汇聚高校和科研院所的力量为政府决策提供咨询意见? 研究方向既可是教育问题,也可是社会组织发展前景问题。

（四）情系"育人"，不辱使命，教育情怀彰显追求

"育人"，顾名思义就是培育人才。基金会将所募集的资金全部用于支持教育发展、助推人才培养，并通过精心设计、科学管理资助项目，充分体现我们教育发展基金会的宗旨目标和行业特色，这也是我们教育发展基金会的核心竞争力所在。我们要牢记基金会"姓教"，要以炽热的教育情怀，克服困难，开拓教育公益事业。今年"两会"工作报告提出的教育目标是：促进教育公平和质量提升，包括代表热议的就业创业问题。这促使我们思考，是否应加强对民办教育、职业教育等方面的支持，对创新创意人才给予扶持和奖励等问题。

（五）练好内功，增强实力，首先要充分发挥理事会的作用

新的时空条件对我们的团队素质和能力提出了更高的要求和更大的挑战。我们的队伍建设、能力提升显得尤为重要。理事会作为基金会的领导机构，要为基金会的健康发展发挥更大的作用。希望全体理事进一步增强主人翁意识，积极为基金会发展提供资源，贡献智慧，在专业性要求极高的投资理财、风险评估以及其他涉及基金会发展的重要问题上提供决策咨询。基金会的重大事项，会主动征询理事们的意见和建议，并做好服务工作。我们只有齐心合力拧成一股绳，才能更好地应对挑战，在竞争中立于不败之地。

# 寻求职业教育发展的共识、共鸣和共振*

　　加快转变经济发展方式是"十二五"时期我国经济社会发展的主线。当前,我们正面临着经济结构调整的繁重任务,需要相应地推进就业结构和劳动力结构的调整。在这种形势下,职业教育如何为经济转型提供人力资源和人才保障就成为具有紧迫性和具有重要意义的话题,也是需要我们共同思考和共同研究并作出回答的问题。

　　上海市教育发展基金会与上海市职业教育协会多年来有着良好的合作,共同为宣传、推进我市的职业教育改革发展服务。从 2005 年以来,上海市教育基金会与上海市职教协会先后共同举办了六届"上海职业教育论坛",论坛的主题分别为:2006 年的"校企合作、工学结合——育人单位与用人单位的对接";2007 年的"职业教育集团——校企合作的制度探索";2008 年的"东南亚职业教育";2009 年"金融危机与学生就业";2010 年的"面向 2020 上海现代化——职业教育改革发展趋势";今年我们则以"职业教育——在服务经济转型中加快自身转型"为

---

　　* 在"2011 年上海市职业教育协会年会暨'上海职业教育合作论坛'开幕式"上的致辞。

唐劉禹錫金陵五題烏衣巷

朱雀橋邊野草花
烏衣巷口夕陽斜
舊時王謝堂前燕
飛入尋常百姓家

王寅虎年毛一郎上海景光崇華

▶ 与孙辈一起
玩诗配画

主题。这些主题都力求紧密联系职业教育的难点、热点和重点问题,特别是力求结合当时的形势和职业教育改革发展的需要组织专家学者多角度、多形式、有深度地开展研究,集思广益,达成共识。这些论坛的举办为贯彻党和政府有关教育的方针政策,促进我市职业教育的发展,发挥了积极的作用。这正是上海市教育发展基金会与上海市职教协会的共同目的和愿望。我认为,"上海职业教育论坛"已逐步形成了自己的特色和鲜明的特点,并初步成为职业教育理论探讨的"品牌"活动。

当前,全市都在认真贯彻落实"十二五"规划纲要对职业教育提出的要求,尤其是围绕职业教育在服务经济转型中加快自身转型的工作。职业教育经过二十多年来的探索、发展和改革,已取得了有目共睹的显著成绩。特别是进入21世纪以来,职业教育坚持为社会主义现代化服务,与生产劳动相结合,逐步形成了"产教结合、校企合作"的职业教育办学模式。但随着经济社会的不断发展,人才资源不足的矛盾已日益突出,高技能人才严重短缺,职业教育人才培养无论是质量还是规格都还难以适应经济社会发展的需要。据有关方面相关报告显示,目前我国各大城市的技术工人处于严重短缺状态,仅制造业高级技工全国的缺口就达四百余万人,职业教育难以满足社会经济发展对于高素质技能型人才的迫切需求,已成为制约我国产业结构调整的突出因素。职业教育仍然是整个教育工作中最薄弱的环节,职业教育的战略重点地位还没有得到很好的落实。温家宝总理强调指出,要把职业教育放在更加突出的位置,这至少应包括三个方面的内涵:一是要把职业教育放在各级各类教育中更加突出的位置。二是要把职业教育放在国家社会发展中更加突出的位置。三是要把职业教育放在国家经济发展中更加突出的位置。从实际情况来看,与这些要求相比还有相当大的差距。具体地讲,与经济社会发展的要求相比,与广大人民群众的期盼相比,与发达国家同类教育水平相比,职业教育还存在诸多亟待解决的突出矛盾和问题。

当前我们正处在大发展、大变革、大调整时期,上海的经济结构调整取得新进展,但仍未满足转变经济发展方式的迫切要求;产业升级孕育新突破,但仍未形成强有力的新的经济增长点。当今世界无论是发达国家,还是发展中国家,都需要进一步创新和变革教育,以人才培养和科技创新培育新的发展模式,构筑新的竞争优势。在这样的大背景下,职业教育服务经济转型加快自身转型已经成为我们面临的共同挑战和历史使命。

# 做特殊学生守护神的坚强后盾<sup>*</sup>

特殊教育工作是一项专业化程度很高的工作，教师不仅需要掌握丰富的学科知识，还必须具备教育学、心理学等教育理论知识和相关的医学知识，不仅要有娴熟的教育教学技能，还必须具有个别化教学、康复训练的技能。当然，更需要有爱心，即责任加使命感，需要有高尚的道德。可以说，特殊教育工作者既是学生的老师，也是学生的家长，更是学生成长的守护神。特殊教育工作者每天的工作就是面对这样一群有眼看不到多彩的世界、有耳听不见奇妙的声音、有口说不出心里的话语、心里充满痛苦和自卑、行为异常、沟通困难的残疾孩子，要管他们的日常生活，要教他们学知识、学做人、学做事，要不厌其烦地引导他们、矫正他们、呵护他们，要让他们快乐、开心，对人生有信心，到底靠什么？靠的是责任感和奉献精神，我和我的同事对所有从事特教工作的同志们存有一份敬重。你们能长期坚守在特教岗位，没有执着的精神是不可能做到的，你们将特教工作当作为之奉献的事业而非

＊ 在"2011年特殊教育基金奖教金颁发仪式"上的讲话。

单纯的谋生手段,这种精神境界令人钦佩,我们教育发展基金会要支持你们这样甘于奉献的人,要成为你们的坚强后盾,不使你们心冷。

特殊教育的发展水平是衡量一个国家或地区社会文明程度的重要标志。特殊教育与社会文明程度密切相关。如今,全社会关注参与特殊教育工作已成为特殊教育发展的趋势之一。在上海市委、市政府的领导下,上海的特殊教育近年来取得了很大的进步,可以说处于全国领先地位。上海市教育发展基金会一直积极支持特殊教育工作,从 2003 年起就设立了上海市教育发展基金会特殊教育基金,主要用于上海市盲童学校和上海市聋哑青年技术学校教师的奖励。

只有公平、正义,社会才能和谐。教育公平是最重要的公平,包括区域之间、城乡之间和学校之间的公平,教育资源配置的公平,不光指硬件也包括软件,还应该包括受教育者享受教育权利的公平。为了教育公平,特殊教育就应该"特殊"一些,多倾斜和支持特殊教育学校,多理解和关心每一个从事特教工作的同志;而我们从事特教工作的同志更要以我们的思想、观念和行动来引导学生、家长和社会树立正确的特殊教育观。这是推进特殊教育发展极为重要的因素。

如何实现特殊教育持续、快速、健康发展,是摆在我们面前的一项重大课题。新形势、新任务对广大特教工作者提出了新的更高的要求。我希望学校全体同志在今后的工作中:一是要全面贯彻党的教育方针,用科学发展观统领学校工作全局,遵循特殊教育规律,根据残疾学生身心特点和发展规律,不断深化教育教学改革,注重学生的潜能开发和缺陷补偿,以提高其生活自理、与人交往、融入社会、劳动和就业等能力为重点,培养残疾学生正确面对人生、全面融入社会的意识和自强、自立精神。二是要强化质量品牌意识,以创品牌学校加快学校创新发展,以全面提高特殊教育教学质量作为学校整体工作的核心。提倡爱祖国、爱上海、爱学校、爱孩子,人人为学校增光添彩。三是要努力创造气顺、劲足、和谐、进取的良好工作环境,充分调动教职工的工作积极性,注重开发学生潜能,努力实施个别化教学,使残疾学生都得到发展,为残疾学生全面发展和终身发展奠定坚实基础,使其今后能自立于社会。四是要加大研究力度,不断提高教学水平,这就需要加强国际交流,借鉴、学习别国的成功经验,同时进行探索、实践、总结、提炼、升华,发现规律。上海是国际大都市,在发展特教方面应该有发言权,应当起引领作用,在整个社会文明程度的提高方面作出应有的努力。

# 搭建企业、高校、社会互利共赢的平台<sup>*</sup>

  2013 年对于上海市教育发展基金会来说是个极不平凡的一年。20 年前的教师节，围绕着"教育优先发展"和"科教兴国"的国家战略，朝着"一流城市、一流教育"的发展目标，上海市教育发展基金会应运而生。20 年来，在上海市委、市政府的领导和上海市教卫工作党委、上海市教委的关心，社会各界的大力支持和各位理事、监事的共同努力下，在基金会历届领导的带领下，基金会的社会知名度、公信度日益提升。滴水成河、聚沙成塔，至 2012 年底，总共有 3 683 家企业和 1 133 位市民分别捐资捐物，募集资金和实物价值超 4.94 亿元，资助各类项目超 5.86 亿元。

  作为中国汽车行业的领军者，上海大众在发展进程中，始终秉持"造车亦育人"的企业文化，广泛地参与社会公共事务，做一个负责的企业公民。在上海市教育基金会成立之初（1994 年），就在我会捐资设立了"上海大众基金"，用于奖励品学兼优的学生。今天，上海大众又向我

---

* 2013 年在"上海市教育发展基金会上海大众汽车教育公益捐赠项目签约仪式"上的致辞。

会捐资 800 万元,专项用于支持同济大学和上海交通大学的助学活动和卓越人才培养工作。

人才是公司长远发展的根本,人力资源是支撑公司稳定增长的关键。上海大众积极参与慈善,提升了企业对人才的吸引力,促进企业文化;同时通过与高校联合培养人才的新机制,以全新的教学模式支持我国学校汽车教育的发展,为探索高等教育改革,为推动中国汽车产业的可持续发展,大力培养汽车专业的优秀人才提供了有益的经验。体现了企业在教育培训机制和人才培养机制方面的创新与努力,同时也必将带动我国汽车教育的实际运用与专业水平的提升。

长期以来,企业和高校像两条平行线,在各自的轨道运行。企业有技术优势和产业基础,但是缺乏人才;而高校在人才培养和科学研究方面有优势,但要么缺乏足够的资金,要么缺少科研成果转化的平台,与企业实际需求有距离。企业特别是著名企业和高校合作,不仅能够为教育科研提供资金支持,更重要的是能够为人才的培养提供一个实践平台,并从这些企业中学到他们积累的经验和方法,提高自己的综合素质。因此,我会将抱着对事业、对未来、对社会高度负责的态度,不断提高主动性和自觉性,搭建好企业、院校、社会互利共赢的平台,充分发挥学校和企业的各自优势,共同培养社会与市场需要的人才,实现高校、企业与社会的"三赢",共同推动人类文明的进步!

上海需要能够冲击世界一流的综合性研究型大学,也需要专业鲜明的大学去冲击一流,还需要各类工程技术学校在服务地方发展、培养应用型人才方面争创一流!

# 支撑上海高度的不是高楼而是人才高地 *

  置身于浦东,置身于陆家嘴,置身于金融城,我们很快就能发现,支撑上海高度的不是这些耸立的高楼,而是高层次人才。这里不仅是上海的高度,更是上海的人才高地。

  在座的各位学子基本都是 90 后,你们是来自国内外知名高校的优秀学子,是冉冉升起的新星,是未来金融家,是高端储备人才。改革开放总设计师邓小平曾讲过:"抓紧浦东开发,不要动摇,一直到建成。"党中央、国务院正式宣布开发开放上海浦东,那一年是 1990 年。所以说浦东新区是不折不扣的"90 后",与风华正茂的你们正好"同龄"。浦东是年轻的,浦东属于年轻人,浦东的未来亟须青年人才的加入。

  上海作为中国最具发展活力的城市之一,肩负着全国改革开放排头兵和创新发展先行者的重任。国家"十三五"规划纲要明确提出:支持上海建设具有全球影响力的科技创新中心;发挥上海"四个中心"引领作用。四个中心,即国际经济中心、国际金融中心、国际航运中心和

---

* 2017 年在"'陆家嘴金融城未来金融家'活动启动仪式"上的讲话。

国际贸易中心。上海市的"十三五"规划纲要也将之列为近阶段工作的重中之重,不断给自我加压,明确提出"迈入全球金融中心前列、提升国际贸易中心服务辐射能级","基本建成与我国经济实力和国际地位相适应、具有全球资源配置能力的国际经济、金融、贸易、航运中心"等要求,并不断加快建设步伐。

1990年国务院批准的陆家嘴金融贸易区(即陆家嘴金融城)是国家级开发区中唯一以"金融贸易"命名的开发区。2009年3月25日,国务院常务会议通过《关于推进上海加快发展现代服务业和先进制造业、建设国际金融中心和国际航运中心的意见》,陆家嘴被确认为上海打造国际金融中心的核心区域。不言而喻,陆家嘴金融城是上海打造国际金融中心的重要抓手,而金融中心的建设离不开一流的金融人才。过去,我们往往是"集天下英才而用之",通过优越的条件吸引人才、招募人才、留住人才;现在,我们强调"集天下英才而育之",从"输血"到"造血",通过人才培养来打造人才高地。

教育的发展与繁荣一直是上海发展的原动力。上海市教育发展基金会正是基于此重任而成立,以党和国家的教育方针、政策和法规为依据,积极汇聚社会力量,支持各级各类教育的发展和人才培养。基金会的定位是"四性",即公益性、行业性、枢纽性、科学性。同时,基金会自觉承担起引领向上、向善、向美、向真的社会道德风尚的使命,坚持把立德树人作为资助教育的重点,为助力上海成为全国教育改革的先行者、排头兵而不懈努力。成立二十多年来,基金会坚持在"聚财、汇智、促善、育人"上发声发力,通过"曙光计划""星光计划""阳光计划"等六大资助计划,有效助推了人才培养与教育发展,支持了上海教育事业的发展。

此次成立"上海市教育发展基金会菜鸟帮帮大学生助业基金",

酝酿了较长一段时间,今天终于得以破茧而出。这是我会设立的第一个鼓励和支持大学生金融行业就业、促进上海金融人才培养的金融类教育专项基金,也是一个有作为、有追求的企业彰显其社会责任意识和公益理念的一次生动实践。该专项基金的设立,通过搭建平台与桥梁,帮助大学生在金融领域的实习、就业和技能提升,进一步培养和提升金融相关专业学生的专业知识、实践能力和职业素养,帮助金融行业储备和选拔优质人才,引导大学生积极实现人生价值,回应了时代的要求,实现了大学生、企业、学校和政府的共赢,切实助力了上海国际金融中心建设和人才高地建设,对于推动上海实现更高质量的就业无疑具有十分积极的意义。

我们知道,就业尤其是大学生就业一直都是民生的头等大事。就业是民生之本,也是安国之策。根据今年 3 月公布的政府工作报告显示,"2016 年我国就业增长超出预期,全年城镇新增就业 1 314 万人,高校毕业生就业创业人数再创新高"。数据虽然乐观,但我们都清楚,就业压力只增不会减。国家"十三五"规划纲要和上海的"十三五"规划纲要都提出,要"实施更加积极的就业政策,实现比较充分和高质量就业"。对于在座的各位学子而言,充分就业是基础,高质量的就业才是目标,而要实现这一目标,需要学生、学校、企业、政府乃至全社会的共同努力。

# "晨光"传递的是希望<sup>*</sup>

什么是晨光计划？"晨"在汉字中意味着新的开始，充满着希望的含义。古人说得好："一年之计在于春，一日之计在于晨。"所以晨光计划和"晨"字一样也应该是充满希望、有重要意义的。上海市教育发展基金会的"晨光计划"是针对青年学者设立的项目，这些项目近年来也取得了显著成果，切实培养出了一批高质量人才。

我们身处的上海这个国际化的大都市，是长三角经济带的核心位置，所以我们也要肩负起一定的责任。在科技创新和教育发展方面，我们要不断进步取得突破来支持我国的创新发展。今天来到这里的青年学者们，你们都是未来建设祖国的希望，中华民族的复兴和"两个一百年"的目标需要靠像你们一样的年轻人。你们已经取得了一些成就，今后也需要继续怀着一颗赤诚之心，用一腔热血和激情，努力工作，不断前进。

在此，我想对大家提几点我的看法，用以共勉。

第一，希望大家能够志向高远，立大志、立长志、怀科学梦想、做时

---

　　* 2017 年在"'晨光计划'项目资助仪式"上的讲话。

代先锋。中华民族不仅要站起来、强起来,还要文明起来,我们要将新中国努力建成富强文明的国度,这是我们必须担当的历史使命。我们应当为自己身处在"两个一百年"伟大目标的奋斗过程中而感到骄傲自豪。我们这一代人是新中国改革开放的实践者和见证者,可以说是很富有激情和活力的一代人,我们需要有种光荣的使命感。我希望青年一代要把握时间,不要辜负大好时光,现在你们施展才干正逢其时,创新创造正适其职,希望大家要做到精彩人生不留遗憾。

第二,就希望大家练好内功,努力攀高峰,不为一时功利所惑,按科学规律办事,做老实人、办老实事。现在科学创新技术要加强,现阶段我们在自主创新方面实力还比较薄弱,关键技术受制于人的局面没有得到根本改变,如果无法将核心技术掌握在自己的手中,那么我们的东西就缺乏竞争力。我曾经坦率地谈过自己的观点:我们要少发表一些大的、空的言论,要做到一些基本道理,比如我们之前提到的做老实人、办老实事,就是一个很简单的道理,但有时人就是难以抵制诱惑。以前我任职的时候遇到过不少类似的情况,极少数高校领导、老师为了评奖评优不惜弄虚作假,把本不属于他的成就写上去。我们必须强调的是在科学研究中是不能弄虚作假的。在座各位现在都取得了一定的成就,但是我还是要提醒大家在今后的工作中也要坚守自己的本心,抵制诱惑,保持求真求实的科学精神,保持对事业的热爱,对科学真理的追求,保持一颗纯真的童心。

第三,希望大家带头树立良好的社会风尚,面向未来继续大力弘扬科学精神。因为在座各位有两个身份:既是科研工作者,也要担负起教书育人的责任。教师能够点燃学生的生命之火,所以你们一定要做到言传身教,知行合一。如果二十年后你们所教的学生还记得你们,记得你们的言行,那就说明你对学生的人生产生了一定的影响。通过老师

◀ 小孙女在陈望道故居
修缮工地义务劳动

的言行可以传递给学生正能量,所以我希望青年学者们能够向老一辈
学习,养成优良的作风。作为一名教师,千万不要想着去走捷径、去投
机取巧。工作中如果有了成绩我们大家一起交流分享,如果有了问题,
就把"我们"中的"们"字去掉,也就是说有成绩讲"我们",有了问题要讲
"我"。今天在这里我把我工作岗位上的一些经历拿给大家一同分享,
一起共勉。

# 让每位学生都有绽放出彩的机会<sup>*</sup>

今天，我们在上海中学隆重举行上海市教育发展基金会第三届"关爱青少年成长特别贡献奖"颁奖仪式暨"让每位学生都有绽放出彩机会·精彩人生"专题研讨会。

基金会为什么要设立这样一个奖项？记得几年前，副市长翁铁慧同志在一次交谈中提及，上海有一些为教育事业和青少年成长作出突出贡献的社会贤达，因体制内无法对他们进行褒奖，深感遗憾，因此与我商议教育基金会能否在这方面有所突破。于是我带领基金会的同志开展了调研和立项论证。根据基金会支持教育、服务教育的办会宗旨，在新的形势下更好地"聚财、汇智、促善、育人"，基金会作为 5A 级社会组织理应积极动员全社会都来关心青少年健康成长、支持教育发展，对长期作出奉献、取得突出成绩的个人给予褒奖。

所以就想到发挥基金会社会组织的作用，做市场不为、政府难为、我们基金会可为的事。基金会面向社会，"得还皆社会"，经过调查研

---

◀ 上海市教育发展基金会
"第一届关爱青少年成
长特别贡献奖"颁奖暨
公益音乐会

究,论证立项,决定设立上海市教育发展基金会"关爱青少年成长特别
贡献奖",这就是设立这个奖项的缘由和初衷。

　　首届大奖颁给了曹鹏、徐根宝两位同志。曹鹏老先生今年 96 岁,
是新四军老战士,又是著名指挥家,50 多年前我在上中念高二的时候,
是他带着交响乐队来校普及交响乐,我才知道"小提琴是孙子,大提琴
是爷爷"。近十多年来,他以大爱之心用音乐治疗自闭症的孩子,给他
们送去温暖和希望。

　　我熟悉的一位学者专家,他的孩子患了自闭症,非常苦恼。他说最担心的是自己百年之后孩子怎么办?我说随着社会文明程度的提高,一定会有专门机构来关心他们。所以曹鹏老先生用音乐来帮助这些来自"星星的孩子"、生了病的"花朵",特别令人钦佩和感动。他获得这个荣誉也是当之无愧的。

　　大家知道徐根宝是足球名将,他在崇明创办了足球基地,十多年磨一剑,悉心培养足球小运动员。他有个观点,中国足球上不去,应该从小朋友抓起。他在上海崇明岛办足球学校,刚开始条件十分艰苦,但他以顽强的毅力挺了下来。为了培养中国自己的足球运动员,他严格施教、严格管理,抓足球训练的同时,狠抓球员的作风建设,使小运动员从小养成良好的职业素养和品行。这样为了祖国的足球事业倾力奉献、执着坚守的老同志,我们把金质奖章颁授给了他。《人民日报》开辟了一个关于深耕基层老教练的栏目,刊登了徐根宝的事迹,他有个心愿:他决心在岛上坚守,再干十年,再培养出一批像武磊那样优秀的足球人才。

　　颁奖大会上,时任上海市副市长翁铁慧同志和原市政协主席冯国勤同志分别为两位获奖者佩戴金质奖章并颁发证书。活动取得了很好的社会反响。

　　第二届颁给了香港爱国人士顾家麒先生。他是一名外科医生,他们家族设立了叔蘋奖学金,他是第二代奖学金管委会主席,截至2019年奖学金成立80周年时,已资助了近一万名学生,其中最有影响的学生就是原国务院副总理钱其琛同志,他是因为这个奖学金的资助才完成学业的,他很感念这个奖学金对他的帮助,后来专门给叔蘋奖学金题了词。叔蘋奖学金有个很好的理念:得诸社会、还诸社会,我们应该宣传和弘扬。

第三届"关爱青少年成长特别贡献奖"经过一年多的筹备,经广泛征求意见、推荐遴选,理事会表决通过并完成社会公示,决定颁给唐盛昌和顾泠沅两位同志,以表彰他们为上海的基础教育和教育公益所作的贡献。两位都是优秀的共产党员,都有一颗爱国之心,为了党的教育事业执着奉献。

我回顾了一下,设立这个奖项,在人选上有"三跨":跨界、跨境、跨段。影响力、辐射面也有所拓展。我们基金会是市委市政府批准成立的,我们是"三非":非银行金融机构、非政府社会组织、非财政的公款。根据现代社会治理的理念,我们社会公益组织用"慈善之手"参与"第三次分配",这是中央提出的,党的十九届四中全会专门通过了决定。"第三次分配"体现社会成员的更高道德和精神追求。

同志们,教育历来受到社会各界的关注。现在社会上不同程度存在教育焦虑问题,我们希望通过今天的研讨会,在一定程度上来回应如何纾解教育焦虑。今天研讨会的主题有几个关键词:"绽放""出彩""精彩"。习近平总书记在两会期间看望教卫代表时讲道:"分数是一时之得,要从一生的成长目标来看,如果最后没有形成健康成熟的人格,那是不合格的。"我把它理解为要正确看待"一时之得"与"人生精彩"的关系。李克强总理在今年《政府工作报告》里提到了:"让每个孩子都有人生出彩的机会"。关于教育问题,中央高度重视。5月21日,习近平总书记主持中央深改委会议,强调减轻义务教育阶段学生负担,全面提高学校教学质量,强化主阵地作用。在座的许多同志是基础教育专家和一线教师,相信你们对这些现象有自己的亲身体验和见解。

今天的研讨交流,涉及了当今教育的突出问题,大家畅所欲言,发表了不少真知灼见。也提出了一些破解教育焦虑、解决学生负担过重

▲ 为第三届"关爱青少年成长特别贡献奖"获得者唐盛昌、顾泠沅颁奖

问题的良策。要扭转和改变教育短视化、功利化的问题,"校内减负、校外增负"的现象,我们广大教师肩上的担子很重,要通过深化教育教学改革,提升课堂教学质量来切实减轻学生负担。上海要建设卓越的全球大都市,需要有一流的人才,而一流人才的培养,基础教育是基础、是基石。人民教育家于漪老师说过:"基础教育的质量决定了明天的民族素质。"

唐盛昌校长长期耕耘在办学一线,近年来还为教育公益作出很大贡献。他捐赠时说了"三不":第一不报道不宣传,第二不留名字,第三不求任何回报,当时只有一条要求,希望捐赠款用于基础教育。唐校长很谦虚,对于获奖一事一直很淡然。我们再三劝说,这不是个人的事,对整个基础教育有意义。唐校长勉强同意,并参加颁奖活动和研讨会。在唐校长身上,我们看到了做善事的最高境界,就是不留名、不要利,做了不想让别人知道。我们是带着感恩、感谢、感悟之心来举办这样的活动。

顾泠沅院长说，教师的工作与做人、做事、做学问相通，为学清清楚楚，做人明明白白，少一点浮躁与急功近利，创一片明白致远的净土，报社会以为人师表的德行。

这就是两位获奖者的胸怀和品格。

今后，我们基金会初衷不变、初心不改，将汇聚更多社会力量，集结在教育公益的大旗下，投身关爱青少年成长的"热泪事业"。

# 第八编　难忘风范　不渝情怀

从教者,年龄有别,性别有异,学科有殊,身份或各有不同,唯其影响他人的使命是共同的。因此,教育者首先自己应该是一个大写的人,他们的言行不仅为后者、他人记诵,也总会以文化的方式延递到我们身边,这些都是一名从教者可以吸收的文化养料,并终将铸就一个一个鲜活的我们。

"相互补台、好戏连台,相互拆台、大家受害。""工作中有了成绩要多讲'我们',把成绩归于大家,有了问题要多讲'我',主动承担责任。"黄菊同志的这席话,以后一直伴随着我走到其他的工作岗位,成为我处事待人的"座右铭"。

吴建民大使不仅是一位"传道士",更是一位具有奉献精神的"卫道士"。他经常提醒,爱国需要激情,但更需要理性和睿智,要始终保持头脑清醒。他曾指出"民粹主义的本质是反对改革,狭隘的民族主义则反对开放",这两者结合起来非常危险的,因此他总是倡导青年人要做一个懂大势、识大局、明大理的现代中国人，"要为国家争取朋友"，人人都是民间大使。

60年代"文革"期间，谢希德先生被关进"牛棚"，去劳动改造、洗厕所。她洗的厕所是全复旦，甚至是全上海最干净的，因为她做什么事情都非常认真。当时有人怀疑她是美国特务，让她交代回国的动机。她回答说："因为我是一个中国人。"到了80年代，复旦学生一面请谢校长写赴美留学推荐信，一面问她为什么放弃美国那么优渥的研究环境回到国内吃苦，谢校长回答："因为我是一个中国人。我的根在中国，我应该为中国服务。"

叶克平老校长是老革命家、老教育家，一辈子践行办好教育育好人的崇高理想，坚定不移，从未动摇。多年来叶校长夫妇和他们的子女慷慨捐赠的奖学金达到三百多万元人民币。

顾氏家族自顾乾麟先生解放前创立奖学金始，叔蘋奖学金已经走过80个年头，惠及八千名莘莘学子。叔蘋奖学金倡导的"得诸社会，还诸社会"的精神，充满了爱心、善意。

怀念这些故去的长者、尊者或社会贤达，不是为了记述一个一个人名，更不是为了复述一段逝去的时光，而是为了缅怀为人、为师的本色品格，这些品格虽不能至，然心向往之，是以总在不经意间流露出心灵共鸣，更多的时候它们成为激励自己不断前行的精神力量。倘或刚巧唤起同行、战友或后来者的理解认同，则引为同志，幸甚！

# 风范长存

## ——深切怀念黄菊同志<sup>*</sup>

2007 年 6 月 2 日,黄菊同志永远离开了我们。噩耗传来,虽然事先已有一定的心理准备,但我仍然久久沉浸在深深的悲痛之中。黄菊同志往日的音容笑貌又一幕幕地浮现在眼前。我长期在高校工作,20世纪 90 年代后到市级机关工作,先后担任上海市教卫工作党委副书记、上海市委副秘书长、上海市教育党委书记、上海市政府副秘书长。任职期间,有幸在黄菊同志领导下工作,经常聆听黄菊同志的教诲,感受他的高尚人格风范,领略他的卓越领导艺术。在黄菊同志逝世一周年之时,我曾把自己回忆的点点滴滴记录下来,缅怀黄菊,勉励自己。

## 一、高尚的人格风范

我第一次直接与黄菊同志见面,是在一次不经意的场合。那是在

---

* 本文写于 2008 年。

20世纪80年代,我第一次去上海市委开会,因为对上海市委的会议室还不熟悉,便向正好从身旁走过的一位同志询问。这位同志非常和气地给我指点了方向,并带我到会议室门口。我在向他道谢时,感到这位同志有点眼熟,才想起他就是上海市委常委、上海市委秘书长黄菊同志。此后黄菊同志担任了上海常务副市长、上海市长、上海市委书记、中央政治局委员、政治局常委,职务不断上升,但平易近人的风格始终没变过。我还听复旦大学顾玉东院士(我和他都是党的十五大代表)讲过这样一个故事,江泽民同志当时来代表团参加讨论时与我们分别合了影,但后来顾玉东同志发现自己与江泽民同志的合影拍得不理想,对此非常懊恼,黄菊同志知道后,将此事转告给江泽民同志,江泽民同志听后特意安排顾玉东同志到中南海的紫光阁专门补拍了一张照。从这件小事中,我们感受到了中央领导对同志的真诚之心。

黄菊同志对老同志非常敬重。每到逢年过节,他都要让我们安排去登门拜访或到医院去探望中科院院士、著名数学家、原复旦大学校长苏步青,中科院院士、著名物理学家、原上海大学校长钱伟长,两院院士、著名桥梁工程与力学专家、原同济大学校长李国豪,中科院院士、中国现代遗传学奠基人、原复旦大学副校长谈家桢,中科院院士、著名数学家、原中国科技大学校长、复旦大学副校长谷超豪等德高望重的前辈专家,还要寄上贺卡,送去真挚的祝福。我还记得这样的细节:曾担任上海市政协主席的复旦大学校长谢希德教授,因为70多岁高龄,行动不便,所以谢校长参加市委会议结束后,黄菊同志亲自送老人家到电梯门口,然后嘱托我代他送谢校长到大门口,并目送谢校长离开。黄菊同志也很爱护下一代,经常惦记家庭困难孩子的学习生活。他曾对我们说,不要把救助和救济混为一谈。救济是政府的责任,救助是社会每一个成员的共同责任。所以他一方面支持增加对困难群体的政府帮扶资助,另一方面身体力行,热心参与各种社会捐助。他和夫人每年都要捐出一个月的工资收入用于帮困助学。2002年底黄菊同志到北京工作赴任前,又一次性捐款3万元。

黄菊同志待人宽容。他平时业余爱好不多,最喜欢的就是看电影。黄菊同志看完电影后一般不多加评论,不给组织活动的同志造成思想压力。还记得有一次,黄菊同志观看一场纪念性的演出活动,演出质量比较一般,其他领导看后提出了批评,黄菊同志听到批评就说了一句安抚的话,给心事重重的负责同志解了围。

当然,黄菊同志由于身处高位,处在社会和市民的"聚光灯"下工作,难免会有一些议论。然而黄菊同志都能坦然对待,从没有对当事人加以训斥和处理,体现了一位领导干部光明磊落的宽容气度。

黄菊同志对自己要求严格。他曾经对我们说过,工作上有事可以到办公室来谈,不要到他家里去,公事私事要分明。他担任上海市委书记后专门召开家庭会,要求亲属不要打着他的旗号办事谋利,也不要为私事到家里来找他帮忙,他是不会帮的,当时给人"六亲不认"的感觉。当然亲属们最终也理解了黄菊同志的意愿。黄菊同志工作非常勤奋,可以说是为了上海的发展呕心沥血,殚精竭虑。我在上海市委工作时,几乎每天晚上十点多都能看到他在办公室工作,他也时常找我们晚上谈论工作、了解情况、布置任务。

黄菊同志工作细微、务实。媒体上曾披露上海郊区一所学校出现体罚学生,打学生耳光的事。此事在社会上引起轩然大波,一些同志纷纷要求我们严惩这位教师,将他清除出教师队伍,此事也引起了中央领导的关注。黄菊同志闻讯后马上找我了解情况,要求及时了解真相。我在调查后得知,这名教师是残疾人,平时工作比较负责,而那名学生个性比较强,有时"不太听话"。事后该名教师也很内疚。我们进一步在教师群体中进行调查,发现有两种情况值得关注,一方面有的教师认为管学生还管出错误,以后干脆就对"调皮捣蛋"的学生"放羊"了。另一方面全市部分区县中有一定数量的教师对学生有不同程度的体罚或变相体罚。基于这样的调查结果,我们感到不能简单就事论事处理问题,既要对这名教师进行严肃的批评教育,并调整工作岗位,同时通过这一事例在全市教师中全面推进师德教育。我把自己的想法向黄菊同志作了汇报,他沉思片刻后予以默许。事后黄菊同志对其他同志说,"看来荣华同志处理这件事情是慎重的,考虑是全面的"。事实也证明,对这件事的处理,社会反响和教师反响都很好。现在回想,如果没有黄菊同志的支持,而是感情用事、跟风处理,不仅影响了教师的积极性,也失去了一次生动的师德教育契机。

## 二、睿智的思想谋虑

在我与黄菊同志还未熟悉之前,就曾听上海市委工作人员评价黄菊同志思维敏捷、话语严谨、出口成章。后来与黄菊同志接触多了,对此体会就更深了。有一次上海市委常委会讨论上海市委关于精神文明建设的一份文件,有位领导提出要增加关于"孝道"的内容,其他同志很难表态。黄菊同志略加思考后说,"孝道"是中国的传统文化,但有两面性。尊老爱幼是中国人的美德,要提倡,但不分是非的愚孝是封建的糟粕,所以我们不能笼统地倡导"孝道"。黄菊同志寥寥数语,就把这一问题阐述得让人心服口服。

黄菊同志在工作中既善于创新开拓,也善于理性总结。他提出的关于上海发展要体现"中国特色、时代特征、上海特点",关于工作要体现"开拓性、坚韧性、操作性",关于要把"发展的速度、改革的力度、群众可承受的程度有机统一",关于市委工作"总揽全局、协调各方"和"一个班子、三个党组、几个口子"的市委工作格局,这些重要观点都是他在长期工作实践中深思熟虑后的智慧,体现了他的远见卓识。

黄菊同志的领导才能既来自他的天智和丰富的阅历,更来自他勤奋严谨的作风。他经常说"勤能补拙",他非常好学,不仅关注改革发展中的实践问题,也关注理论意识形态问题。他很早就开始关注并思考学术界提出的"党的执政合法性"命题,研究分析了世界各国执政党的执政特点,经常与学者专家一起讨论中国共产党执政能力建设。黄菊同志在重大问题讨论决策前,往往要查阅大量的资料,咨询专家,广纳善策,做足功课。所以在讨论决策问题时,黄菊同志的意见往往能抓住要害、点到"穴位"。我们对此都非常钦佩,喜欢听他的讲话,而且听完后往往有"坐不住"的工作冲动。

黄菊同志对上海教育工作做过深刻思考,也倾注了极大的心力。

**明确上海教育发展的战略目标。**黄菊同志早在 1994 年就提出"建设一流城市,必须以建设一流教育为先导",并且指出,"今天的教育,就是十年后的经济"。1999 年上海市教育工作会议上,黄菊同志精辟地分析了全市经济发展的形势,提出上海教育要实现"三个重要转变":从解决入学高峰的"有书读"转向促进人的全面发展的"读好书",从适应性教育转向满足性教育,从数量扩张型教育转向质量提高型教育。他在以后的多次讲话中反复强调,上海在大规模建设告一段落后必须把重心放到教育等事业上来,上海的基础教育和大学都要体现高度,学校之间要错位竞争,这里实际上就已经提出了上海教育的发展必须走以特色和质量为核心的内涵建设、科学发展之路。

**推动上海教育深化改革。**黄菊同志经常谈及上海的教育发展要讲投入,但必须"体制、机制、投资"三位一体通盘考虑。他反复强调上海的教育发展,钱不是问题,关键是体制机制。同时他又强调改革要把握时机和节奏。1997 年他在和部分高校负责人的谈话中说,高校改革的时机将到还未到,要作好准备,"今年作准备,明年起步,三年初见成效"。在改革的步骤上,他主张先抓基础教育,"然后就有能力抓高等教育了";对于高校的管理体制,他提出要"国立、共建、市统筹",并以此为基点理顺高校管理体制。根据这些思想,我们在黄菊同志的支持下向教育部提出进行教育综合改革试验的申请,并得到时任国务院副总理李岚清同志的肯定和教育部的批准。2001 年李岚清同志在上海调研时对黄菊同志说,我支持上海进行教育综合改革试验,你们要大胆试,成功了就是对全国的贡献。他还风趣地对黄菊同志说,出了问题我找你黄菊同志,但我相信上海一定能够搞好。在黄菊同志的亲切关怀下,上海全面推进了教育综合改革试验,高校布局结构调整、课程教材改革和学科专业建设、招生考试制度、办学体制和管理机制、教育投融资改革等都取得了重要的进展,不少方面在全国领先了一步。

**关心青年学生健康成长。** 黄菊同志经常和我谈及学生的思想和学习,殷切期望学生们能够按照党的要求和社会的期望健康成长。2000年,黄菊同志到教育党委和教委来调研,对青年学生的教育讲了一段意味深长的话。他说,现在隔代之间交流的语言已经不多了,我们党如果高举旗帜,后面一大批人跟着,这叫"雄壮"。反之,如果我们高举旗帜,虽然很英雄,但没有人跟,这是"悲壮"。他要求我们抓紧搞好中国特色社会主义理论"入耳入脑"的教育工作。根据黄菊同志的指示,我们提出了"知、信、行"三位一体的理论教育要求。我向黄菊同志汇报了我们的想法,他让我把"知、信、行"这三个字写给他,他看后予以肯定,要求我们持之以恒地坚持下去。黄菊同志对大学生的来信都非常关注,仔细阅读,并亲自回信。1998 年,上海交通大学的徐骎同学写信给黄菊同志,汇报了自己和同学们学习邓小平理论的体会,并介绍自己母亲是一位残疾人,曾受到黄菊同志接见和鼓励,表示自己一定不辜负党和人民的期望。黄菊同志读了信后非常高兴,给徐骏同学写了一封热情洋溢的回信,对同学们"学理论、见行动"感到十分欣慰,要求大学生把邓小平理论作为一门"必修课"。黄菊同志的信由我转交给徐骏同学,当时在上海交通大学和上海高校大学生中引起强烈反响,推动了上海高校理论学习兴起新的高潮。这封信也始终激励着徐骏同学,她在校期间入了党,毕业后在一家著名咨询机构工作,并成为业务骨干和党建积极分子。我后来向黄菊同志报告过徐骏同学成长情况,他听了非常欣慰。

关怀爱护人民教师。黄菊同志曾对我说,"教师特别是大学教师给我一封信,我经常要研究半天。他们都是有思想的人,不少是名人,他们的意见我都特别在意"。20世纪90年代中期以后,我们每年都在教师节组织以弘扬师德为主题的活动。黄菊同志每年都带领上海市委、市人大、市政府、市政协四套班子出席教师节活动并观看节目。1997年教师节活动的主题是"我的讲台我的爱"师德演讲,由十多位上海各级各类教育的优秀教师讲述自己的职业理想和事业探索,他们的演讲声情并茂、感人至深,黄菊同志听完后非常感动,称赞这台节目创意好、内容好,并指示我们要开展"师德工程",一定要把这项工作做好。根据黄菊同志的指示,我们在全市教育系统全面开展了师德建设工程,一大批优秀的师德典型脱颖而出。2002年教师节,我们组织了名为《走进艳阳天》的大型音乐诗剧表演,展现默默耕耘在特殊教育园地的上海市卢湾区辅读学校校长何金娣同志的师德风采。她以"是人就要受教育"的理念,倡导教育"零拒绝"的理念,关怀教育残疾儿童,并且为重残孩子送教上门。我看到黄菊同志在观看演出中流下了眼泪。据市委副书记龚学平同志告诉我,黄菊同志在离开剧场坐客车回市委的路上,还在与市委同志们热烈议论这台晚会,并且要学平同志打电话给我,说这台晚会成功、感人的地方就在于是"真人、真事、真情、真意",这是新时期做思想政治工作的最好方式,要求我们好好总结,积极推广。

关心支持教育投入和建设。黄菊同志担任上海市长和市委书记期间,是上海各级各类教育建设力度最大、发展最显著的时期之一。他曾经开玩笑地说,邓小平同志说愿做教育的"后勤部长",朱镕基同志说要当"后勤处长",那我就当教育的"后勤科员"吧。黄菊同志在市委的相关会议中反复强调要增加上海教育经费投入,首先要保证政府财政的投入,投入比例要达到40%—50%。他经常说,在其他领域,我强调一要改革、二要投入,但对教育要倒过来,一要投入、二要改革。当然教育也要争取社会的投入和个人的投入。他亲自关心教育系统的重大建设,并且多次强调,教育系统的这些项目建设标准可以高点,"要做到五十年不落后"。在他的亲自关心和支持下,上海高校进行了布局结构调整和大学园区的建设,为上海在全国率先跨入高等教育普及化阶段奠定了基础。他支持中小学的薄弱学校建设,加快中小学教育的均衡公平发展。他也支持建设一批寄宿制高中,认为寄宿制高中的学生读书比较专心,集体精神强,学风比较好。他关心职业教育的发展,认为这是上海经济发展的"基石",但90年代全市有400多所中等职业学校,数量多、规模小、质量差,黄菊同志要求进行调整,减少数量、提高质量、增加投入。黄菊同志还亲自主持市委书记办公会议,研究部署东方绿舟青少年活动中心的建设。可以说,黄菊同志对上海教育事业的战略思考谋划、工作的协调推进付出了巨大努力,为上海教育率先基本实现现代化留下了丰厚的精神财富和物质财富。

## 三、亲切的关怀指导

黄菊同志对我们这些直接在他领导下工作的同志非常关心,在很多经常性的谈话、问候、指导和帮助中,处处体现了他的满腔热忱、关怀备至。

1995年我由上海市委副秘书长转任上海市教卫工作党委书记。黄菊同志专门找我谈话。我对黄菊同志坦率地谈了自己思想准备不足的顾虑。黄菊同志他对我说,我看过你的简历,你有丰富的经历,又在市委工作过,这是你的优势。但你的任职基本都是副职。现在从上海市委到大口党委担任正职,锻炼一两年,可以弥补你的不足。他笑着对我说,我也是从做副职开始的,并介绍了自己担任副市长时的经历和经验。他说,在领导岗位上正职和副职是不一样的,岗位不同,要求不同,思考问题的方式也不同。当了"一把手"既要放开手脚工作,也要处理好与班子同志的关系,特别是与行政的关系。他说党委实行的是集体领导,行政则是首长负责制。党委要支持行政,党政间的关系要融洽、和谐,"相互补台、好戏连台,相互拆台、大家受害"。"工作中有了成绩要多讲'我们',把成绩归于大家,有了问题要多讲'我',主动承担责任。"黄菊同志的这席话,以后一直伴随着我走到其他的工作岗位,成为我处事待人的"座右铭"。

他语重心长地对我说,我们做领导的就是要干事出活。搞教育是长周期的工作,要与专家打交道,急不得。你的性格是慢工出细活,做这项工作很合适。他要求我到教卫党委工作后先花时间搞调查研究,按照"体制、机制、投资"三位一体的要求进行思考,有了思路后他再听一次汇报。黄菊同志说到做到。一个月后,黄菊同志专门安排时间听

▲ 谢希德在市委作科技发展报告

了我的汇报,肯定了我的工作思路,同时又告诫我,工作要坚持开创性、坚韧性和操作性的统一,不能操之过急,要一步一个脚印地推进工作。

　　"三讲教育"期间,黄菊同志对我们教育系统的"三讲教育"给予了具体的指导,提出了明确的要求,对我们工作中取得的成绩也给予肯定。在一次"三讲教育"会议结束后,他又专门找我谈话,首先对我说教育党委这次"三讲"教育组织得很好,是全市的典型。要认真总结、巩固好"三讲"教育的成果。随后他又告诫我,一定要正确对待各方面的批评意见,不要背思想包袱,市委对干部有基本的判断,要大胆工作,我们会支持你的。黄菊同志的嘱托一下让我和班子同志轻装上阵投入"三讲"教育,积极开展批评与自我批评,整改成效进一步凸显。

　　2002年党的十六大召开前,即将赴中央工作的黄菊同志又一次找我谈话,亲切地感谢我对他在上海工作的支持。然后说,我知道你是1946年出生,原来我说过你到大口党委锻炼一两年,现在已经五六年了。我们共产党人要淡泊名利，在任何岗位都是做党的工作。我没想到，黄菊同志还记得我的出生年月，还记得多年前对我的嘱托。他对干部的感情之深、用心之细、关怀之切由此可见一斑。

黄菊同志虽然已经离开了我们，但抚今追昔，我们深切地怀念着黄菊同志，我们要学习他的风范，继承他的事业。以加倍的努力工作来告慰黄菊同志。

# 一位睿智爱国的外交家

## ——追忆良师益友吴建民大使<sup>*</sup>

  我和吴大使初次见面是他还在荷兰当大使的时候，我们可以说是一见如故。在之后二十多年的交往里，吴大使成了我的良师益友。他充满传奇的外交生涯，理性真挚的爱国情怀，孜孜不倦的学习精神，温文尔雅的智者风范，给我留下深刻印象。他长期观察和分析国际形势与中国外交，给我们留下了很多宝贵的精神财富，他在论著中"纵论天下大势的顺逆成败、解读国际关系的外交密码"，让我们有机会"感悟大国外交的中国智慧、领略外交华章的独特魅力"。

## 一、谦虚好学的外交家

  吴大使是外交界的奇才，是一位具有国际视野、中国情怀的卓越外交家。他在半个多世纪的外交生涯里，从资深外交官到外交学院院长，

---

* 2017年6月18日在"难忘吴大使"座谈会上的讲话。

从日内瓦挫败反华提案到推动中西文化交流,从被法国总统希拉克授予"大将军"勋章到毫无悬念地被推选为国际展览局主席,从走向世界、讲述中国,再回归中国、著书育人,都是以一颗赤诚的爱国之心,用源源不竭的智慧与精神,为我们国家的外交事业作出了极为重要的贡献。

我认为,吴大使在外交上取得的杰出成就,与他谦和的为人,保持好学、不断追问的习惯和态度有着很深的关系。

吴大使非常注重向历史学习,善于从中国历史中汲取智慧,服务于中国外交实践。2013年底,吴大使应邀在央视百家讲坛上"评点战国策",娓娓道来的历史故事,鞭辟入里的评点分析,古为今用的纵深思考,将历史与外交融会贯通,充满着思想的力量、智慧的光芒,让人耳目一新、启迪良多。后来在此基础上他出版了《纵横天下——吴建民话说战国策和当代中国外交》一书,我作为嘉宾参加了该书在上海书展上的新书发布会。这本书非常受欢迎,读者排着长队等候签名。

吴大使也非常注重向实践学习,善于在调查研究中积累第一手素材和丰富的案例。他在联合国以及荷兰、法国等各地担任大使时,都特别注重学习、思考和调研,一到新的岗位,首先就是在当地作非常细致、深入的调查研究,所以在每个岗位上手都很快,做得都特别出色。更加难能可贵的是,每次有机会回国休假的时候,他选择的不是去度假,而是到全国各地调研,感受改革开放的前进步伐,把握祖国大地的发展脉动。他每年都要到上海来,看浦东开发开放取得的最新成就。因为他知道,作为一名资深外交官,在国际场合上最重要的是要讲好中国故事,要讲得生动、有说服力,必须有第一手的素材、最生动的案例,而这些都需要来自我们国家改革开放和创新发展的伟大实践。

　　吴大使还非常注重向同行学习,善于在思想交流与观点碰撞中发现新问题、探寻新思路、找到新办法。他担任外交学院院长期间,与上海社会科学院每年都联合举办"东亚思想库网络金融合作会议",每次都是在东亚峰会前半年左右召开,通过与国际国内专家学者的深入研讨,提出大量有价值的建议,不少被峰会采纳。从 2009 年开始,吴大使和我共同担任上海国际问题研究中心的理事会主席。在吴大使的倡议和推动下,上海国际问题研究中心每年组织召开多次国际形势内部研讨会,围绕国际热点问题、年初形势预判、年终形势总结等主题,召集上海各高校、智库和研究机构的专家学者进行充分的交流与讨论,并及时形成内部报告,报送外交部等有关部门,发挥重要的决策咨询作用。无论是在会上还是在会下,吴大使非常善于利用各种机会学习了解国际问题、上海发展、经济社会、历史文化等各方面的情况和信息,也与上海

▼ 与吴建民夫妇（右）合影

的国际问题学者结下深厚的友谊。

难能可贵的是吴大使非常注重向身边每个人学习。他随身带着一个小本子，无论是开会、吃饭、聊天，也不管对方的身份、年龄，只要有好的想法、新的观点和重要的数据，他都会马上记下来。我和他每年都要碰上几次，有时我跟他介绍一点上海经济社会发展的新情况，他就会拿出小本本记录下来。

吴大使作为一名资深外交官，如此谦虚好学，值得我们每个人认真学习。他这样一种善于学习和思考的习惯与精神，决定了他对问题的观察与分析往往是比较独到的，有几个特点是比较鲜明的：一是国际性，运用国际视野观察和分析日趋复杂的国内外形势。他提出，不仅要从中国看世界，还要从世界看中国，这是让人很受启发的。二是专业性，运用外交、历史、经济、社会等方方面面的知识，从专业的视角分析问题、提出建议，就会比较客观、比较理性。三是预见性，通过国际比较、历史借鉴、专业分析，他对很多问题的判断是很有预见性的。比如，我 2004 年邀请吴大使到上海社会科学院作报告，当时美国和伊拉克在打仗，而且美国取得节节胜利，国内就很担心美国在打完伊拉克后就会把矛头对准中国。吴大使当时就认为不会，他分析后认为，虽然美国在伊拉克战争中暂时取得胜利，但从此与整个阿拉伯世界为敌，美国将很难脱身，会有一大堆麻烦，他提醒中国要抓住机会，把自己的事情做好。后来证明吴大使的判断是正确的。

吴大使还有一点给我留下非常深刻的印象，那就是他自我要求很高，很善于做工作，往往是小处着眼，最后成就外交的大手笔，打开了新局面。比如，在担任法国大使期间，就促成了中法两国最高领导人的家乡互访，这是很了不起的创举。吴大使曾跟我说，他不会打高尔夫球，跳舞也不太在行。那他是怎么做法国人的工作、如何促成这件事的呢？

他说，一个是靠演讲。吴大使在任期内在法国各种场合做了 200 场演讲，给法国各界人士都留下非常深刻的印象。另一个是靠中国菜，他把希拉克总统及夫人请到了大使馆，通过中国厨师和中国菜来做工作。正是因为吴大使在法国做大使时工作上的积极主动、细致入微和充满创意，使他在法国留下了很多很好的口碑。2017 年 1 月下旬，在中法两国建交 53 周年纪念日前夕，为纪念吴大使为中法关系良好发展所作出的杰出贡献，法国"吴建民之友"协会正式宣布成立以吴建民名字命名的中法青年访问奖学金计划。该协会的主席、法国前总理拉法兰在致辞时表示，吴建民大使不仅是中国在法国最知名的大使，也是在法国最知名的中国人。

## 二、理性睿智的爱国者

作为新中国外交发展的亲历者、见证者、实践者，作为国际局势长期的观察者、思考者和研究者，吴大使总是从现实和大局出发，以国家利益、民族利益为追求，但与众不同的是，他最终追求的是世界的共同利益和人类的共同发展。

对于吴大使在国际场合维护中国及发展中国家利益上的大智大勇，我是有亲身感受的。1996 年初，吴大使临危受命，出任中国驻联合国日内瓦办事处和瑞士其他国际组织代表、特命全权大使。

1997 年，吴大使受李岚清同志的委托回国内给大学生作报告。在上海举办了两场报告会，东北片大学生放在复旦大学，西南片大学生放在上海交通大学。我当时作为上海市教卫党委书记，全程陪同并主持报告会。在那个年代，到大学去做演讲可不容易，如果演讲者讲得不好或者不合学生胃口，大学生会毫不客气地当场嘘声一片、喝倒彩。而吴大使这两场充满激情的演讲,在复旦和交大则是大受欢迎、满堂喝彩。我当时在现场特别留意了下,吴大使在交大获得了 29 次掌声,在复旦获得了 31 次掌声。两场报告会都是座无虚席,连礼堂的走廊上都站满了人。我感觉,这正是由爱国的暖流汇聚而成的共鸣。演讲结束后,很多大学生上台围着吴大使希望得到签名、拍照留影,这种如同明星般的待遇,对于当时的外交家来说十分罕见。我主持过很多大学生的报告会、演讲会,吴大使的演讲是最成功、最能打动大学生心灵的,因为学生们的爱国情怀真正被点燃了。我还记得,有一位复旦大学国政系的毕业生,原来是不愿意到外交部工作的,听了吴大使的报告,激动万分,跑到后台,紧握吴大使的手,决定立即去北京报到,表示要做一名像吴大使那样大智大勇,始终把国家、民族利益放在心上,为祖国赢得尊严、为改革开放创造良好国际环境的外交官。

吴大使跟我说过,他喜欢跟年轻人打交道,只要大学和研究机构邀请他讲课、作报告,他如果排得出时间都非常愿意去。我在上海社会科学院、上海视觉艺术学院担任院长期间,都邀请过吴大使,他都欣然应允。令人钦佩的是,他每次作报告,从来不用讲稿,而是温文尔雅地娓娓道来,视野开阔,思维敏捷。他喜欢讲故事、讲外交案例、讲自己的亲身经历,善于讲老百姓听得懂、年轻人听得进的话,所以很容易引起共鸣、引发思考。他在很多场合强调,要看清天下大势、把握时代主题、抓住战略机遇。他经常提醒,爱国需要激情,但更需要理性和睿智,要始终保持头脑清醒。他坚决反对封闭、狭隘的民族主义、民粹主义,积极倡导要做一个懂大势、识大局、明大理的现代中国人。

吴大使曾经说过:"一个人来到世界上,总要做点事情,可以为自己,可以为家庭,也可以为国家,我选择了第三者。"无论是在做外交官时还是退休后，他的这种爱国心、爱国情始终没有变过，勇者无惧，智者不惑，他经历了很多重大外交事件、经受过各种考验，他不怕围攻、不避险恶、不计个人得失、不怕受委屈，他对国家、人民的绝对忠诚与坚定信心，他对外交事业的执着追求与担当意识，令人十分感佩。用赵启正同志的话说，吴大使是一个伟大的爱国者。

## 重情重义的好朋友

吴大使和他的夫人施燕华大使都是我的至交好友，也是上海社科院和上海社科界的好朋友。吴大使是重情重义的儒雅绅士，在这么多年与上海学术机构的交流与交往中，与很多不同年龄段的专家学者都结下了深厚的友谊。

吴大使与上海社科院、上海国际问题研究中心的感情是特别深的。在他担任外交学院院长期间，上海社科院就邀请吴大使做客高层论坛，并聘请他为世界经济与政治研究院名誉院长。上海社科院与外交学院还多次联合举办东亚思想库网络金融合作会议和上海亚洲金融合作论坛，产生了广泛的国际影响。吴大使后来又被聘为上海社科院的名誉研究员，担任上海国际问题研究中心的理事会主席，他以渊博学识、丰富实践、开阔视角和历史深度，不辞辛劳地提携后辈，为上海社科院的智库建设作出突出贡献。

吴大使与黄仁伟、张幼文、潘光、刘鸣等上海社科院一批国际问题专家都有非常良好的友谊。时任上海社科院世界经济研究所所长的张幼文，还被吴大使请到外交学院兼任国际贸易学院院长。吴大使担任上海国际问题研究中心理事会主席后，带领一批青年学者合作编撰第二辑《外交案例》。这样一位资深的外交家，与上海社科院的青年学者和博士生在一起讨论、研究问题,没有思想上的隔阂,没有年龄上的鸿沟。他一共召开了二十多次写作讨论会,分享自己外交生涯中的亲身经历,手把手地教会这些年轻人如何总结、梳理和撰写外交案例,一起撰写了20多个新中国成立以来的重要外交案例,给我们留下了一笔宝贵的外交财富。

吴建民大使是在周恩来总理等老一辈外交家熏陶下成长起来的,他也很好地继承和实践了周总理的外交风格,为新中国的外交事业作出了卓越的贡献。吴大使离我们而去,是中国外交界也是智库界的重大损失。我们深切缅怀这位谦虚好学的外交家、理性睿智的爱国者和重情重义的好朋友。我们相信,通过设立北京吴建民公益基金会,整理传播吴大使的外交理念,对外讲好中国故事,对内帮助青年人了解世界,正确看待世界的变化。吴大使为中国和世界和平而奋斗终生的精神将会在青年一代中得到传承,吴大使的外交理念和实践将会不断得到发扬光大。

## 附:难忘吴大使

今天是吴建民大使逝世一周年纪念日。吴建民公益基金会在这里和人民出版社、中国民主法制出版社联合举办"难忘吴大使"座谈会,推出《难忘吴大使》纪念文集以及吴大使遗著《吴建民谈公共外交》,我认为这是对吴大使很好的追思和怀念。是继往,更是开来。我们对吴大使最好的悼念,就是要留住他理性的声音,传承他睿智的思想,完成他未竟的事业。

吴建民大使是我多年的挚友。在我心目中,他是谦虚好学的外交家,是理性睿智的爱国者,是重情重义的好朋友。我和吴大使结缘于20多年前,在他还是荷兰大使的时候,我们可以说是一见如故。吴大使是我的良师益友。他充满传奇的外交生涯,理性真挚的爱国情怀,孜孜不倦的学习精神,温文尔雅的智者风范,为外人所称道,也给我留下了深刻印象。

在我看来,吴大使的温和并不代表软弱,而是一种处变不惊的理性智慧、大气谦和的处事方式、中华民族"和合共生"的历史基因以及新时期"和平发展"的外交理念的糅合与外显。对于吴大使在国际场合维护中国及发展中国家利益上的大智大勇,我是有亲身感受的。还记得1996年初,吴大使临危受命,不畏强权、舌战群儒,用他非凡的智慧和口才,联合其他发展中国家,在联合国第五十二届人权会议上最终连续挫败西方的反华提案,维护了国家的形象和尊严。又于1997年在联合国第五十三届人权会议上再一次挫败了反华提案。

吴大使是一位理性的爱国者。他在很多场合强调,要看清天下大势、把握时代主题、抓住战略机遇。他经常提醒,爱国需要激情,但更需要理性和睿智,要始终保持头脑清醒。他坚决反对封闭、狭隘的民族主义、民粹主义。吴建民曾指出:"民粹主义的本质是反对改革,狭隘民族主义则反对开放",这两者结合起来非常危险的。他积极倡导要做一个懂大势、识大局、明大理的现代中国人。"要为国家争取朋友",人人都是民间大使。

吴建民大使对全球的大势也有着自己清晰的认识。他认为,要发展就要顺应大的趋势、大的潮流。习近平总书记讲和平与发展、合作共赢是时代的潮流。和平与发展的时代主题决定了当今的时代潮流。

吴建民大使是一个敢于说话的人。他反对以狭隘民族情绪为出发点的民粹主义;他希望大家都能正视我国发展中存在的问题,亦正确看待外界的批判;他坚持韬光养晦的外交策略,认为中国作为一个正在快速发展的大国,只有坚持韬光养晦,才能使我们在实践中减少一些阻力,中国的和平崛起之路会走得更为平坦。

吴大使总是从现实和大局出发,以国家利益、民族利益为追求,但与众不同的是,他最终追求的是世界的共同利益和人类的共同发展。

2003年,吴建民接任外交学院院长,开始了他"开创公共外交,启迪青年一代"的崇高事业。吴大使不仅是一位"传道士",更是一位具有奉献精神的"卫道士"。在外交学院,吴建民的工作有了很大变化,首要的目标就是培养青年人才。他对外交学院青年学生的培养不遗余力,倾注心血。不仅如此,只要大学和研究机构邀请他讲课、作报告,他如果排得出时间都非常愿意去。我在上海社会科学院、上海视觉艺术学院担任院长、校长期间,都邀请过吴大使,他都欣然应允。

吴大使担任上海国际问题研究中心理事会主席后,还带领一批青年学者合作编撰第二辑《外交案例》。这样一位资深的外交家,与上海社科院的青年学者和博士生在一起讨论、研究问题,没有思想上的隔阂,没有年龄上的鸿沟,他一共召开了二十多次写作讨论会,分享自己外交生涯中的亲身经历,手把手地教会这些年轻人如何总结、梳理和撰写外交案例,和他们一起撰写了二十多个新中国成立以来的重要外交案例,这不仅给我们留下了一笔宝贵的外交财富,也在潜移默化中,影响和培养了身边的青年学者。

最近,由吴建民基金会发起的"吴建民国际青年访问计划"顺利完成了将近半个月的访华之旅,历经北京、银川、杭州、上海四个城市,十位优秀法国青年与中国各界青年交流并与中国各阶层进行了广泛接触,增进了对中国经济、社会、政治和文化的了解,加深了对中国发展道路和理念的认识。在法国青年访问团将要离开最后一站上海前夕,我从中宣部安排的一个全国重点马院的考察工作中抽身匆匆赶回上海,参加了中法青年的总结座谈会,与两国青年作了愉快的交流,并设宴为法国青年访问团饯行。

从整个活动中,我强烈地感受到,吴建民大使虽永远离开了我们,但他的遗志将由一批又一批青年来继承,并发扬光大。我相信,通过设立北京吴建民公益基金会,整理传播吴大使和平发展的外交理念,对外讲好中国故事,对内帮助青年人了解世界、正确看待世界的变化,吴大使为中国和世界和平而奋斗终生的精神将会在青年一代中得到传承,吴大使的外交理念和实践将会不断得到发扬光大。

▼ 与吴建民院长签署项目合作协议

# "我是中国人"

## ——由谢希德先生想到复旦精神 *

　　谢希德先生逝世已经 18 年,却依然受到人们的怀念。清明时节,在福寿园遗体捐献者纪念碑下,总摆放着几束鲜花。在谢希德的名字边上,也总是贴着一朵鲜花。

　　谢校长去世了那么多年,却还是引起人们那样深的怀念。老子《道德经》有言,"不失其所者久,死而不亡者寿"。福禄寿,何谓福? 知足常乐谓之福;何谓寿? 就是身虽死而"道"犹存,不被人忘记就是"寿"。梁启超曾说,人的肉体寿命不过区区数十载,人不可能长生不老,但人的精神则可以永垂不朽。因为他的肉体虽然消失了,但他的学说、他的思想、他的精神却会长期影响当代及后代的人们。

　　谢希德先生只活了 79 岁,去世时离 80 岁还有一个月。当时遗体告别时,前来悼念的人很多,龙华大厅里的花圈多得放不下,一直摆到马路上。陈至立同志问我,"谢校长是研究固体物理的,知道这个专业

　　* 2018 年在"复旦大学·三井物产高端讲座"上的讲话。

▲ 在谢希德校长纪念展上发表讲话

的人并不多,怎么会有那么多人来送行?"还没等我回答,至立同志就自己讲出了答案:"这主要是谢校长的人格力量起作用。"

说起谢校长的人格力量,记得当时复旦大学校办一位主任悄悄跟我说:"有的领导布置任务声音大,我们不得不办,但谢校长声音哪怕很小,说一件事,只要我们听到,我们就会跑步去执行。"一个是不得不办,一个是跑步去办。其中的差别不言而喻。谢校长是有腿疾的,但她却被誉为复旦校园里独特的一道风景线。这就是谢校长的精神、人格魅力在发挥作用。

最让我们震撼、感动、钦佩的,不是谢校长的专业、能力,而是其为人,是她始终如一的爱国情怀。她有一句掷地有声的话:"我是一个中国人,为中国服务是我的天职。""我是一个中国人",这是归属,是身份认同;

"为中国服务是我的天职",这是使命,所以谢校长任劳任怨、无怨无悔。

谢希德先生曾在不同的年代被问过同一个问题:"你为什么从美国回到中国?"她也在不同的年代回答过同一句话,"我是一个中国人"。

20世纪50年代,正值新中国成立,百废待兴,正是国家发展亟须人才的时候。谢先生面对美国的阻挠和父亲的反对,顶着重重压力,和丈夫曹天钦冲破层层阻挠,绕道英国,回到了祖国的怀抱。当时就有人问她:"你在美国有那么高的名望、那么优越的工作和生活条件,你为什么回国?"谢希德回答:"因为我是一个中国人。新中国刚成立,我理应为国家效力。"

60年代,谢先生被关进"牛棚",去劳动改造、洗厕所。当时有人怀疑她是美国特务,问她为什么回国,让她交代回国的动机,是不是有什么"特殊的任务"。她也是同样的回答:"因为我是一个中国人。"

而到了80年代,中国涌现一股出国大潮。大家都被外面的世界吸引着,砸锅卖铁洋插队,拼命想走出国门,到国外读书学习。当时,复旦学生一面请谢校长写推荐信,一面问她,为什么回国? 许多人都不理解,谢校长为什么会放弃美国那么优渥的研究环境,那么舒适的生活条件,回到国内吃苦。而谢校长仍然用同样简朴的话语回答:"因为我是一个中国人。我的根在中国,我应该为中国服务。"

不同的时间背景,不同的历史环境,不同的人以不同的动机问她,她都是同样的回答:"我是一个中国人,我的根在中国,为中国服务是我的天职。"

80年代,学校决定创作一首复旦校歌,第二段歌词原来是这么唱的,"你是复旦人,我是复旦人,从此我们拥有新的故乡"。在讨论时,谢校长说,"国家办复旦大学不是办同乡会,拥有新的故乡,对于复旦人来说(立意)太窄了,复旦人应该看得更远、站得更高、胸怀更广,建议把拥有新的故乡,改为拥有共同的理想。"什么是我们"共同的理想"? 就是

▲ 前排左二为作者，居中者为时任校长谢希德，左四为党委书记盛华，右四为党委副书记陆庆壬

建设我们伟大的祖国,这其中,就是身份认同、归宿认同和责任认同。

同样是 80 年代,有一年暑假归来,新闻系黑板报上贴了一张照片:"三毛钱一里"。一个大学生手拿树枝,笑嘻嘻骑在一位老农肩上游山。老农背一里路,可以拿到三毛钱。这幅照片引起了全校讨论,这种现象存在到底合不合理?两种观点激烈交锋,谁也不服谁。但有一些学生沉默不语,当我问他们为什么时,他们沉重地回答:"我们有责任让这种现象在我们这一代人手中尽快消失。"

校长与学生,天职与责任,二者心意相通、不谋而合。这就是身份认同,责任认同。

今天讲爱国,怎样做个爱国主义者,我想援引吴建民大使留给青年的几句话,与大家分享。第一句话,中国看世界,也要世界看中国,这样才能看清天下大势,谋求世界共同利益和人类长远发展;第二句话,爱国需要激情,更需要理性和睿智,我们要反对狭隘的民族主义和民粹主义;第三句话,维护国家利益,需要硬实力,同样需要软实力,而国民素质的提高是最重要的软实力,我们人人都是民间大使;第四句话,青年要学会交流,成功事业要谦虚、要淡定、要理性,不光会说硬话、狠话、绝话,也要会交流。"有理不在声高,和风细雨不等于软弱。"这是白岩松在吴建民大使逝世一周年座谈会上总结大家发言时的一句话。

前不久,我受复旦大学委派,去日本参加"中日新时代论坛",在与公明党议员餐叙时,我说,参观创价大学学会举办的纪念周恩来展览,我被日本人民对周总理真挚、崇敬的感情深深感动。周总理是我的偶像。当年,复旦大学悼念周总理逝世的第一条大幅标语,是我和班上同学一起写并贴挂的。

复旦是国家重器、重镇,复旦人是大国公民、公共外交的精英。复旦责无旁贷、复旦人亦责无旁贷。曾有一位教育部领导问我,北大深、

▲ 在复旦大学的工作会议上，时任党委书记林克在讲话

清华强，那复旦是什么？我说，复旦活。既不放任，又不管死，介于二者之间。这是我的观点。

　　复旦的人文精神，是中国底色、人生底色、复旦底色，体现在复旦先贤哲人身上，是我们的宝贵财富，要重视、弘扬复旦精神。复旦绝不重器轻道、重理轻文。复旦重视工具性,同时更重视人文性。

原复旦大学党委书记林克同志曾说过:人的姓名只是个符号,只是供人辨识的。共产党员只追求真理,不追求名利。

苏步青校长曾说过:我是高徒出名师,靠学生出名。若学生不超过我,我这个老师就不合格。青出于蓝应胜于蓝。

陈望道校长曾说过:办学校不是开学店,校门上"复旦大学"四个大字,不准做成商店那样的金字招牌。

"大学之道,在明明德,在亲民,在止于至善。"大学不仅是学习专业知识、学习职业技能、学习社会规则的地方,更是传承精神文明,锻造人格素养的场所。我们讨论"复旦精神""北大精神"……因为大学的精神,即大学之道,是大学乃至社会最宝贵的财富。而复旦精神,我想,就体现在像林克、苏步青、陈望道、谢希德这些可贵的复旦人身上。

我是到了古稀之年的复旦校友,在家里挂了一幅字:

家国情怀,九死不悔。
教育情真,终身相随。

今天是交流,谈心,不能说没有偏颇,甚至有错误,但我讲的都是真话、实话、心里话,希望能对同学们有所帮助。

反思比回忆重要,不用扬鞭自奋蹄;
感悟比感知深刻,七十方知六十非。

# "魅力上中"的密码

## ——纪念叶克平校长 *

上海市教育发展基金会有数十个专项教育基金,今天我们设立以叶克平校长名字命名的专项基金——叶克平教育基金,具有特别的意义。因为叶克平教育基金,寄托着这位老革命、老教育家对教育事业和民族复兴的关切之情,折射出他高尚的价值追求和非凡的人格力量。

叶克平老校长的一生平凡而伟大。在他青春激扬的年华,他毅然投身革命,成为地下党;在他长达 60 年的教育生涯中,他为挚爱的教育事业奉献了自己的激情和智慧;在他生命的最后时刻,他依然眷念着教育事业,倾其所有捐资设立奖学金。他崇高的品格和出众的人格魅力,深深感染着无数的学子和同仁。叶克平老校长的魅力,来自一个"情"字。对国家、对民族、对教育、对莘莘学子,他都饱含深情。其中蕴含着他令人钦佩的天下意识、共产党人的家国情怀和终身不渝的教育理想。他感动感召着我们,也教育着后来人。

---

\* 2014 年 11 月 8 日在"上海市教育发展基金会叶克平教育基金设立仪式"上的讲话。

我想借此机会,简单介绍一下设立叶克平教育基金的缘起和初衷。

2000年在叶克平校长病重之时,我因为当时担任上海市教卫党委书记,曾随上海市委领导前去医院探望叶校长。他在病榻上表达了想把毕生积蓄10万元人民币捐赠给上海中学用作奖学金的愿望,并将此事郑重托付给我。同年5月,"上海中学叶克平奖学金"设立。叶校长是在8月份离开我们的。时隔两年,他的八个子女在他夫人毛诗同志(原上海小学校长)逝世后,遵从母亲心愿再行捐赠10万元,使"叶克平奖学金"数额增加到20万元。叶校长的子女们在父母精神的感召下,多年来慷慨出资捐赠,使该项奖学金捐赠额逐渐达到了上百万元人民币。

我是三年多前开始担任上海市教育发展基金会理事长的,是一名教育公益事业的志愿者。平时,听到不少上中校友都表达了对母校发展的关心,并希望能为母校出力。我们在与叶校长子女们的交流中,达成了一个共识:在捐赠资金仍然用于支持上中发展的前提下,如果依托我们市一级公募性质的教育基金会的平台,将方便上中校友和社会各界爱心人士和企业进行捐赠,帮助广大校友实现回报母校的心愿。在基金会设立专项教育基金后,由基金会进行资金的保值增值,还能有效增加基金总量,扩大奖学金受益面,帮助和激励更多资优、创新人才的成长。对于捐赠者来说,通过向教育基金会进行公益捐赠,可以享受国家规定的税收优惠。通过媒体宣传,也更有利于倡导和弘扬捐资助教、育人兴邦的良好道德风尚。于是,在上海中学的支持下,决定将原"上海中学叶克平奖学金"转入上海市教育发展基金会,正式设立"叶克平教育基金"。

叶克平老校长的教育人生,大家对他的深情追忆,也让我深有感悟。当今社会环境下,应当坚守、坚持怎样的价值追求?什么才是安身立命之本？叶克平老校长用他矢志奉献教育的一生作出了生动的注解。无疑,理想、信念才是安身立命之本。叶克平老校长是老革命家、老教育家,一辈子践行办好教育育好人的崇高理想,坚定不移,从未动摇。

说到叶克平教育基金,我们同样感念的还有叶克平老校长的夫人、令人尊敬的原上海小学校长毛诗同志。我们也感慨叶家令人称道的家风、家教和家国情怀。我们看到,投身教育公益的接力棒,从叶克平老校长到他夫人,再传到子女手中,在叶家已经传了三棒,真是难能可贵!令我们由衷钦佩,也特别推崇。这是一种崇高精神的传承、价值追求的坚守、公益理念的传扬!

叶克平教育基金是一个平台,是一面旗帜,是一个标杆!相信一定会激励更多的人追求善行,支持教育公益事业。这个平台也将会更好地帮助上中校友实现报效母校的美好心愿,寄托对母校的眷念和感激之情!

## 附:再忆叶克平校长

今天我们在这里举行的既是叶克平教育基金设立仪式,又是高质量的教育改革研讨会,更是叶克平老校长崇高精神的一次缅怀和弘扬。各位校友的发言就是上中风采的体现,今天仿佛时空穿越,又置身上中的大礼堂,这也是叶校长教育思想的硕果展示。他的先进教育思想和成功的教育实践,有助于我们今天增强教育自信。从这个意义上说,今天收获最大的当属高德毅副书记和冯志刚校长。

昨天,叶校长女儿告诉我,她父亲临终时专门嘱咐,他只有一个头衔即"上海中学校长"。

是的,今天我们相聚,怀着一颗敬佩之心出席这位头上没有炫目光

▲ 作者夫妇在上中校园叶克平铜像前

环、没有显赫高位、也没有很高荣誉的"革命人"与"教书匠"所创立的教育基金仪式。再次向这位从不随风摇摆、一辈子忠诚于教育事业、一辈子挚爱他的学生和子女的老校长致敬!

昨天,我们看《缅怀叶校长》的短片,教育电视台一位年轻制作者动情地说:"片子做到下半段,我被深深感动了。"叶克平校长从事教育工作六十多年,当了三十多年上中校长,培养了成千上万优秀学生。《缅怀叶校长》短片片头画面是高山大海、青松翠柏,叶校长配得!

我们这个民族是懂得感恩的民族。走出上中校园的同学,无论地位高低、事业成就大小,都不会忘记培养我们成长的母校和老师。

我认为,支持、服务上中,钱很重要,但绝不是光有钱就行。传承、弘扬叶校长的精神更重要、更紧迫。通过看材料、想问题,我有这样一个表述:三三得九、九九归一。所谓三三得九:从接力棒角度看,捐赠者叶家,从叶校长到毛校长再到八位子女,传了三棒;使用者、受赠者上中,则经历了叶克平校长到唐盛昌校长再到冯志刚校长三任校长,也是三棒;再从运作者——基金会来看,从谢丽娟到我王荣华,再到以后的理事长,一棒接一棒,棒棒都要强。

所谓九九归一,就是指精神,所谓见人见物见思想。我们到底应当传承、弘扬什么?

我认为,应当是崇高精神的传承、弘扬;价值追求的执着、坚守;公益理念的传扬、树立。

我想把这概括为:水、善、家三个字。

水——最近,65届校友秦绍德新著《大学如水》出版了,核心精神是"深水静流"。这与叶校长所喜欢、推崇的一脉相承、高度一致。叶校长八个子女名字中都含水。从"掬水留香"到"大学如水",与其说是巧合,我更认为是传承。仁者爱水、上善若水。水利万物而无求、虽无形而有力。

上中,有水的传承。

**善**——叶校长夫妇及子女的捐赠善行善举,与人为善(叶校长对"文革"中反对过他、批斗过他的人,都有包容之心、大爱之心),知行合一,堪称道德楷模。我从事公益事业的这几年,特别是在筹备"叶克平教育基金"的过程中,我悟了这几句:与善同行,其行久远、其梦必美、其寿也长。

上中,有善的传承。

**家**——家风、家教和家国情怀。从感情真挚、意境深远的《掬水留香》中看到,叶校长的八个子女都事业有成,而第三代也十分优秀,或毕业、就读于哈佛、斯坦福、北大、清华、复旦、交大……不是个案,而是批量,就必然有规律可循。这就是好的家风家教家训发挥了作用。《掬水留香》扉页上写明:谨将此书献给我们的父亲母亲和我们的子孙。这是将严格家规、清正家风传给后代啊!

我听到有的领导干部说:子女是我们面对世界时的"软肋"。怎样让他们结善友、行善事、找准人生航向?叶校长及子女为我们提供了榜样。"基金"传到了第三棒,我相信会传下去,因为他们给子女留下的不是财富,而是精神,这是立身处事之本。

当年林则徐曾留给儿子一副对联:"子孙若如我,留钱做什么?贤而多财,则损其志;子孙不如我,留钱做什么?愚而多财,益增其过。"

将毕生积蓄捐给基金会,致力于育人的慈善事业,这是给子孙留下了一座精神金矿。这是老校长家的传承。

# "得还"情真，终身相随

## ——为叔蘋精神点赞*

我是 40 后的同学，和叔蘋奖学金有着紧密的联系。虽然从来没有得过叔蘋奖学金，但在叔蘋奖学金颁奖大会上的发言已有七次。听了今天的发言，我有以下四点感受。

第一，阐述了"得诸社会，还诸社会"的精神。大家讲了前辈的历史故事，表达对未来的展望，以及怎么理解这样的精神；

第二，充满着爱心、善意，是正能量。尽管叔蘋是发放奖学金的，但我们很少讲钱，而是都在讲爱，讲怎样传递爱。叔蘋奖学金的奖优助贫特点非常突出；

第三，叔蘋奖学金是一个滚雪球的过程，做得非常有效；

第四，我们今天的任务，一是确定身份，今天在座的各位都是叔蘋大家庭的一员；二是对责任的认同，对国家、社会、本职工作的认同。

---

* 2018 年 12 月 8 日在"叔蘋奖学金颁奖大会"上的讲话。

## 一、谈感恩

来之前我做了些功课，读会讯，看展馆，听发言。

翻阅今年的会讯，我感到非常精彩，富有吸引力，因为大家有认识和情感的共鸣。看了之后，我在想一个问题：这些最能打动我的是什么？报纸有报眼，以阐明其价值观。在我看来，最能打动人的至少有三句话：

南浔中学朱仁昊同学曾经讲过："为何共聚一堂？为何眼底充斥了渴望？"他的答案是："因为有两个不平凡的字，叫叔蘋；因为我们感到了一种使命。"这句话正是说明了今天的主题词——"叔蘋"，这是我们的

▼ 和惠灵顿（中国）教育集团创始人理事长乔英女士（左一）、顾家琪先生（右二）、叔蘋奖学金管委会副主席顾伟诚先生（右一）合影

家园和身份。

上海交通大学赖章龙同学说道："哪有什么岁月静好，不过有人替你负重前行。"家长们为大家操碎了心，可以自己什么都不要，也要为大家创造条件。还有我们的士兵在保护着大家的安全，工农劳动者服务着以及我们的师长都在作着自己的贡献。

令我印象深刻的还有顾家麒主席的贺词，他把很多想法集中在里面，希望同学："要感恩，感谢前辈的奋斗和刻苦努力的贡献，才有今世纪的国泰民安，一个富强的中国。"这是一个 80 岁老人的心声也是告诫、提醒、期望。——不应忘记前辈的付出，家麒先生的每次讲话都有所侧重，但一定会有感谢，滴水之恩当涌泉相报。

一个不懂得感恩的人不值得信任，这是最不可原谅的缺点。一味地抱怨，觉得别人总是欠他的，这样的人，他们心中不会有祖国，不会有真正的亲人、朋友，更不会有快乐。

## 二、谈传承

讲到使命，讲到"得诸社会，还诸社会"的精神，从感谢到感恩到感悟，这是叔蘋的核心价值所在。我在想，叔蘋为什么有那么大的吸引力，为什么大雪纷飞的时候大家从全市各地过来。一个国家，一个地区，一个城市，一个组织、团体，它的吸引力就在于文化，文化要有氛围、制度、偶像。氛围即环境，制度即规矩，偶像即榜样。所以我们常常会问自己："我是谁？我从哪里来？我到哪里去？"在当今的社会，我们何以自处？何以自为？我也一直在问自己这个问题：我何以自处，何以自为？我所在的教育基金又如何定位自身？我认为最重要的应该是家国情怀，九死不悔。我本来有教育情真，终身相随的理念，今天我想改为：

"得还情真,终身相随。"我们今天是起点,而非终点,今后我们按照这条路向前走。所以反思比回忆更重要,感悟比感知更深刻,我们都要想一想得到叔蘋奖学金后我们的使命。

今年国庆,我到南浔小莲庄参观叔蘋奖学金展览馆。一是因为叔蘋奖学金是教育基金会优秀的专项基金,我们感到很自豪,曾经组织基金会全体同志参观学习过,当时就展览内容、布局、版面设计提出了一些建议;二是因为想学习研究一个行善家族的行善轨迹。明年是叔蘋奖学金的第八十个年头,资助的学生有近万名,我想知道家族行善的轨迹如何? 有什么文化? 结构如何? 表现的活动形式如何? 怎么传承下来? 特别是好的家传家风家教,怎样形成? 怎样坚持? 我把全家带去,想给孩子留下一个印象——行善之家、行善之人会得到社会的尊重。同时,也带他们瞻仰素不相识的乾麟公,让他们知道受到帮助的学生成长后对社会的贡献,让他们明白,"得诸社会,还诸社会"是一种价值追求,也是实践过程,是最值得我们学习仿效的。就像一粒种子,要在他们幼小心灵里留下这样的印象。

另外,我很想让我的孩子知道,把金山、银山留给子孙总会花光的,我们把什么留给子孙后代? 我很钦佩顾先生,他把一种精神留下来了。同学们,你们现在是佼佼者,今天得到帮助,明天帮助别人。你们今后成家立业,有子孙后代,早早地想想留什么给后代? 我想应该是好的家风家教,子孙会终身受益。我曾经看到一些指挥过千军万马的老革命,在单位里受人敬佩,但是儿子不听话,只能用铁链锁、用皮鞭打,这个现象值得我们思考。

## 三、谈理想

乾麟公和夫人在困难时候的坚持,尤其感人。夫人在拿不出钱的时候把首饰当了,这是何等的情怀呐! 家麒先生是医生,学医很苦很累,也要面临医闹问题,能坚守真的不容易! 再有委屈,也任劳任怨。任劳不易、任怨更难! 作为叔蘋同学,你们对自己要有标准和要求,我希望大家有一个意识:不要随"分"起舞,不要随排名起舞。

考入复旦大学的同学,很多是县里面的状元,入学时敲锣打鼓送到复旦。在新的起跑线上,有的人不适应,垫底的时候受不了,便一了百了。有一个得奖同学曾说:"在激烈的竞争中,越学越功利,越学越急躁,越学越自负,也滋生了一种糟糕的暗示:我天下无双。曾经的爱好都被我抛下,每次排名变化都会拨动我紧绷的神经。"我想到于漪老师的提问:"育人还是育分?"现在分越来越重,而人越来越淡。育人是育才、育德结合的,工具性和人文性要处理好,不要随"分"起舞,不要做分数的奴隶,要有一眼看到底的本领。

顾伟诚先生也提到香港青年,表示要帮助他们的学业、就业,将来能有成功的机会。伟诚的话很有见地,他承接了父亲的善行,我觉得对基金会是很好的福音。

## 四、谈践行

我要向顾家麒先生表达我们由衷的感谢! 昨天得知,他把原来放在我们这里管理的 1 000 万元捐赠了,在这之前把 660 平方米的房子也捐赠了,这是何等的情怀和境界! 乾麟公所讲的"得诸社会,还诸社会",是宗旨理念,是家族后人的身体力行。我们很尊重他们,重视叔蘋奖学金,因为这对我们来说也是一次学习的机会,是我们终身的指南。我觉得"得诸社会,还诸社会"八个字是感恩、感谢、感悟,是不忘初心的精确表述和明白表达,有极强的生命力,是高尚的道德,可以得到社会高度认可。

我们在首届关爱青少年成长特别贡献奖颁奖仪式上表彰了曹鹏老师。他年轻时参加新四军,后来到苏联学音乐,回国后又普及音乐。近十年来,努力用音乐治疗自闭症的孩子,他的女儿、夫人、外孙都在为自闭症儿童的治疗作着努力。首届上海市教育发展基金会"关爱青少年成长特别贡献奖"表彰会结束散场时,在相辉堂门口,他的夫人拥抱了我。我几个晚上都很感动,这是长辈对我们的赞许,同时也是一种期许,期待我们共同努力。我感到了温暖,感到要把其中的精神传承下去。

我们还表彰了一位老人——徐根宝。他说:"我今天虽然得到奖励、光环,但你们却不知道,我输球的时候,满场叫我草包。"可他"十年磨一剑",在崇明办根宝足球学校,如今中超、国家队的很多球员都是他培养出来的。他现在 75 岁,表示愿意干到 90 岁。他说,中国足球队不争气,我要继续努力。因为自己的钱不够,徐指导又做根宝馄饨补贴资金;他还给别人签名售卖足球,为足球学校筹措资金。我们奖励的 25 万奖金是给个人的,但曹老坚决地把钱捐给自闭症儿童,徐指导则用于根宝足球学校。

上海市久隆模范中学的学子有两位重要的爷爷:一位是顾家麒爷爷,另一位是徐匡迪爷爷。久隆学校是当年徐市长提议开办建立的:"我们上海要有一个学校,支持品学兼优但家庭困难的同学。"二三十年来徐匡迪每年把自己的"院士津贴"捐给久隆,这次中国工程院奖励"光华"大奖给他,他又把钱捐给了久隆中学。

苏步青效应是"青蓝效应"——青出于蓝而胜于蓝。苏步青常说:"人家是名师出高徒,我是名徒出高师,我的学生都超过了我。"所以他感谢的是学生。上海有一个知名的医生在从教七十周年大会上发表感

▼ 与三个孙辈在上海视觉艺术学院

言："我感谢我的病人，没有他们的痛苦，就没有我今天的成就。我的光环建立在病人身上。"我情不自禁写了封信给他，把他的感言工工整整地抄了下来。复旦大学校友李达三捐了一个多亿给学校，当我们介绍到他，他坐着轮椅，颤颤巍巍地站起来，全场站起来为他鼓掌，他却说要感谢复旦大学的平台，感谢给他一个从善的机会。类似的故事太多，都是属于感恩的。

叔蘋的活动丰富，而且井井有条，我向你们学习，你们还慷慨解囊，叔蘋精神是我们时代建设的一笔宝贵精神财富，这个理念是我们共同的财产。明年是叔蘋八十周年，应该要庆祝。南浔纪念馆要重新更新，我有两个建议：版面多一些留白；内容多一些出新，也可以有论坛和出版读物。我们可以从理论和实践来讨论"得诸社会，还诸社会"的精神。有一个同学在发言中说，"我们叔蘋奖学金不仅是发奖机构，更是教育室"。我们能否讨论今日教育之成功与弊端？

你们奖优扶贫，出国门、融世界，视野开放，以道相通，很重视社会实践，我觉得都非常好。另外还有国际视野，不仅要从中国看世界，更要从世界看中国。不要有狭隘的民族主义或是民粹主义，而是要有理性和眼光，我们不应排斥人类的优秀文化。

# 疾风知劲草，使命励前行<sup>*</sup>

全国人大代表五年任期结束时，我被选作履职交流的代表在会上发言。《新智库的探索与实践》一书就收录了若干我在人大、政协有关会议上的发言。2016年2月份我就七十周岁了。回首过往，简单说来，我把自己称为"流浪汉"。我在政界的很多岗位都任过职，比如在上海市委、上海市政府当副秘书长，分管联系宣传、文化、教育；在政协负责提案工作，在人大的工作内容也类似。这样看来，尽管是"流浪汉"，但我没离开过教育工作，没离开过宣传文化系统。

一

我曾就读于上海中学，在距高考仅剩一周之时，"文化大革命"爆发了。所以我作为1966届的老三届，在学校三年高中加上两年在"文革"期间，待了五年。1968年我被分配到工业系统工作五年，1973年进入

---

* 本文根据上海社会科学院历史研究所徐涛、吴芳洲的采访整理而成。

复旦大学数学系学习,1977 年毕业后,在轻工装备机修公司工作了两年多,后又调到出版印刷公司。1979 年我到复旦大学团委做青年工作,不到一年接任金炳华同志当团委书记。1983 年中央党校开始第一批全国招生,那时蒋南翔任第一副校长,他提出要把国民教育的正规化体系引入党校。还记得我当时考了 13 门课,录取比例为 50%,我就在那里学习了两年。1985 年上海市委组织部曾有意安排我去区里任职,复旦大学希望我回去工作,最后因为复旦大学很缺人,就把我争取了回去。我先担任校党委常委兼学生工作部部长,后来任党委副书记。90 年代组织调我担任上海市教卫党委副书记;10 个月后调任上海市委副秘书长,分管联系宣传、教育、文化、卫生、科技,主要是协助分管文教的上海市委副书记陈至立同志工作。

过了三年不到,因为郑令德老书记到了退休年龄,组织上又派我回到教卫党委任书记。当时黄菊同志找我谈话,他说:李岚清同志分管教育以后,对上海的教育非常重视。我之前是副书记、副秘书长,就让我去体验一下当正职与副职的不同。黄菊同志给我交代的任务是作调查研究,要清楚市委决定的落实情况,包括对于今后上海的教育改革,都要通过调查研究以后提出意见,一个月后专门向他汇报一次。对于推进上海教育工作的具体要求,黄菊同志提出一要投入、二要改革,评判上海教育质量的提升,就是要从"有书读"到"读好书",读书就要有质量。我在教卫党委工作了六七年,后两年兼任市政府副秘书长,在市政府为三位市长、副市长服务,在教卫党委的工作岗位上,又有两位市委书记、副书记做我的领导。那段时间每个领导给的分工都不同,晚上总会加班到 11 点,回家时常常遇到小区大门已关,要翻墙爬门才能进入。好在我中学时打过排球,身体还比较灵活。曾有一次陈至立同志嘱我去找复旦大学校长杨福家,我开完会处理好一天的事情再去找因病住院的他时,医院住院部的门也关了。因为陈至立同志即将离开上海赴京,为了不耽搁时间我就爬上了铁门,结果因为铁门太高而且上面又装有防盗的尖锐物,人就下不去了,无奈之下叫驾驶员把工作证拿给门卫看才解决问题。当时我已经近 50 岁了,说起这个经历,陈至立同志还以为我是讲笑话。

我在教委工作期间参与和经历的重大事情有三件。第一件是上海教育改革。黄菊看到方案后批准的同时,告诫我要一步一步地走。我们当时提出要解决千军万马过独木桥的问题,因为大学的招生计划所限,入学竞争非常激烈,造成中学、小学乃至幼儿园都是应试教育。孩子的童年本应是快乐健康的,却成为应试教育的牺牲品;不少学生进了大学却仿佛"一马平川",可以不计后果地旷课、不读书,"补回失去的童年"。我们想改变这样的现象,所以提出"宽进严出",打破考大学很难的局面。当然,"宽进"的同时要严把毕业关,促进中小学实施素质教育,培养孩子的好奇心和探究问题的习惯,培养大学生竞争与刻苦学知识的品质。在招生考试的改革方面,我们提出不能"一考定终身";考试的题目不能全是偏题难题,而是要有利于中学素质教育的开展。对此,黄菊同志大部分都表示同意,但说了一句:"宽进严出不能一概而论,有的招生还必须'严进严出'",让我印象非常深刻。

第二件事是高校合并。当然这是中央提出来的,但在上海建大学城是我提出的建议。今天有些同志觉得上海大学之间的合并是错误的,认为我们是为了利益而"搭积木",其实那个时候各方面的情况与现在都完全不同。学校数量很多,但在质量上真正名列前茅的凤毛麟角,与上海这座城市的定位不符。大学的建设一方面投入不够,另一方面又在浪费,很小的学校也要"五脏俱全",包括后勤都要配备全套人马。我们考虑,资金有限只能用在刀刃上,投入到更好的大学上,合并后就可以避免重复建设。比如,大礼堂对一个学校而言是必需的,但实际使用频率却很低,如果能够集中在某个地方,大家共享一个高规格大礼堂,即可节省大量资源;包括高校后勤也会耗费大量人力物力,亟须提高质量、提高效率,把力量用到最需要的地方去,所以才考虑合并。合并是使学科和专业结构更为合理,将两所或两所以上的学校进行强强联合,比如复旦大学和上海医科大学合并、上海交通大学和上海第二医科大学合并,复旦大学生命科学很强,上海医科大学医学很强;上海交大以理工科为主,而第二医科大学以临床医学见长,按照当时国际上的经验,一流学校在结构上都有医科,不进行学科结合很难实现。当时因为合并,上海医科大学校长姚泰在学校里受到不少非议。事实上我记得这位姚校长是很有想法的。上海医科大学是卫生部所属院校,资金紧缺。有一次我们去调研,那天正逢下雨,他的同事们端出盆盆罐罐接漏下的雨水,可见真实情况的确是连下雨都要用盆去接水,否则地上会湿成一摊。所以,我们那时是充分考虑到高校的实际状况,朝着一个更高的目标,有理念有目标地指导去实施合并工作的。至于大学扩招,现在人们也议论得比较多,那时从条件准备上来说是仓促了些,但从意义上来看,全国扩招几十万人,对于国家来说,多一些人读书,就会多一些希望,也能缓解当时就业的压力。所以,评判一个事件很多时候要从趋势上看、从大局看。我是当时的亲历者,所以很清楚这些政策不是个人也不是地区而是中央决定的。还有印象很深的是,为上海的学校争取教育资源。当年,立信会计学院 5 000 人挤在二十余亩大小的空间上,空间很局促,可以说,转个身都困难。而他们现在的松江校区有近千亩土地面积,学校的教学环境明显改善了。我提出来建松江大学城,并非我的凭空想象,是到英国考察剑桥大学和牛津大学所在的镇之后才萌生的想法。因为教育经费不足,必须更加注重提高使用效率,大学城共用一个体育场馆、一个大礼堂,教育资源共享,实行后勤社会化管理。后来有些人以教育为名圈地做房地产,这个另当别论。我们完全是投资教育、培养人才。松江区政府也很有远见,把近一万亩的土地给了上海市教委,教委再根据各校办学用地紧张与否、招生情况与发展前景如何,进行综合考量,决定将七八所学校搬去松江大学城,解决了一部分学校教育资源不足的问题,为日后的上海教育事业的发展和人才培养做了一件有意义的事,至今广受好评。

第三件事是加强思想理论教育。中央现在提倡的"三进",其实是当年上海首提的。当时复旦大学的一个报告提出思想理论教育"进头脑",我们市教委就以邓小平理论"三进"为题写了专报报给了中央,组织上让我在中宣部、中组部和教育部党组联合召开的高校党建工作会议上作了介绍,被中央领导认可,于是"三进"就被写进了中央文件。所以说,上海对这方面工作一向很重视,不断地进行探索、改革,着力提高思想工作的针对性和有效性。

关于学校的"维稳"工作,维持学校正常的教学秩序、生活秩序、学习秩序的问题,这也是值得一提的。当时各种思潮激荡,很多人到校园演讲,学生很容易受到影响。我在社科院工作期间,接待包括日本首相辅佐官、前外相川口顺子在内的日本高级官员,也是处于比较敏感的时期。当时中日关系比较紧张,别人都不愿接待,青年学生因日本官员参拜靖国神社的事情也气愤不已。我在接待日方官员时与对方坦率讨论了数小时,我谈了两个观点:一是任何事情都有因果,只有把原因找到了,才能够用措施来解决。我列举了一些日本伤害中国人民的例子,也告诉对方社科院位于淮海路的大门里当年曾经关押过盟国抗日志士,对于日方所做的事情造成今天的局面,我们要正视并共同努力化解。二是我告诉日方代表,关于学生抗议抵制日本、日货的行为,并非如他们以为的是中国政府在后面支持,而是学生的自发行为。中国是法治社会,一切都要依法办事。

二

上海社科院是一个比较特殊的单位,1958 年由中国科学院上海经济研究所、上海历史研究所、上海财经学院、华东政法学院、复旦大学法律系五个单位合并而成,起点较其他社科院高,是哲学社会科学重镇。组织上派我去社科院时我已经担任上海市政协副主席,当时的社科院有 15 个研究所、800 个研究员、600 个研究生,其中有 8 个所是正局级单位,研究员都是各领域有分量的专家。而社科院当时还没有党委书记,组织上认为急需安排一位能胜任这个岗位工作、稳定社科院大局的同志。但那时我在上海市政协是驻会的副主席,分管五个方面工作,工作量已经很大,再去社科院工作,忙不过来。

我原以为到社科院只是当书记,负责党建和干部工作,日常的工作由院长负责。后来才知道是担任书记兼院长,组织上这样考虑是为了提高效率、有利于工作。当时社科院的领导班子已经配好,童世骏是从华东师范大学调来的,谢京辉原在宣传部工作,沈国明当时已负责人大法工委工作,兼一些社科院的工作,熊月之、黄仁伟两位同志则都是新提拔到院领导岗位的,左学金同志原来就是副院长,我们合作了五年。我担任书记兼院长是经过中央同意的,因为部级干部任职要报中央。中组部认为中国社会科学院陈奎元是院长,同时也是全国政协副主席,所以不持异议。上海市委、市政府很重视上海社科院的工作,我在任期间,韩正同志来了三次,杨雄市长等领导同志也来过。

俞正声同志任上海市委书记后也来过社科院。那时我们面临着社科院何去何从的问题。我们在思考,社科院到底发挥什么作用? 它的价值何在? 如果单说学术研究,可以依托高校,复旦大学、华东师范大学的人文社会学科都很强;如果要做发展规划、方案,那可以依托市政府的研究室,所以对于社科院的定位一直有争议,看似两种功能兼有但又不明确。如果社科院还找不到自己的定位,那被分解的命运是必然的,于是社科院组织力量,调查了一年,讨论了一年,有了新的定位,一定要把高校的优势和研究室的优势综合起来。他们不能做的我们来做,社科院一定要扬长避短,要将理论与实践紧密结合。高校擅长论文撰写、学科建设,但不太注重对社会的研究,具体研究单位又缺少综合学科背景,而社科院恰恰是学科比较齐全的,文史哲、经济所、部门所、社会学所都比较强,我们要做高校和研究所(室)不能做的事情。经过反复论证和研究,明确了社科院的定位就是思想库、智囊团,以学科作为背景依托,同时以公共政策的决策咨询作为主攻目标,而它的客户、服务对象是政府、决策部门。当时也有同志表示担心,认为社科院不做学术变成智库,如果定位和发展方向错了,会贻误几代青年,对社科院的将来是灾难性的后果。还有些同志提出了"是不是要把社科院变成第二政协"这样的质疑。现在想来,这些担心对我当时的决策帮助很大,迫使我考虑问题要长远、周全,所以,调研、论证等准备工作持续了一年,最后才确定社科院的定位和发展方向。一年以后,党委推出《关于构建国内一流、国际知名的社会主义新智库的若干意见》的文件,社科院提出智库立院,在全国尚属第一家。

三

我在社科院任职期间还开创组织坚持举办了世界中国学论坛。

世界中国学论坛迄今已举办了 7 届,已被国家认定为全国六大高端学术平台之一。现在论坛的主办单位由原来的上海社科院变成国务院新闻办公室和上海市人民政府,上海社科院和上海市新闻办公室是承办单位。这个论坛办得风生水起、影响很大。全国人大常委会副委员长王晨,就世界中国学论坛的作用和影响专门向中央撰写了报告,对于论坛的评价之高甚至超过我们自己。如今论坛已经成为国家高端平台,也频频作为品牌出现在国家领导人关于智库建设的讲话中,我感到十分欣慰。

我在任期间一共组织了四届世界中国学论坛,主题都以"和"字当头:和而不同、和平和谐、和衷共济、和合共生,第五届是关于中国道路的问题。但这些并不是事先设计好的,而是根据当时的国际形势拟定的,连续几届的主题都含有"和"字,巧合中深含寓意。我们举办论坛,当然是要让大家都有话说,但中国自己也要握有话语权。曾有很长一段时间,我们的研究都跟在其他国家身后,别人有了理论我们再去解释说明。如今,中国在世界上的影响力越来越大,中国元素无处不在,世界离不开中国,中国才渐渐争回了话语权。而"中国奇迹"发生的原因究竟是什么,世界也想了解。研究中国,要解开中国快速发展之谜,就要知道钥匙在哪里。

2004 年第一届论坛的主题定为"和而不同"。当时的背景是伊拉克战争以后,美国是胜利者,欲将美国式的民主、制度、模式、价值观扩大到全世界。于是我们提出"和而不同",意思就是:世界是丰富多彩、是多样的、是和而不同的,"和实生物,同则不继",单一的模式是不可持续的。实际上中国先贤两千年之前的智慧便讲明了这个道理。记得当时国内对美国打击伊拉克以后是否会把攻击目标对准中国很是忧虑,前驻法大使吴建民很肯定地分析说:大家放心,美国面临的还有伊斯兰世界和阿拉伯国家,没有精力再把矛头对准中国。当时他的看法与众不同,但事实证明他的判断是正确的。所以智库的影响力在于思想力,而思想力在于预判、预测,所谓有前瞻性、前沿性的研究。

两年后,到了 2006 年,论坛的主题是"和平和谐"——中国发展的世界意义。中国发展了、影响大了,中国的发展到底对世界意味着什么,是祸还是福,有很多议论。当时中国经济总量世界第三,国际上出现了"中国威胁论",在理念、制度、价值、传统上,中国的发展今后会不会威胁世界这样的疑虑。我们就是回答这个问题,无论是理念、制度,还是价值、传统,中国的发展绝不会威胁世界,我们的发展是和平发展,而且中国追求的是世界和谐。政治上互尊、经济上互利、文化上互鉴(互相借鉴)、安全上互信、环境上互帮,国与国的和平共处、人与人的和睦相处。用一种文化外交、学术外交,把一个客观的、真实的、友善的中国介绍给世界,从哲学上说,"和谐"是较"和平"更为高级的均衡状态。我们以上海世博会为例,回答中国发展对世界意味着什么,"中国威胁论"完全是多虑。

到第三届论坛,我们确定的主题是"和衷共济"。为什么选此主题?因为当时世界面临挑战,发展失衡加剧,南北差距拉大,出现了反恐、环保、金融危机等问题,且又出现了"中国责任论"。我们强调各国要共同应对挑战,各国承担的是有区别的责任,不能把重担全都强加给任一国家。我们阐述中国的价值理念、行为准则,中国的共处之道就是和衷共济。

两年之后,"中国威胁论"又渐渐衍生出"教育威胁论",美国学者代表到我国的大学、中学、小学和书城去,看到学生都在埋头苦学,连小学生都功课做到深夜,他觉得很可怕,认为美国将来在这方面会赶不上中国。但我们提出"和合共生",世界各国和平合作共赢,按照现在的说法就是建立人类命运共同体。今天我们要共筑人类命运，那时我们是以"和"字当头来回答国际上对于中国的质疑，这不仅是政治话语，还是中国东方智慧。

回想起来，每一届世界中国学论坛的演讲题目都是从几十个方案中经过热烈讨论遴选出来的。比如，有些专家学者想以中国政治制度为论坛主题，但真正到了论坛上，来自西方的学者会认为他们的制度最优越，进而批判中国。我们必然针锋相对、据理力争。论坛不是为了吵架提供的场所，所以提"和衷共济"，在圆桌会上进行思想辩论，理性解决，当我们遭遇挑衅，会有其他国家的学者站起来为中国讲话。诸如此类的例子还有很多。其实，当今的不少理论，中国古已有之。我们提倡以文化传播的方式，讲中国的故事，让世界了解中国的智慧。

应该说，国家很重视世界中国学论坛，欧美的大牌学者也都给予认可。美国著名未来学家、《中国大趋势》的作者纳斯比特说："此次论坛是我在中国目前参与过的关于中国研究会议中最有意义、最有学术内容的论坛，这次来感觉很多别的论坛中没有讲清楚的问题在这里讲清楚了，只要有机会我就会在国外宣传这个论坛。"不过，开始邀请他出席论坛时，其经纪人提出要付25000欧元的出场费给他。当时我们整个论坛所有费用加起来仅两三百万元，还包括邀请若干与他地位相当的大牌学者，如果都要支付这么高的出场费无疑是承受不了的。于是我们设法直接与他本人对话，他知情后说我们这么重要的会议，请他参会是一种荣誉，他研究中国，如果能亲临这样一场海内外包括中国大量学者聚集一堂的论坛，机会十分难得。最后，他竟然愿意分文不取来参会。德国的劳工部长克莱蒙特，也是社会党副主席，他作为发言人对我们表示了感谢，还把演讲费退还了。俄罗斯的科学院院长季塔连科，听了我的主旨报告后问他是否可以将报告刊登在该科学院院报上。

《江泽民传》作者库恩表示，"与会者都是中外研究中国最有水平的学者，很少看到这么多高水平学者聚集在一起，对我帮助非常大"。

世界中国学论坛讨论的内容涵盖了当代中国的政治、经济、文化、外交、婚姻、民族、风俗等。同时，我们还设了若干个分论坛，与会专家学者可以找到自己所擅长和感兴趣的场所进行深入交流。每届论坛都会通过主旨报告来表达我们作为主办方的想法，定下基调。这涉及话语权的问题。前面也说过，以前做学术我们常常跟在别人身后，而世界中国学就是研究中国的，发言权与话语权尤其是话题设置权便都在我们这里。这是智库的重要平台。一个智库如果没有"拳头产品"是站不稳的。所以，王伟光同志也很肯定我们的论坛，他在中国社科院的全院大会上说，"整个院里所有的外事活动加起来，影响力都比不上上海的世界中国学论坛"。汤一介、乐黛云夫妇之前参加论坛时曾说：如果北京再不组织这种世界级的会议，那就要落后于上海了。

其实，我们那时还想做但没做成的一个论坛叫"世界重要城市文化论坛"。我们做学术研究的人，并不擅长会务，组织论坛其中的甘苦自知。遇到的困难会很多，比如交通、组织、对一些政治敏感问题的处理，都比较棘手。组织工作做得好是应该的，但只要有一届做得不好，之后就很难继续办下去了。因此，我们基本上是在举全院之力去组织世界中国学论坛。

## 四

我在社科院的其他工作也不少，虽然很多工作不如世界中国学论坛有影响力，但自己也算做了些实事。比如，在全国第一个成立智库研究中心（2009 年）。追溯起来，自 2004 年提出将社科院建成社会主义新智库、2007 年院党委作出决议，经过年复一年的研究，我们感到力不从心。智库的水平要提高，仅靠自己忙忙碌碌地应付行不通，要有人做发布、有人专注思考，还要有人研究我们自己。于是，就成立了智库研究中心。作为智库的研究人员库，我们的智库研究中心是研究整个社会或是政府决策层的脑袋，研究国际国内智库的动态、智库建设过程中的问题，还作了全国第一个《中国智库报告——影响力排名与政策建议》。这份报告也是在很大的争议声中出炉的。中国社会科学院院刊专门发表署名评论文章对我们提出批评意见。那篇文章我看了不下五遍，觉得别的专业研究人员提出不同意见是好事。如果我们不能回答别人的质疑，那么智库就是徒有其表。当时我去北京开会，清华发展研究院的院长对我说："王院长我不是跟你抬杠，也不是故意跟你过不去，就是对这件事提点不同意见"，我笑笑说："薛院长，没关系，这本身就是在探索它的不完善，你的话是客气的。不同的意见不管如何表达我都看得到，这是帮助我们提高"，接着我又跟他说，中国没有这个排名报告，国内几乎所有的资料都用宾夕法尼亚大学麦甘教授的研究成果。我们很想建立中国自己的评估学。因为之前没有经验，便同他们合作，就如同办中外合资企业那样，慢慢去发展，但并不是完全依靠国外，我们是有自己立场的。至于国际影响力、社会影响力、学术影响力等，就学习他们作报告的成功方法和经验。现在南京、四川、北京等地的社科院也做这样的事情。也有同志抱怨其他社科院有的是直接照抄了我们的报告，我就跟他们说不要计较这些，人家抄了之后至少也用了，正说明了我们作为第一家的影响力。中央有关部门把做世界智库评估的任务交给了中国社会科学院，我们就继续做国内智库排名的工作。

　　至于社科院其他行政方面的工作，我们首先将考核指标向智库倾斜。也有一些职工不接受这个政策,我们考虑到制度建设,还是决定推行下去,但不是简单地一刀切。我们允许一位海外归来的博士做后悔学研究,也赞成虞万里做古典研究。我也很感动,他曾在楼上做研究两个月不下楼,这样优秀刻苦的人才是社科院的宝贝。这样看来,考核指标只是总体上是向智库方面靠拢。另外,我们设法为职工增加了一些收入。虽不能大富大贵,但至少不能太低。一些老同志曾提出把"御花园"卖掉来换钱,被我拒绝了。我不能对不起后人,只好想其他办法千方百计去筹钱。在第一年为每个人平均增加了1000元,在当时也算可以解决一些问题。在队伍建设上,实施民主决策,这就要求善于包容不同意见。

我在不同的单位工作这么多年,觉得最好的班子就是我在社科院的那届,所有人齐心协力将智库建设成为后来的高端智库,不断取得进步。

我觉得,一个人在领导岗位上,不能只听到夸奖、拥护和赞扬,如果有一个人一直在唱反调,其实会是一种提醒。所以每出台一项政策,我就会考虑可能会有怎样的反对声音,总觉得有一双眼睛在看着我,所以自己会万般谨慎、一点不马虎。在社科院工作了五年多,除了要感谢那些支持我们的同事,还要感谢这些同志对我们进行的监督,民主决策就是讲听取不同意见。虽然当真正面对一些不同意见的时候心里难免会不痛快,但作为一个领导,接纳与反思是必备的修养。直到现在搞智库建设,我会把所有的意见汇总到一起来看。尽管发出不同声音的人不算多,但也代表一些同志的想法,一定要善于听、善于包容,要看到他们对我们的帮助,使我们少走弯路,决策更加科学全面。

我现在在政协,许多老同志都有着不少想法,但苦于没人听也没有渠道可讲,但这些同志真是怀着满满的责任心和使命感,他们真心希望我们国家好,希望我们人民好,希望创造一个好的环境。

　　老同志很少有歌功颂德的,我们总会在回顾以往工作的时候想到很多问题。我在市委、市政府、教卫党委时,基本上都是别人按照我们的节拍指挥来做,所以到了政协就做一个转变,叫"有事多商量、朋友多帮忙、讲话供参考、听多少算多少"。

# 传承龙门精神，致力兴校报国

## ——热烈祝贺母校上海中学建校 150 周年\*

　　金秋十月，历经 150 年沧桑而不衰，走过了复校、奋进、直至辉煌这一段不平凡历程的上海中学，迎来了建校 150 周年的生日。作为一名曾接受过上海中学的知识和精神哺育，亲历上海中学发展过程的校友，我难掩激动澎湃的心情，谨对母校的盛大生日表示最热烈和最衷心的祝贺。

　　历经 150 年的风雨兼程和几代人的梦想追求，上海中学已然长成为一棵根深、枝繁、叶茂的参天大树，且桃李满天下，所培养出来的一批批优秀的杰出人才，遍布国内外行政、教育、科研、管理等重要领导岗位，各行各业的专家更是难以尽计，以卓越的成就实践着上海中学"兴校救国、兴校报国"的办学理想及"储人才，备国家之用"的办学宗旨，为国家的发展、民族的振兴发挥了积极的作用。

　　我们这个民族是懂得感恩的民族，走出上中校园的同学，无论地位

　　\* 2015 年在"上海中学建校 150 周年大会"上的讲话。

最感谢的是母校亲爱的老师.
最难忘的是奋发向上的校
园生活.

庆贺上海中学建校一百五十五周年

王懋琪

二〇二〇年 十月 秋

▲ 祝贺上海中学建校 155 周年

高低，事业成就大小，都不会忘记培养我们的母校和老师，无不怀有深深的、难以割舍的上中情结。作为一名上中的老校友，一个教育工作者，曾经的上海教育第一责任人，政界、学界、业界的"流浪汉"，我一直在思考，我们为什么爱上中，并且随着年龄的增长，此情更是有增无减。

爱上中，不仅是因为上中有凝聚力，大家因此称之为"魅力上中"；更因为上中启蒙教育了我们一辈子要认认真真、好好做人做事，因此上中的校友中，有作为、有成就的很多，搞腐败、祸国殃民的极少；还因为上中有懂教育、善育人的好校长、好老师，有感人至深、令人难忘的师生情。

此外，上中还有着"自强不息、思变创新、乐育菁英"的龙门精神，以及"水利万物而无求,虽无形而有力"的水的品质传承和以叶克平老校长等为代表的几代上中人"包容大爱、知行合一"善的传承。

在一些重要岗位上工作的上中校友曾建议,要大力传承上中优良的"三风",即学风、教风和校风,如上中的情意教育传统、创新教育传统,以及鼓励学生将静的知识与活的智慧相结合等。

上中在我们的心目中确有特殊的位置。五十年过去了,我们校长和老师的谆谆教导还犹言在耳,龙门楼、大操场上的一静一动还历历在目。对上中的记忆,就像人生的醇酒一样,随着时光的流逝,越来越美好、越来越回味无穷。我常想,上中究竟给了我们什么使我们终身难忘?

我以为,上中最大的功劳是教我们如何做人。母校的教育,给我们这代学生的人生观、世界观、价值观染上了向真、向上、向善、向美的底色。在我的一生中,上中是最真情洋溢的地方。我们在这个校园里共同生活、学习、体验、思考、争辩,在潜移默化中养成了人生中最基本的爱:爱祖国、爱人民、爱学习、爱集体——那是真诚的、纯净的、发自内心的情感。

今天的上中,条件比过去好多了。但我希望它还能保持她那些最独特、最让学生受益的传统。希望它是一个教会做人和净化心灵的地方。

这是在校庆纪念活动中,冯志刚校长向全校师生和历届校友传达了六六届毕业生李源潮同志对母校的心声。

在当今践行社会主义核心价值观,培养造就高质量人才的过程中,尤其要注重培养学生的知、情、意、行。知是基础,情是关键,意是保障,

▼ 与家人在复旦大学原数学系楼前草坪上

行是归宿。情是指情感、情绪和情操,情是德的基础;意,包含意志、毅力、自制、自警、自励,是成大事所必须。关于情和意的教育,上中一直有着很好的经验和传统,上中一直重视非智力因素在成长中的重要作用,以情育人,以爱育人,让一代又一代上中人终身受益,让一代又一代上中人感怀和铭记。

与此同时,上中还有着敢于创新的教育理念和教育实践。作为一名上中的老校友,我们欣喜地看到,进入 21 世纪以来,上中坚持"乐育菁英"的办学理念,为实现"兴校报国""兴校强国"之梦想,继续励精图治、开拓进取。如今的上中,已成为上海市教委直属的实验性示范性高中,上海市教育体制改革试点学校,率先开展"高中生创新素养培育实验项目"学校,全国教育体制改革项目"探索建立拔尖创新人才培养基地"试点学校等,成为上海市基础教育的排头兵和全国推进素质教育的一面旗帜。一批又一批全面发展的优秀上中学子带着上中的优良作风和传统,从上中出发,奔赴世界各地,开拓和成就一番番事业,实现上中报效国家,振兴民族之办学理想。

庆祝母校上中的生日是一个回忆和感恩、感怀的过程,也是一个感想和感悟的过程。值此上中度过 150 岁的生日,即将踏上新的发展征程之际,展望未来,我衷心希望上中一代又一代接棒人继续传承上中的龙门精神,致力兴校报国,在努力实现"构建世界一流中国名校"的上中梦中,为实现中华民族伟大复兴的中国梦而乐育英才,再创传奇,再谱华章!

# 绵力久功，与善同行

## ——上海市教育发展基金会公益慈善之路 *

　　作为教育类公益组织，上海市教育发展基金会自 1993 年成立以来在市委、市政府的关心指导，在社会各界的支持和全体理事、监事的共同努力下，兢兢业业、不忘初心，至今已走过 28 个年头。在这期间，我们按照"科教兴市"战略，坚持"支持教育、服务教育"的宗旨，以"培根铸魂、启智增慧"为己任，办好育人型基金会；加强集聚、辐射、引领、服务功能，筹集资金、扶贫奖优，坚持"公益性、行业性、枢纽性、科学性"的定位，打造枢纽型基金会；创新驱动、转型发展，坚持"以资引智、以资促智"的思路，建设智库型基金会；坚持"聚财、汇智、促善、育人"的方针，在守正创新中发挥领头雁作用，为教育公益事业的发展作出了新贡献。

　　回望过去的 28 年，基金会从无到有、从小到大、点滴积累、聚沙成塔，以党和国家的教育方针、政策法规为依据，致力于教育与经济社会发展相结合，积极促进上海市的教育事业发展。基金会在向国内外社

---

　　* 本文系 2021 年为《绵力久功，与善同行——上海市教育发展基金会公益慈善之路》所作之序。

会团体、企事业单位和个人筹集资金,接受捐赠的同时,运用科学手段管理和使用募集的资金和物资,大力资助符合上海市教育发展规划和目标的有关教育教学、人才培养、科研项目及国际教育交流与合作,全方位、多角度实现自己"凝聚社会力量、支持教育发展"的初心和使命,创立了"曙光计划""晨光计划""阳光计划""星光计划""联盟计划""普光计划""申光计划""强基计划"等一系列品牌项目;设立和资助了"关爱青少年成长特别贡献奖""于漪教育思想研究项目""上海市马克思主义理论学科发展支持计划"和包括陈望道故居修葺在内的复旦大学"玖园爱国主义教育建筑群"、高校中国共产党伟大建党精神研究中心项目、基础教育拔尖人才"强基计划"等一系列特色项目和活动;在中医药抗疫研究,支持贫困地区教育教学等教育公益事业方面也作出了极大的努力,取得了丰富的成效;在助推人才培养、教材建设,引领向上向善、尊师重教、乐善不倦的社会风尚等促进教育事业发展方面给予了强有力的支持,品牌效应显著,社会影响广泛。

为了全面回顾、总结上海市教育发展基金会走过的这些公益慈善之路,特别是梳理审视十年来在建设枢纽性、智库型、"领头雁"式社会组织过程中的探索与实践,历经一年的酝酿、编辑打磨、反复讨论,决定以照片、文稿、统计数据、课题案例与大事记相结合的形式,编纂基金会会传,重点呈现基金会近两届十年的发展理念和发展路径,特别是基金会人的初心历程、事业发展轨迹与演进规律,意在启迪今天和明天。

会传编撰遵循了质量优先、史料真实、文字可读、装帧艺术的原则,由三部分构成。

第一部分以图文并茂的形式,真实、形象、生动地呈现了基金会的发展之路、创新之路、转型升级之路与先行示范之路的历史瞬间和朵朵浪花。透过照片文字,体现了公益志愿者们甘于奉献、积极探索的不懈努力。

▲ 上海市教育发展基金会办公地

第二部分以基金会自身探索与实践为线索,聚焦枢纽型社会组织建设,是一份具有鲜明的实践性、时代性、破题性特点的课题报告。这份案例的形成,历经十年思考、五年实践、三年修改、一年成文,既有理念的创新、实践的探索,又有经验的总结和观点的提炼,充分借鉴了上海社会科学院联合课题组的成果。

第三部分的大事记,历经五次修改,记录、聚焦、选择了具有典型意义的时间、人物和场景。厘定了收录范围、记述方法和遵守原则,做到大事突出、要事不漏,新事和特事本着能够反映时代特征、大道至简的精神进行选用,力求如实反映基金会十年发展的历史脉络。

习近平总书记说过:"一切向前走,都不能忘记走过的路;走得再远、走到再光辉的未来,也不能忘记走过的过去,不能忘记为什么出发。面向未来,面对挑战,全党同志一定要不忘初心、继续前进。"我们今天总结过去,也是为了更好地砥砺前行。在新的时代背景下,慈善事业作为继市场分配、政府税收分配之后的社会第三次分配,所扮演的角色日渐重要,其吸纳社会财富、引领公益事业、优化资源配置的功能也日益得到提升。上海市教育发展基金会在未来将继续积极探索与实践,在国家治理体系与治理能力现代化的伟大进程中,找准新的角色和定位、找到新的发力点,以支持教育发展和人才培养的实践,助力上海建成卓越的国际大都市!

这本纪念册远未包含基金会发展历程的全部。但所记载的人和事具有一定的代表性,反映了近十年来基金会的发展脉络、基本特点和锐意进取、奋发作为、开拓创新的精神风貌,展示了基金会全体理事、监事和工作人员挚诚的爱国之心、甘于奉献的品格追求。

珍视友善、铭记历史,感谢、感恩所有支持帮助过我们的同道,是我们编辑本图册的初衷。

与善同行,其行久远!

# 复旦大学"服务校友终身荣誉奖"颁奖词

他,从美丽的复旦园走出;那里的一草一木,见证着他从刻苦求学到为人师表的坚实步履;无论他走到哪里,母校都让他魂牵梦萦;母校给他铺就的人生底色,是那么鲜亮纯净、永不消退。

那一年,他离开校园担起上海教育第一责任人的使命;面对教育发展面临的挑战,他坚韧不拔、凝聚力量、破解难题;他,带领全市教育工作者披荆斩棘、不断求索,探求教育发展与改革的上海模式;他,以坚定的信仰和对党的无比忠诚,在全国率先提出邓小平理论在高校"三进",着力推进立德树人。

他,无论是在市委市政府、市政协的领导岗位上,还是以全国人大代表的身份,始终葆有家国情怀、大局意识,为纾解教育难题大声疾呼、倾力而为;他,思想深邃、善于研究,学养深厚却又谦逊低调,犹如一颗饱满的麦穗,沉甸甸地俯下身来……

他,带领上海社会科学院,在全国率先进行社会主义新智库的探索与实践,被大家亲切地称为"王智库";他,带领团队创建了世界中国学

▲ 在复旦大学老图书馆樱花树前（王荣华夫妇、儿子夫妇均为复旦校友）

论坛，向世界传播中华文明精华、讲述精彩中国故事，打造了国家级学术外宣平台。

他，本可以在退离领导岗位后，含饴弄孙、颐养天年，却以大爱之心、满腔激情投入了"热泪事业"，为教育公益，为"聚财、汇智、促善、育人"，开启了人生又一段辉煌的旅程；因为他，一个个深具内涵和持久影响的资助计划逐项实施、大放异彩：关爱青少年成长特别贡献奖、陈望道旧居修缮展陈项目、马克思主义理论学科发展支持计划、人民教育家于漪教育思想研究支持计划……个个深入人心。

他，以古稀之年接受党中央重托，扛起国家级教材审读重任；他，勤勉履职,不辱使命,殚精竭虑,忘我无我;他,政治敏锐,立场坚定,学识渊博,科学严谨;他常说,教材体现国家意志,是国家事权,为此,他本着对党和国家教育事业高度负责的精神,经常工作到深夜、凌晨,为了一个问题、一个观点、一个人物的把握,他一丝不苟,细核事实、文献、史料,不放过任何一个疑点。国家教材委办公室在给上海市政协的感谢函中这样写道:该同志"参与相关学科教材审核工作,认真投入,尽心尽责,做了大量工作,为加强教材审核把关、提高教材质量作出积极贡献"。

他,历经数十载春华秋实,转换过多个工作岗位,始终不变的是对母校复旦的赤诚与眷恋……他,始终心系母校发展,热情关心校友工作。他,于1994年担任本会副会长,协助谢希德会长管理校友会工作。在他的推动下,2018年,上海市教育发展基金会"上海复旦大学校友会专项基金"宣告成立,为本会公益事业的长足发展提供了坚实保障。2020年,爆发了新冠肺炎疫情,在他的鼎力支持下,校友会和基金会展现出强大的凝聚力、号召力和战斗力,为抗疫贡献了积极力量。

他,始终牵挂着母校"玖园"修缮项目,继带领市教育发展基金会支持望道楼修缮展陈后,又积极倡导基金会发挥枢纽型社会组织的服务和示范引领作用,为"玖园"一期、二期工程提供公开募集平台,汇聚社会各界力量,共同筹集资金,助力项目实施,以展现复旦先贤的信仰之光、报国之志和科学之路,建设爱国主义教育基地,落实立德树人根本任务。

他,用行动践行:家国情怀、九死不悔;教育情真,终身相随;他常说:与善同行,其行久远;与善同行,其梦也美;与善同行,其事必成;与善同行,其寿也长。

他,就是上海市教育发展基金会理事长、国家教材委员会专家委员王荣华校友!

上海复旦大学校友会授予王荣华2020年度"服务校友终身荣誉奖"!

▲ 作者于 2022 年 5 月

图书在版编目(CIP)数据

问道教育四十年/王荣华著.—上海:上海人民
出版社,2022
ISBN 978 - 7 - 208 - 17541 - 9

Ⅰ.①问… Ⅱ.①王… Ⅲ.①教育-文集 Ⅳ.
①G4 - 53

中国版本图书馆 CIP 数据核字(2021)第 273550 号


**责任编辑**　毛衍沁
**封面设计**　路　静

**问道教育四十年**
王荣华 著

| | | |
|---|---|---|
| 出　　版 | 上海人 ＆ 出版社 | |
| | （201101　上海市闵行区号景路 159 弄 C 座） | |
| 发　　行 | 上海人民出版社发行中心 | |
| 印　　刷 | 上海盛通时代印刷有限公司 | |
| 开　　本 | 720×1000　1/16 | |
| 印　　张 | 24 | |
| 插　　页 | 5 | |
| 字　　数 | 280,000 | |
| 版　　次 | 2022 年 10 月第 1 版 | |
| 印　　次 | 2022 年 10 月第 1 次印刷 | |
| ISBN | 978 - 7 - 208 - 17541 - 9/G · 2099 | |
| 定　　价 | 148.00 元 | |